中国社会科学院 学者文选

何方集

中国社会科学院科研局组织编选

中国社会科学出版社

图书在版编目(CIP)数据

何方集／中国社会科学院科研局组织编选．—北京：中国社会科学出版社，2001.4（2018.8 重印）
（中国社会科学院学者文选）
ISBN 978-7-5004-2962-3

Ⅰ.①何… Ⅱ.①中… Ⅲ.①何方—文集②外交—文集③国际问题—文集 Ⅳ.①D8-53

中国版本图书馆 CIP 数据核字(2001)第 013957 号

出 版 人 赵剑英
责任编辑 周兴泉
责任校对 林福国
责任印制 张雪娇

出 版 中国社会科学出版社
社 址 北京鼓楼西大街甲 158 号
邮 编 100720
网 址 http：//www.csspw.cn
发 行 部 010-84083685
门 市 部 010-84029450
经 销 新华书店及其他书店

印刷装订 北京市十月印刷有限公司
版 次 2001 年 4 月第 1 版
印 次 2018 年 8 月第 2 次印刷

开 本 880×1230 1/32
印 张 12.75
字 数 303 千字
定 价 79.00 元

凡购买中国社会科学出版社图书，如有质量问题请与本社营销中心联系调换
电话：010-84083683

出版说明

一、《中国社会科学院学者文选》是根据李铁映院长的倡议和院务会议的决定，由科研局组织编选的大型学术性丛书。它的出版，旨在积累本院学者的重要学术成果，展示他们具有代表性的学术成就。

二、《文选》的作者都是中国社会科学院具有正高级专业技术职称的资深专家、学者。他们在长期的学术生涯中，对于人文社会科学的发展作出了贡献。

三、《文选》中所收学术论文，以作者在社科院工作期间的作品为主，同时也兼顾了作者在院外工作期间的代表作；对少数在建国前成名的学者，文章选收的时间范围更宽。

中国社会科学院

科研局

1999 年 11 月 14 日

目　　录

国际问题与对外关系

日本问题和中日关系

关于我们所处的时代

其　　他

编者的话

何方同志1922年10月18日出生在陕西省临潼县一个农民家庭。1938年还在上中学的时候就去了安吴青训班，受完训即转赴延安（中途被国民党扣留，拘押一月后逃出），进抗日军政大学学习，毕业后留校任助教。1941年抗大5周年因工作积极受到总校表彰。同年奉调学俄文，并在外语学校参加整风运动。1945年派赴东北做地方工作，先后任辽阳县委宣传部长、辽东省青委副书记等。1950年随张闻天转入外交战线，专门研究国际问题。1951年任驻苏联大使馆研究室主任。1955年调回外交部任专员、办公厅副主任，仍然主要从事研究工作。1959年后长期下放。1979年平反，随即参加中央国际问题写作小组工作。1980年筹办中国社会科学院日本研究所并出任所长。1988—1995年任中国国际问题研究中心副总干事。1993年被授予俄罗斯科学院远东研究所名誉博士。为第七、八届全国政协委员。曾任中俄（原中苏）友好协会副会长。现任中国社会科学院日本研究所研究员、中国国际战略学会高级顾问、北京大学兼职教授、几个对外友好协会的理事和一些学术团体的顾问。何方同志从事国际问题研究50年，1999年离休后仍笔耕不已，只是方向作了较大调整，集中写有关张闻天的两方面问题。一是响应杨尚昆1997年提出的“要给张闻天拨乱反正”的号召，写点有关张闻天在总书记岗位上作为党的一代领导核心所作出的重要贡献及其长期遭抹杀的材料；二是写点本人跟张闻天工作多年的感受和反思，特别是十年外交。

何方同志研究国际问题，大体上可以分为三个时期。第一个时期是50年代。这十年中他在张闻天的直接指导下研究国际关系和对外政策，写了许多内部研究报告，为外交工作和中央决策提供了一定的参考。例如1951年关于朝鲜停战和谈的报告，1954年关于苏联批判个人崇拜的反映，日内瓦会议期间关于英法等国在远东要求维持现状和划界而治的文章等，都受到中央领导的重视。登在1955年《外事研究》第1期上的《关于美国外交策略的新变化》，还受到毛泽东的赞扬。50年代下半期的研究更是直接为外交服务，除写形势分析和政策建议的研究报告外，还起草各种内部文件和外交文书，主编《外交通报》、《外事动态》（两者不但受到外事部门，而且也受到中央和各部委、省市的称赞和欢迎）、《外事研究》、《业务研究》等几种内部刊物。此外，也参与过一些中央文件如政府工作报告的国际形势与对外关系部分，以及某些领导同志的讲话等的起草工作。50年代，何方同志正年富力强，又得益于新中国国际问题研究的开拓者张闻天的指导和熏陶，所以是他研究成果最多、写作量最大的十年，但基本上都属于内部性质，又不署名，个人保存的底稿也完全丧失。本文集所采用的驻苏使馆时期的两篇，还是《张闻天选集》编辑组经特许在外交部查阅有关张闻天的档案时发现的。

第二个时期是1959—1978年。庐山会议（八届八中全会）后何方同志受到牵连，长期下放农村。不过在此期间，他仍一直关注国际形势和对外关系，特别是利用时间阅读了大量理论书籍和国际问题资料，有机会时也还写点有关国际问题的文稿。例如在“五七干校”期间（1969—1978），1972年后劳动已很少，大部分时间可用来读书和思考问题。他因深感中国经济在国际比较中的日益落后，有一阵曾对日本战后经济高速发展的原因作过系统研究，写了数万字的材料，并给宦乡等一些同志看过。这也与他后来受命筹办日本研究所有关。

第三个时期是1978年恢复工作到1999年初离休。这是何方同志离开外交部来到中国社会科学院，专门从事世界经济和国际政治研究的20年。1979年平反后调到中央成立的专门研究苏联问题的国际问题写作小组，但同时也参与过其他某些问题的研究酝酿、以至给中央写报告，如李一氓主持的建议改变战争不可避免的提法，以及“三个世界划分的理论不能成立”等几个报告；宦乡牵头的关于拉开与美距离、调整对苏关系、改变“一条线”外交战略的报告。还积极支持宦乡倡导的开展对外学术交流，参加各种交流活动。在筹办和主持日本研究所后，他的研究范围有所拓宽，就日本问题和中日关系写过数十篇论文，提出了一些独到的看法。80年代上半期，他任全国日本学科规划组长，对全国的研究进行协调，还首先提出研究日本必须去日本进行实地考察和学习，组织全国日本研究机构的领导人去日本考察以及创建日本文化这一学科分支的研究机构，等等，对我国的日本学科建设作出了一定贡献。不过这十年中他的主攻方向仍然是世界经济和国际政治，特别是一些带理论性和战略性的问题，如世界格局和时代问题等。调到国际问题研究中心，工作更加名副其实，更可发挥他的特长，因而学术上也更加活跃。只是研究成果以内部调研报告为多，此外又增加了一项政策建议的内容。总之，恢复工作后的这20年，是何方同志能够比较顺利和稳定地专心从事研究和学术思想走向成熟的20年，个人对国际问题的基本观点和看法也多是这个时期形成的。

下面就根据他近十多年来发表的著作，简单介绍一下他的几个主要学术观点。不过需要说明的是，他所持的这些观点，在国内学术界，有的接近于共识，有的还在争论，有的则相当孤立，但他却始终坚持不渝。

一是关于时代问题。1986 年，何方同志根据对邓小平关于和平与发展两大问题学习后的体会，提出世界早已进入和平与发展时代，而不再是帝国主义与无产阶级革命时代。他认为，过去很长时期，我们由于没有及时认识到时代主题的变化，还坚持战争与革命时代的观点并据此制定内外政策，所以在世界经济大发展中错过了一次重要机会。因为同其他社会发展规律一样，时代及其主题既是趋势又是现实，认识到就可利用，否则只能吃亏。作为时代主题的和平与发展是客观存在，不管你是否承认和怎样改变提法，世界大战还是打不起来，经济科技仍在快速发展，但机会却是稍纵即逝。

二是关于世界格局。由两极格局走向多极化，这是人们老早就在谈论的。何方同志只是在 80 年代中期提出过渡期问题，认为由于处在和平与发展时代，这次世界格局的转变将有一个较长的过渡时期。在此期间，国际形势会不时出现动荡和局部冲突，但总体上仍然是趋向缓和。在发展不平衡规律导致的大国实力均衡化和发展中国家崛起两大因素推动下，多极化已成为必然趋势，这也意味着从长远看美国的相对衰落将是不可逆转的。

三是关于国际关系中的主要矛盾。苏联解体后，何方同志曾提出，随着冷战的结束，国际关系中的主要矛盾已从美苏矛盾转化为西方国家间的矛盾。既然主要矛盾是指规定、制约其他矛盾和影响全局的一对矛盾，那在冷战后以至今后相当时期，只有西方国家间的关系（即矛盾，表现为竞争、协调等）才能在世界经济和国际政治中起主导和决定性作用。他认为，由于长期受斗争哲学（政治上表现为极左）的影响，容易看问题只重视事物的矛盾与斗争这一面，忽视统一与协调的另一面，因此一提主要矛盾，就以为是最尖锐最激烈的一对，而不管其在全局中的地位和影响。其实这是莫大的误解。例如现时的中美矛盾，固然尖锐激烈，但并不足以左右整个国际形势，即使打起仗来，也属于局部战争。所以邓小平说，“中国没有资格打世界大战”，“欧洲是决定和平与战争的关键地区”。有一种提法说是各国人民和美国霸权主义间的矛盾，这和冷战时说的世界人民和“两超”的矛盾一样，不但非常含糊，而且首先不能算是国际（国家间）关系中的矛盾。

四是关于南北差距问题。这是指西方发达国家和作为整体的发展中国家间在经济总量和人均产值上的差距。何方同志认为，说南北差距一直在扩大，无论在理论上还是实际上以至策略上，都是站不住的。从理论上讲，它的实质是不承认世界政治经济发展不平衡规律的作用。这可能也是受西方中心论的影响，忽略发展中国家的崛起。因此一提世界格局和多极化，就是“一超多强”，把广大发展中国家排除在外；一提全球化，就说成是“西方经济全球化”，发展中国家是被卷进去的。实际上，二战后，发展中国家的崛起是人类历史上一件大事，而且大部分时间作为整体的发展速度都超过发达国家。国际舆论普遍认为，这种趋势还将继续下去，二三十年后，在经济总量上前者将赶上和超过后者，只是人均赶上要用长得多的时间。他认为，不可把南北差距和贫富差距混为一谈，也不能谈南北差距时把中、印、巴西、东盟等主要组成部分不计算在南方之内。为什么说策略上也不妥呢？因为我们的政策目标是在经济上赶超发达国家（50 年内先赶上中等发达国家），如果只是为了揭露西方和国际秩序的不平等而渲染南北差距的扩大，那无异于给我国群众和其他许多与我们抱同样目标的发展中国家泼冷水，赶超战略也成了自欺之谈。说“永远属于第三世界”的中国日益繁荣富强，同时又谈“第三世界的进一步贫困”，逻辑上也不通。

五是关于邓小平理论。何方同志在学习邓小平理论的过程中提出了自己的一些独特看法。例如他在讨论马克思主义发展时谈到因不同时空划分发展阶段的几个原则和标志，认为：把列宁主义和马克思主义并称为“马克思主义—列宁主义”或“马列主义”不大合适；指引俄国十月革命胜利的列宁主义不能照搬到半殖民地半封建的中国；同样，也不应把毛泽东思想中新民主主义革命的理论和政策套用于社会主义现代化建设，等等。他把邓小平理论表述为：邓小平理论是和平与发展时代中国化了的马克思主义，是关于社会主义现代化的理论与政策，特别是关于改革开放的理论与政策。经济市场化和政治民主化是一切国家实现现代化的必由之路。社会主义国家遭受程度不同的挫折，就是由于没有遵循人类社会发展的这一共同规律。

以上只是举几个例子，何方同志的学术观点当然不止这些。在许多国际问题上，他都有自己一定的独到见解。

何方同志工作中一贯遵循的指导思想和研究方法是马克思主义。他从青少年时代起就一直爱好理论学习，先后读过大量马恩列斯著作，有较高的理论水平和造诣。但他从不拘泥经典作家的书本知识和现成结论，而是坚持实事求是和独立思考，反对研究工作中的教条主义与实用主义、人云亦云和“随风倒”。他特别重视学术上的理论勇气和创新精神，敢于提出和坚持自己认为正确的理论见解和政策意见，经常强调“没有新意的文章不要写”。他治学严谨，也乐于奖掖后进，与他领导下的同志特别是青年的关系都处得很好。由他组织和主持写的文章或书籍，即使经过他一再修改，他也不让列上自己的名字，更不分享稿费和编辑费。

本文集主要收录了何方同志来中国社会科学院以后特别是近十多年来有关国际问题的论文，这两年所写讨论党史有些独到见解的文章未包括在内。何方同志研究国际问题50年，为了留作纪念，书中选取了他50年代的四篇文稿。他参加革命很早，没上过什么正规学校，能够从事科研工作，且知识面较广，主要得益于他一贯的刻苦自学，所以文集选了一篇谈自学的文章。此外还选了与研究工作有关的两篇纪念性文字，是对他的恩师张闻天和李一氓的片断论述。

本文集是在中国社会科学院日本研究所及其学术委员会的支持和指导下，由我负责具体的选编工作，并经何方同志筛选圈定。我曾在何方同志身边工作多年，此后也一直保持着工作上的联系和交往，比较注意他的革命经历和学术观点，更不用说耳濡目染他勤奋治学治所和严于律己的作风了。所以，虽然我自知水平有限，还是乐于担任这一具体工作。同时，本文集的出版，不仅是何方同志本人从事国际问题研究诸多著述的一个总结，也表示了中国社会科学院对他几十年取得的研究成果的重视和对日本研究所科研工作的鼓励。只是限于篇幅，文集收入的是反映他主要学术观点的代表性文字。全书分四个部分，各以发表时间先后为序，按原件发排，作者仅对一些文章的个别字句做了技术性的修订。对本书内容，作者嘱请专家和所有读者给予批评指正。

林 昶

2000年9月

国际问题与对外关系

驳侵略者口中的“中美友谊史实”

惯于颠倒黑白、混淆是非的美帝国主义侵略者，在狡辩其侵略中国的行为时，又在进行欺骗宣传了。战争贩子杜勒斯与奥斯汀，1950 年 11 月底曾先后在联大政委会与安理会上发表了无耻的冗长演说，除了重复其诡辩侵略朝鲜及中国台湾的陈腔旧调之外，还讲了一大堆所谓“中美人民友谊”的“史实”，企图把百余年来美国对中国的侵略，说成是“援助”中国和“保持中国领土与行政的完整”，好像没有美国侵略者的“保护”，中国老早就已灭亡了。但是果真如此吗？恰巧相反，奥斯汀所列举的那些“史实”，正是美国侵略者对中国人民的罪行录。中国人民从历代的切身经验中，早已认清了这个口蜜腹剑、经常进行欺骗宣传的侵略者——美帝国主义。

奥斯汀把 1844 年美国政府逼迫中国所签订的“中美望厦条约”称做“保持中国的领土与行政的完整”，并且说这“一直是美国政策的一个主要意向”。他列举了 1899 年海约翰的“门户开放照会”，1908 年的罗脱—高平协定，1915 年美国要求“最惠国”待遇的照会，1917 年的蓝辛—石井协定，1921 年到 1922 年的华盛顿会议，1932 年史汀生的不承认主义等，统名之曰“美国政府对中国人民的友谊表现”。最后还硬说是由于美国“帮助”中国、反对日本扩张，因而才引起了珍珠港事件。杜勒斯则进而说，珍珠港事件是由于美国不承认汪精卫政权的结果，并在罗列了一大堆美国对中国进行文化侵略的数字后总结说：中美之间的这种关系“几乎是举世无双的”。

毛主席在1950年12月2日复天津工商业联合会的电报中曾说道：“美国帝国主义者对于中国人民做了很多的欺骗宣传，一切爱国者都不应相信这些欺骗言论。”奥斯汀们的这些演说，正是一次这样的欺骗宣传，中国的爱国者不应当而且也不会上他的当的。但为了揭穿杜勒斯、奥斯汀们对历史的歪曲和对中美以及全世界人民的欺骗，那么，我们就必须弄清这些历史事实的真相。

先从“中美望厦条约”（按奥斯汀的话，就是第一次“美国政府对中国人民的友谊表现”）说起。

中国从一个独立自主的国家走向半殖民地的道路，是从1840年鸦片战争开始的。在这之前，美国商人不仅同英国商人一样向中国偷运鸦片，而且在后来，美国政府还支援了英国所进行的侵略性的鸦片战争。至1842年，清朝政府被迫与英国签订了屈辱的“江宁条约”以后，美国政府就红了眼，特于翌年3月由国会拨款4万元美金，作为侵略中国的活动费。同时派顾兴做全权公使，向中国要求“最惠国”待遇，订立条约。当时美国国务卿韦卜斯给顾兴的训令上曾说：“你要在适当的方式下摆出美国人的高等气派、地位和权力。你可以谈起美国的幅员之大，商业之广，海军之强……”“借以使中国与我国建立较英国更友善的关系。”又说：“你要用很有决心的词句、很肯定的态度表示：如果中国政府给其他国家的臣民特权和商业便利比给予美国人的多时，那么，美国政府就不可能以友谊和尊重来对待中国皇帝了。希望你设法和中国订立像中英条约一样的中美条约，如有机会，则订立一个较中英条约更完全更正规的条约。”

顾兴带着这个任务，以呈递国书为名，要求到北京与清朝政府谈判，后为清廷挡驾，遂留粤与地方当局交涉。在谈判过程中，顾兴曾照会护理两广总督广东巡抚程矞来，以威胁的口吻说：“本国政府或有使中国人民再尝战祸之必要。”在这种恐吓和欺骗之下，逼迫清朝政府签订了侵略中国的“中美五口贸易章程”即“望厦条约”。

“望厦条约”不仅使美国在中国得到了“江宁条约”所给予英国的同样利益和特权，而且还增加了为“江宁条约”所没有的许多内容。其中主要的要算“最惠国”待遇的规定（第二款）和“领事裁判权”的攫得（第二十一及二十五两款)。所以顾兴在向美国政府所做的报告中，曾万分得意地列举他所订的条约要比英国的条约多十六点。他说：“从英国的这些成就中，美国是得到了很多利益。但反过来，望厦条约因为有这些新的规定，也就给了英国商业以很大利益。……由此可见，每一国的政府，为使外国商业势力伸入这个广大帝国而达到的进展，是对于大家都有利的。”

这就是中美之间最初建立邦交的情形。而这个为中美两国所订的第一个条约的“望厦条约”，就已严重地损害了中国的独立，破坏了中国的主权。其中有损中国主权的“领事裁判权”的规定，乃是美国侵华的首创，后来即为侵略中国的各列强所援用，美国享受这个特权也就一直到蒋介石统治崩溃时为止。然而，奥斯汀却说这是为了“保持中国领土与行政的完整”。这种自欺欺人之谈，也只有帝国主义者如奥斯汀之流才能讲出口来。

美国侵略者为了以后更进一步的侵略，特在“望厦条约”上留下一个空子，这就是第三十四款关于改约的规定。美国政府就利用这点继续向中国进攻，且终于趁清朝政府危亡之际，逼迫着和它签订了1858年的“中美天津条约”。

中国人民为了反抗外国侵略者及本国大地主阶级的腐败统治，从1850年起曾发动了有名的太平天国革命运动。这个运动进展神速，不足三年即已攻克南京。这时美国侵略者，一方面由美国流氓华尔后来在上海组织镇压太平天国的“洋兵”，帮助卖国的清朝政府；另一方面则胁迫这个遭到人民反抗而统治已处险境的政府，以便乘人之危夺取更多权益。1853年，美政府派麦克兰为委员来华，与清廷进行修约谈判。及至麦氏本人抵华，因觉察到可利用清朝政府的困难以榨取更多利益，所以就呈请美国政府，要求与英国取一致行动。1857年，英法组织联军侵略中国，美国政府即对英法加以积极协助。当时美国务卿曾指令驻华公使雷德说：“可与英法公使自由来往，并且向中国人民说明，总统相信盟国的目的是正当的。”美国当英法侵略军进攻天津时，即乘机迫清朝政府签订“中美天津条约”。及至英法逼迫清朝政府订立了“天津条约”后，又在“利益均沾”的借口之下，进一步将“中美天津条约”续增八条，使美国所得权益较英法条约尤有过之。

“中美天津条约”不仅保持了“望厦条约”所规定美国享受的一切特权，而且还使美国扩大与增加了在华的特权和利益。这就是“领事裁判权”的扩大，以及海关协定、内河航行、内地游历、自由传教等权益的获得。其中特别强调了“最惠国”待遇，使以后任何列强在中国攫得利益时，美国均可分享其成。

这就是“望厦条约”修改与增订的情形。而中国也就由于遭到这种包括美国在内的不断侵略，遂逐渐地走向了半殖民地。被奥斯汀称做第一个“对中国人民的友谊表现”的“望厦条约”，其真相就是如此。

其次，让我们再看看被奥斯汀之流高唱入云的所谓“门户开放”政策。

“门户开放”政策，本来是美帝国主义在一定时期内对中国实行侵略的政策，这是由当时的历史条件所造成的。1894 年中日甲午之战后，由于清朝政府在这个战争中的失败，使中国的国际地位一落千丈。于是，列强对中国的侵略更加紧了，纷纷扩充与抢夺租借地和“势力范围”。迨至 19 世纪末，这种“势力范围”就已大体上划定了。美国当时一则正忙于向中南美洲伸展它的势力；二则还需要扫清侵略中国的路障。为此，美国在 1898 年并吞了夏威夷，并与西班牙发生了战争。结果除在中美洲侵占了古巴、波多黎各等地外，在亚洲则吞并了菲律宾，作为侵略中国的跳板。但是，也就因为这样，使美国没能及时在中国分到与其他列强一样的租借地和“势力范围”。在这种情况下，美国政府就采取了与其他列强协调，以共同侵略中国的“门户开放”政策。

1899 年 9 月与 11 月，曾任驻英大使的美国务卿海约翰，分别向英、德、俄、日、意、法六国提出所谓中国“门户开放”的通牒。在这个通牒内，美政府向列国提出了三点期望，大意是：(一) 不干涉在中国之所谓一切“势力范围”，或租借地中之一切条约港口及一切既得权益；(二) 中国之现行条约税则，对一切“势力范围”内之口岸装卸之一切货物，无论属于何国均为适用；(三) 此种“范围”内之任何口岸，对他国船舶不得课以较本国船舶为高之港税，又在该“范围”内敷设、管理及经营之铁路，运输他国货物之运费，不得较其本国为高。而且除对英俄两国的通牒外，对其他四国根本就未提到“领土完整”一词。

由这项通牒看来，“门户开放”政策的提出，并不是以维护中国领土完整为号召的，它还公开表示各国彼此“互不干涉”他国在华的“势力范围”与租借地，而只是要求在所有这些“势力范围”内，美国有“通商与航海”的“平等待遇”而已。同时，这个通牒还同意这种“势力范围”与租借地的增加，这从同年11月30日的英国复文中就可看出。该复文说：“我政府对于威海卫租借地，或以其他方法所取得之地域，以及英国政府现有及将来领有之一切势力范围，拟发一与贵政府所希望之同一意义的宣言……”而海约翰对诸如此类的答复非常满意，并得意洋洋地宣告，美国认为各国“对这项提议的承诺是最后的，无可移易的”。这就是说，各国在中国的“势力范围”或租借地还可以继续扩大。难道这与“保持中国领土与行政完整”有任何相同之点吗？

不仅如此，就在这个“保持中国领土与行政完整”的“门户开放”政策提出不久，美国政府自己已在直接派兵侵略中国和向中国索取领土了。

1900年，美国连同其他七国一起向中国发动了侵略战争，这就是所谓“八国联军”之役。在战争中，美国侵略军队和其他国家的侵略军队一起，打进了中国的首都北京，其烧杀掳掠的程度，使中国人民永世难忘。结果，逼迫清廷订立了更加屈辱的“辛丑条约”，而美国的军队也就得以驻扎中国内地以至首都了。这也算是“保持中国领土与主权的完整”，真是活见鬼！

同年的7月3日，美国曾向英、法、德、俄、意、葡、匈、比等八国发出“海约翰二次门户开放通牒”。这次通牒不同于上次的，就是使“门户开放”适用于“中国一切地方”。第一次通牒只是要各列强在其“势力范围”内向美国“门户开放”，这次则是要整个中国实行“门户开放”。美国在“门户开放”的旗子下，向中国的侵略又进了一步了。

当然，这次通牒也谈到了“保持中国领土与行政的完整”，但这只是空话，真实的内容是美国利用这句空话以达到夺取中国领土与主权的目的，此后的事实很快证明了这点。

就在同年12月，美国已想侵占中国福建省的三都澳（即三沙湾）作为它的海军基地。海约翰12月7日给美驻日公使巴克的电报上曾说道："海军极欲得福州北面的三沙湾作为煤站。请非正式地、缜密地探听日本政府会不会反对我们以此事向中国交涉。"这就是说，只要日本不反对，三沙湾就变成美国海军的"煤站"了。然而，当时福建是日本的势力范围，日本自然不会答应，所以12月11日，日本驻美公使将外务省给他的训令抄给海约翰，正式拒绝了美国的要求。

这件事是在美国向英俄等国重申其"保持中国领土与行政的完整"的"门户开放"照会之后的五个月发生的。这不正是暴露了美国侵略者利用"门户开放"政策进行欺骗宣传的真相了吗？

美国反动派向来把"门户开放"政策描写成为反对各帝国主义"瓜分中国"的道义政策，实际上，这个政策乃是英国人发明而为美国继承的一种帝国主义的外交手段。它的宗旨如上面所说的，完全是为了保护帝国主义对中国的侵略与掠夺。美国在这个政策之下，历来是积极地伙同其他帝国主义国家进行了"瓜分中国"的侵略活动。正如美国的泰勒教授所说："阻止瓜分中国的是中国人自己而非美国人。义和团事变迫使西方各国不得不联合起来共同扑灭这个反帝风潮。当时，他们正快要瓜分中国。瓜分再继续进行，必然引起战争，他们终于签订了辛丑条约，其中规定了国际共管中国，而非各国独自垄断。'门户开放'的'伟大意义'就是以联合压迫代替了瓜分。不过这种改变并非自愿的，主要的是大家怕这类反帝运动再会发生，同时，他们中间谁也没有力量来和其他一切国家挑战。"美国在此后许多年更进一步在"门户开放"的幌子下，加紧其对中国的侵略，并逐步排除其他帝国主义国家在中国的优势地位，打破了一定时期中各帝国主义共同瓜分中国的均势局面，而紧紧地控制了国民党走狗使整个中国变成了它的“势力范围”，而美国则从侵略中国的列强之一，几乎变成了中国的独占者。仅仅由于中国人民的反抗，美帝国主义的独占迷梦才被打碎了。

即使退一步说，美国这种“门户开放”政策的提出及与列强间的来往和措置，既未得中国同意，中国又非当事者之一，而美国竟擅自交换公文，处理中国问题，其本身就已侵害了中国的主权。更不用说它的内容和实施本来就是侵略中国的。所以奥斯汀之流，把“门户开放”政策当做“美国政府对中国人民友谊的表现”，简直是对历史所开的天大玩笑。

此外，奥斯汀把美国与日本在侵略中国上取得妥协与谅解的罗脱—高平协定和蓝辛—石井协定，也称做是“对中国人民友谊的表现”，这就更加要引起我们的愤怒了。因为过去几十年日本对中国的侵略，几乎没有一次不是在美国的直接或间接协助之下进行的。上述两个协定也正是美国鼓励与纵容日本侵略中国使自己从中渔利的两个例子而已。

美国对中国东北的野心，很早已成竹在胸。首先是帮助日本灭亡了朝鲜，然后就与日本一起进窥东北。当时因帝俄在东北有很大的势力，所以美国就决定支援日本来打俄国，以便在帝俄败后，好在东北实行它控制东北铁路，进而入侵中国与帝俄的哈利曼计划。只是由于日本迅速撕毁条约，这个哈利曼计划才未能实现。然而，美国对东北的野心却并未因此稍减，后来的诺克斯计划就证明了这一点。

当日俄战后，日本霸占了南满且不容美国插足时，日美在中国的矛盾确曾显露于世。然而，一方面日本系在美国支持下打败帝俄的，这时国力有限，且不必立即与美为敌；另一方面，惯于坐收渔利的美帝国主义，还觉得有利用日本侵略中国和牵制列强的必要，而且美国在太平洋上的新扩张还不十分安全。因此，只要日本保证美国在太平洋的利益，保证美国在中国的利益，甚至在进一步侵略中国时还可增加美国在中国的利益（如后来要求分享二十一条的权益等），那么，美国是乐于和日本在侵华问题上取得妥协的。所谓罗脱—高平协定，就是在这种情况下产生的。

这个协定原为日本当时首相桂太郎所提议，后经外相小村通告驻美大使高平小五郎，与美国务卿罗脱以换文方式确定的。协定共五条，其内容可归纳为三点：第一，消除两国在太平洋争霸的疑虑，确定太平洋的通商与贸易原则；第二，确定两国在太平洋及中国所抢得之领土互不侵犯，换言之，即美国承认日占台湾，而日则承认美占菲律宾；第三，规定在中国之商工业机会均等。

这分明是由日本主动提出，后经美国同意的一个侵略中国与太平洋的妥协与谅解，也能算做“美国政府对中国人民的友谊”措施吗？

1915 年，日本鉴于西欧各列强正忙于世界大战，而与美国又有上述的谅解，故悍然向中国袁世凯政府提出了亡华的“二十一条”。美国政府在这时是以趁火打劫的姿态出现的。同年 5 月 15 日，美国务院向中日两国发出照会，内称：

“美国政府兹特声明，现在交涉中之条约，其中任何条款经中国政府承认，而对在华外人之地位有所变更者，在最惠国待遇之下，美国政府亦将享有其利益。”

这就是奥斯汀所说的，“美国反对日本的二十一条”而“援助中国”的真正内容！美帝的这一批外交家，在说话以前最好还是去翻一翻档案，这种信口开河来骗人的时代，早已过去了。

1917 年 9 月，日本派石井菊次郎以向美国致谢（因美参加欧战）为名，赴美商谈侵略中国的协议。至 11 月 2 日，在华盛顿发表了“关于中国之日美交换公文”，即有名的蓝辛—石井协定。在这个协定上明确载有美国承认日本有侵略中国之特权，文曰“美国政府承认日本国在中国有特殊利益，接壤日本所领之地方尤然”。而日本则保证美国在华所获得之利益，承认其对中国的“门户开放”与“机会均等”。

这也是奥斯汀认为“帮助中国”“反对日本”的友谊措施。人们实在看不出这对中国有一点帮助的地方，而看出来的，则是美国既从日本那里得到同意侵犯中国，而它自己又慷慨地帮助(这才真是帮助）日本侵犯中国！因此在中国丝毫不得悉的情形之下，它与日本及其他国家把中国看成列强的殖民地而擅自处理，这也算做“对中国人民的友谊”！亏这些帝国主义分子能说得出口。

由于美日体现于蓝辛—石井协定上的对侵华问题所取得的谅解，所以在后来的巴黎和会上，美国政府就不但无视中国的一些正当要求，而且还百般设法，使中国承认日本继承原德国在华权益的非法要求。作为战胜国而出席和会的中国，竟被以战败国视之，这当然是美英法日共同策划的结果。这从该年 4 月 22 日下午所召开的，并有中国代表出席的四国会议上美总统的发言就可看出。

在这个会上，美总统威尔逊与英首相先后发言，大意说：关于此问题（即山东问题），1915 年及 1918 年中日二国既有成约订立，而 1917 年间，当德国厉行潜艇战略，欧西形势紧张，不得不求助于日本之际，英法等国并与日本订约，赞成日本关于山东及赤道以北太平洋岛屿之各项要求。中日条约，固为中日二国间之事，不能拘束别国，但英法与日本所订各约，英法自不能不遵守。彼（美总统）虽曾提议将胶州湾交与五大国作为承托国，而日本政府不允。照此情形，现在所当问明者，即中国情愿日本按照中德旧约，继承德国权益耶？抑按照中日条约在山东行使其权利耶？此外，美总统还发言说：“山东问题，英法中日等国均受条约束缚，舍条约而别求解决之方，则实觉困难。”在这里所一再提到的中日条约，也就是指的“二十一条”。由此可见，美国政府不但承认“二十一条”为合法，而且还尽力支持日本的要求，威迫中国加以接受，最后并施以压力，说是“愿中国代表加以考虑”。

当然，美日在侵略中国，进行分赃上，是有矛盾的。但在牺牲中国这一点上，却表现了侵略者们中间的一致。这种牺牲中国的可耻活动，曾激起中国人民的空前愤怒，而成为“五四运动”的导火线。美国有时在表面上也装成同情中国的样子，但这除了因为它的侵略利益与日本有矛盾之外，就完全是为了欺骗中国人民。现在侵略者还以美国在巴黎和会上帮助了中国为词进行欺骗，这难道还能使中国人民相信吗？

奥斯汀以“美国领导了华盛顿会议，帮助中国解决了山东问题和签订了九国公约”为例，说这也是“对中国人民的友谊表现”。那么我们就看看华盛顿会议究竟对谁有利吧。

由于第一次世界大战和俄国十月社会主义革命的成功，国际关系已发生了一个非常巨大的变化。一方面是世界开始分成了两个阵营——社会主义阵营与资本主义阵营；另一方面是资本主义阵营本身的力量对比也来了一次新的组合，西欧各帝主义国家或则受伤，或则削弱。只有美国在战争中发了财，因而它的经济力量增强了，国际地位提高了。在这种情况下，美帝国主义为了建立它在太平洋的霸权和提高它在中国的侵略地位，于是出头召集了华盛顿会议。所以，华盛顿会议是帝国主义解决在新的力量对比下对太平洋，特别是对中国的扩张与侵略问题的。

在华盛顿会议上，规定了英、美、日三国海军吨位的比率。美国的意思是，根据这个比率，日本就很难与美国为敌，而且还可以在美国的控制下，作为反对革命了的苏联和侵略中国的工具。同时，这次会议又拆散了英日同盟。因为这些，就使美国在远东与太平洋的地位更加提高了。而这当然是对美帝国主义有利的事。

华盛顿会议上对中国问题的讨论和决定，也是完全有利于美国及其他帝国主义者的。中国代表那样温和的要求（在这些要求中还有许多有利于帝国主义的保证），也都为他们所拒绝了。当时，中国代表所提的所谓十大原则和八项特殊事项，其中要求分期实现关税自主，废除领事裁判权和外国邮政，以及后来要求的废除日本对华“二十一条”等，不光遭到日本反对，而且也遭到美国积极反对，因而全部落了空。同时，美日等侵略者又利用这个机会向中国进攻，决定成立监督关税的特别委员会，要求中国取消厘金，并要“中国政府自行声明，无意作妨害中国眼前关税行政的变更”。就是说，中国关税还得由他们掌握。至于中国代表所提的其他要求，则被无限期地拖延下去了。

关于山东问题的解决，美国不但没有帮什么忙，而且还使中国吃了亏。只是由于中国人民的反对，使当时的军阀政府没敢答应日本的要求，同时也逼使帝国主义者不能不考虑到中国人民的力量，因而日本就在表面上放弃了它原来的一部分要求。在华盛顿会议期间，美国政府促使中日直接进行谈判，而它则从旁给日本以支持。美总统哈定在和中国公使的谈话中就曾威胁说：“如果中国不接受解决山东问题的方案，或将有丧失山东省的危险。”在这种情况下，就来了个换汤不换药的赎回胶济铁路，准许日本在潍坊等矿山投资，以及按实价补偿日本以收回德国原有财产等的决定。所有这些，分明是把中国应收回的权益转一个圈子又交给了日本，而奥斯汀之流，至今还硬说是美国政府对中国人民的援助，这不真是“吾谁欺，欺天乎”的事情吗？

至于“九国公约”，那只是确立美国侵华的“门户开放，机会均等”政策，并把它的意义和范围向有利于美帝侵略方面扩大而已。中国并没有从“九国公约”得到任何利益。该公约除了一、二两项上有照例几句“保持中国领土与行政完整”的冠冕堂皇言词之外，其余一涉实际内容，便是协调帝国主义侵略中国的规定，而且使美国在侵略中国上的比重较前更提高了。

华盛顿会议，及其决定的实质就是如此。这当然不是什么“美国政府对中国人民的友谊表现”。

奥斯汀与杜勒斯一致把“九一八”时美国政府牺牲中国、绥靖日本的政策，也称做对中国人民的帮助，并引证史汀生的照会，即所谓“不承认主义”来证明这一点。历史的事实自然又和这些欺骗的说教完全相反。

1931年“九一八”事变，日本帝国主义迅速占领了东北。当时美国的态度怎样呢？那就正像它后来在西欧和英法一起对希特勒实行绥靖，牺牲奥地利与捷克，把法西斯的侵略锋芒导向苏联这一政策一样，在远东，它是牺牲中国，让日本占领了东北，以便导之北向进攻苏联。同时，被中国1925年到1927年大革命吓坏了的美帝国主义者，觉得中国在苏联的精神鼓舞与物资援助下，不但会摆脱英日，而且也会摆脱美国的羁绊。因此美国就扶植，起码是不干涉日本侵华。因而，所谓“不承认”，实际上是鼓励日本侵略、欺骗中国人民而已。

“九一八”时，蒋介石卖国政府所采取的“不抵抗”政策也是美国的幕后活动所促成的。例如11月27日美驻日大使福白斯留交日外相币原的觉书，其中曾说到“本国政府……曾劝中国政府采取妥协步调”等语即其明证。当国联征询美国对“九一八”的意见时，美国务卿史汀生曾答以“为避免刺激日本国民情绪，不应以条约约束日本”。后来1946年，美国务院发表的秘密文件中，也记载美国当时的态度是“阻止国联对日行动切勿操之过激”，且“反对施用经济制裁”。此外，史汀生于“九一八”后曾训令驻英大使道斯列席国联，授以解决中日问题的全权。道斯在离英前曾与日本驻英大使松平恒雄商谈，一致认为国联限期使日本撤兵的决定是愚不可及的错误。道斯抵巴黎后，即替日本的侵略辩护，说什么“为保护日侨生命财产的安全起见，日本在满洲的进兵是理所当然，不可避免的。其意义正与其他文明国家之派遣陆战队一样”，并以美国曾派潘兴将军带领一万人进入过墨西哥的维拉城为例。同时，他要求必须承认日本在满洲的实际情况，否则不能讨论中日问题。

仅仅由于日本的继续南进而并不北上，同时为了欺骗舆论，1932 年 1 月，在日本占领锦州后，史汀生才向中日两国发了一个“不承认主义”的照会，而且其中主要是怕日本侵犯到美国的利益，说凡“足以损及美国或其人民在华之权利”，“美国政府均无意承认”。至于日本占领东北，那是它同意了的。所以在史汀生照会发出第二天，美国务院即发表补充宣言解释道：“(一) 美国丝毫无意干涉日本在满洲之合法条约权利；(二) 不拟过问日本解决任何事件，惟此项事件，不得破坏美国权利……”这就是美帝国主义者至今尚在吹嘘的“不承认主义”的基本精神。这对中国究竟有什么帮助呢?

现在，我们再看看杜勒斯、奥斯汀们所说的，从“七七”事变后，美国为了对中国人民的友谊，不惜冒战争的危险，并因此得罪了日本，爆发了“珍珠港事件”这一历史事实到底是怎么回事。

如上所述，第一次世界大战后，美国在远东的一贯政策是，绥靖日本，鼓励与支持其西进，以侵略中国和进攻苏联。这种政策一直继续到珍珠港被偷袭为止。只是由于日本不北进而南下了，直接打到了美国的头上，这时美帝国主义才被迫在太平洋上对日本进行战争。在这之前，虽然日本已侵占了大半个中国，但美国还是在支持日本，牺牲中国。

1937年日本向中国发动全面进攻，乃是美国长期栽培与扶植的结果。抗日战争爆发之前，美国供给了日本大量的汽车、石油、废铁及其他军用物资。日本借以发动战争的全部钱财和军火的半数以上，均系美国所供给的。1936年，单是运日的军需品即达1500万美金之多。及至战争开始之后，一方面，美国政府并未反对日本侵略，而只是"保持静观、沉默、忍耐态度"；另一方面，大量的军用物资还是在"现购""自运"法案下，源源输入日本。1937年，美国对日输出的军用物资，占全部输出额的58%；1938年则增加为67%。而这年（1938年），日本自美输入的作战物资竟达全部消耗额的92%。1938年10月，赫尔致日本照会上还公开声称："美国政府尊重日本的利益，美国对日本的贸易关系不加任何限制。"连杜勒斯本人也供认，直到1941年，美国对日贸易较其对华贸易也高出三倍。此外还帮助日本建设制铝与石油等战争工业，帮助改良技术。至于对中国，则在初期连同情的表示都没有，即使对其走狗蒋介石的帮助，也是寥寥无几，与苏联当时对中国抗战的帮助，简直不能同日而语。

但这还只是问题的一方面，问题的另一方面就是美国当时出卖中国的罪恶策动。1940年冬，美国经过其邮政部长乌卡及美利诺尔学院之乌尔歇主教等，与日本陆军省军务局之岩畔大佐及井川忠雄等进行秘密谈判，后来又变成日驻美大使野村与美国务卿赫尔以及美总统之间的谈判。到1941年4月，赫尔提出一个"日美谅解方案"，其中第三部分就是牺牲中国的计划。在这里，美国政府答应劝告"蒋政权"投降，促使蒋汪合流，并承认"满洲国"；同时要求日本军队撤离中国本土，不并吞中国。以此来调整美日在侵略中国上的某些分歧，并诱导日本去反苏而不要南进。后来美国总统还打算与近卫文麿在阿拉斯加会谈。这就是美国制造牺牲中国的东方“慕尼黑”阴谋的真相。这又有哪一点是帮助中国的呢？

但是，当时日本军国主义者的野心却并不以此为限。他们一定要实现“大东亚共荣圈”的梦，即是说要独霸亚洲与太平洋，特别是要拿下南洋以解决它的物资困难。同时它与德意又有同盟关系，觉得打败英美等国很有把握，因而出兵占领了越南，并于1941年底偷袭了珍珠港，掀起了太平洋战争。所以“珍珠港事件”乃是美国执行“搬起石头打自己脚”的“绥靖政策”的结果，并不是什么由于不承认汪精卫政权而引起的。这不正与英法等绥靖希特勒而终于使自己吃了亏的事情如出一辙吗？如果张伯伦、达拉第之流在后来竟说“慕尼黑”政策是对奥地利与捷克的友谊援助，那能有一个人相信吗？

此外，杜勒斯与奥斯汀在其侮辱中国人民的演说中，还谈到美国在教育慈善等事业上的所谓“对华捐助”，并罗列了一大堆美国出钱建立和津贴的高级学校的名字，以及在美国所办或支持的学校中受过教育的人数，用以证明他们所讲的“美国对中国人民的友谊”。最后，奥斯汀竟恬不知耻地发问道：“这种在文化方面联系着中国人民和美国人民的金线，究竟能不能一刀两断呢？”那么好罢，就让我们看看这种“美国帮助中国教育事业”的“友谊行为”吧！

原来美帝国主义对中国的侵略是全面的。百余年来，它除了进行政治、经济与武装侵略外，在很长时期中，尤其注重文化侵略的活动。美帝国主义通过其经济侵略与武装掠夺，在中国人民身上榨取了大量血汗，抢得了一些赔款，然后又用这些中国人民血汗的一小部分进行文化侵略，妄图从精神上麻醉中国人民，收买中国的人心，为它的政治、经济、军事侵略铺平道路。因此，美国在中国创办了或经常津贴着不少学校及其他宗教、文化、救济事业，帮助中国学生去美留学，其在这方面的投资总额为其他任何外国所不及。这种文化侵略的实质，只要看看帝国主义分子自己的招供，就可一目了然了。

一个在中国进行这种文化侵略达40年之久的美国传教士斯密斯，在1907年出版了一本名叫《今日之中国与美国》的书，里面引录了美国伊里诺大学校长詹姆士给美国总统的备忘录，这个备忘录中曾有这样几段：

“哪一个国家能做到教育这一代的年青中国人，哪个国家就将由于这方面所支付的努力而在精神的和商业的影响上取回最大可能的收获。如果美国在30年前已经做到把中国学生的潮流引向这一个国家来，并能使这个潮流继续扩大，那么，我们现在一定能够使用最圆满与最巧妙的方式而控制中国的发展，就是说，使用那从知识与精神上支配中国领袖的方式。”

又说：“为了扩张精神上的影响而花一些钱，即使只从物质意义上说，也能够比用别的方法收获得更多。商业追随精神上的支配，是比追随军旗更为可靠的。”

看吧！这就是美帝国主义援助中国教育事业的目的。这种所谓“援助”，却原来是为了“控制中国的发展”，为了“支配”中国，为了从中国“得到更大的收获”。说得更明确些，美帝国主义援助中国文化教育等事业的目的，无非是为了通过这些方式，在中国人民中传播亲美、崇美、恐美的恶毒思想，鼓吹腐朽、堕落的“美国物质文明”和“美国生活方式”，摧残中国的民族文化和民族自尊心与自信心，戕害中国儿童和青年的灵魂，为它的侵略培养爪牙和走狗；同时，在一切这些文化教育活动中，与中国反动派勾结一起，进行破坏中国人民的革命事业，甚至以此等文化教育事业为掩护，从事危害中国的间谍暗害活动。所有这些,对觉悟了的中国人民来说不都是很熟悉的吗?在许多教会学校、宗教团体以及留美归国学生中所展开的抗美援朝保家卫国的爱国主义运动中,不是已经把美帝国主义这种文化侵略的阴谋完全揭穿了吗?

美帝国主义者及其走狗在进行这种欺骗宣传时，常喜欢举“退还庚子赔款”的例子。他们大概以为，无论如何，这件事总可以算做“美国对中国人民的友谊表示”了。其实，这个狠毒的侵略阴谋也是骗不了任何人的。所谓“退还庚款”，本来就是美国侵略者联合其他列强，用武装侵略的方式，向中国勒索的赃物，然后又用这种赃物中的一部分来进行上述的文化侵略，难道这也能称作“友谊的表示”吗？不过，“退还庚款”除了是美国利用它从中国榨取到的金钱的一部分遂行其文化侵略的目的外，在当时还有其他的原因存在。这就不能不提到中国人民在1905年的抵制美货运动。

在19世纪后20年间，美国实行排斥华工的政策，到处有计划地对华侨进行限制、虐待乃至杀戮。1901年旅美华侨崔子肩、何利、司徒芳等56000余人，曾上书当时的北京政府，备述华侨受虐待的情形，说是“苛例百出，令人骇绝”。美国的这种排华行为曾激起了中国人民的极大愤怒，从1903年，广州等地就已掀起了抵制美货的运动，使美国对华贸易受到很大损失。例如1902年美对华棉花出口总值是1600万美元，到1904年竟降为400万美元。而且这种抵制美货运动，到1905年就已蔓延到了中国沿海各地。这就使得美帝国主义不能不考虑到中国人民的力量，而另谋侵略办法。起议于1904年，而在1908年由美国国会通过的“退还庚子赔款”一案，就是在这种情况下发生的。提出这个办法的，却正是上述推行文化侵略的斯密斯一类的美国商人和传教士。所以，“退还庚款”只是企图缓和中国人民的愤怒，用中国自己的钱来收买中国的人心。这种不花本钱的文化侵略行为，怎么也能叫做“对中国人民的友谊表示”呢？

最后，奥斯汀之流还一再夸口在抗日战争中和战争后美国对中国的所谓“援助”，说这是“千千万万的中国人所忘不了”的。这里有一点是真的，这就是千千万万的中国人绝忘不了美帝国主义支持和操纵蒋介石政府，反对中国人民的民主与解放事业的罪恶活动。从“珍珠港事件”后，美帝国主义在“帮助中国抗战”的名义下，把它的侵略势力一步紧接一步地渗入中国，并与卖国的蒋介石匪帮勾结一起，阻止中国的民主改革，百般设法消灭中国的革命民主势力。特别是抗战胜利后，美帝国主义囊括了国民党中国的一切主权，并出钱出枪（有时还出人）促使蒋介石打内战，因而屠杀了成百万中国人民。只是由于中国人民在共产党领导下的坚决反抗，才把这个恶毒的美国侵略者及其走狗蒋介石匪帮逐出了中国大陆，使中国人民得到了解放，成立了中华人民共和国。然而美帝国主义者并不甘心于自己的可耻失败，还在支持流亡的蒋介石匪帮，用一切办法反对和破坏我中华人民共和国，特别是从1950年6月起，更直接出兵侵略我国台湾和我邻邦朝鲜。所有这些，都是人所共知的事情，这里不用详述了。难道这些也都能叫做“对中国人民的友谊表示”吗？

现在，由于百余年的体验，中国人民已认清了美帝国主义这个口蜜腹剑的侵略者。当美国侵占我台湾，轰炸我东北，并在朝鲜继续燃烧其侵略我邻邦、威胁我国境的战火，且坚不撤兵的时候，战争贩子如杜勒斯、奥斯汀之流竟大谈其“中美人民的友谊”，其欺骗的伎俩与企图都是白费的。美国侵略中国的血的历史，是任何欺骗宣传也掩盖不了的。

（东北人民出版社1951年2月版）

关于朝鲜停战的和谈问题*

最近时局中值得注意的一件事，就是关于朝鲜停战的和谈问题，特别从中朝人民军五次战役以后，这种议论更加增多。据各方报道，和谈已由舆论的酝酿，变成官方的活动，而且美国当局也表示出了它对和谈的兴趣。

先是马歇尔、布莱德雷、艾奇逊等人在参院作证时声明，美国的目的，已不是以武力统一朝鲜，而是所谓迫使中国进行和谈。5月底，赖伊前往渥太华会晤皮尔逊，并声称再度努力结束朝鲜战争的时间已经到来。在其回到纽约时，又再次提出在三八线停战。此后皮尔逊即决定赴伦敦并路经华盛顿，而且在本月14日的谈话中说他已与艾奇逊在华盛顿商谈了停战问题。本月2日，英外交部发言人声明称，英已主动与其他有关各国研究和中国协商以结束朝鲜战争的问题。3日美驻英大使曾与莫里逊讨论朝鲜形势。4日巴黎广播说，英外相已训令其驻美大使与有关各方研讨朝鲜和谈的盟国政策问题。据各方报道，5日在华盛顿召开的16个朝鲜参战国代表的集会上，曾协议了停战的条件。马

---

* 这是在当时任驻苏联大使张闻天的直接指导和亲自主持下起草的一份研究报告，得到中央和外交部的重视。

歇尔本月8日朝鲜、东京之行，据传也与研究停战有关。这些活动，显然是在美国当局的赞同或授意之下进行的。

在舆论方面，各资本主义国家的主要报纸，近一月来不断在谈论着停战的必要与可能。5月9日，美记者李普曼在《纽约先驱论坛报》撰文，认为以三八线为界在朝鲜分裂为两个国家的基础上停战，就是美国的最大胜利。5月23日，美《基督教科学箴言报》记者指出，中国军队的撤退，造成了与中国谈判的绝好机会。同日《纽约时报》也报道说，联合国大会多数代表认为现在是在朝鲜停战的最好机会。5月26日，英《旁观者周刊》的评论说，现在与中国政府协商停战是合乎时宜的。它所举理由为：第一，双方军队均在三八线附近，南朝鲜驱逐了“侵略者”，北朝鲜土地亦未被占领；第二，战争将近一年，中国人已不可能将联军赶下海去。同日美记者布莱斯福德在《雷诺新闻》上撰文，号召结束朝鲜战争。30日，英《新闻记事报》在社论中号召停火，说目前是停战的最好时机。同时，《泰晤士报》最近还登载了许多人签署的一封信（包括两名议员），要求在朝鲜停战。6月3日，“美退伍军人委员会”年会通过决议，要求联合国尽力获致朝鲜战争的和平解决。4日，巴黎大多数的晨报竟撇开法国竞选运动，转而评论停战问题。同日，英国许多报纸也都在谈论朝鲜问题和谈的前途。6月7日，英《每日先驱报》提醒当局要忍耐，不应有任何阻碍和谈的行为等等。总之，最近美、英、法、印度、加拿大及其他资本主义国家的舆论，关于朝鲜停战和谈问题的传说与评论，确是甚嚣尘上了。

美国参议员约翰逊关于在朝鲜停战的提案，曾引起各方重视。苏联《真理》、《消息》、《劳动》等各大报，在5月19日或20日均予以全文刊登。《真理报》并于20日的国际评论中提及此事，认为“华尔街在朝鲜的冒险之毫无希望，甚至连美国统治集团的某些代表人物也已确信不疑了，参议员约翰逊关于停战与和谈的提案就是明证”。在美国，约翰逊提案得到了舆论界的广泛支持，各报均大加登载。《指南针日报》称之为“结束朝鲜战争的既简单又聪明的办法”，该报记者在5月30日撰文，表示衷心支持约翰逊提案。根据同日塔斯社消息，美国各阶层人民也广泛支持约翰逊停战提议。进步党并动员群众签名支持。由和平委员会领导的支持约翰逊提案的运动，已在加利福尼亚州展开。5月23日美共《工人日报》也报导说，美各阶层人民积极支持这一提案，要求在朝鲜停战和撤退外国军队。同时，苏联各报对这一提案的全文登载，也引起了各方的注意。约翰逊在5月25日的广播演说中，表示欢迎苏联报纸刊登他的建议。他说：“在这个世界上，如无苏联的同意，便不可能得到和平。”他称他的建议不仅合乎时宜，而且也是惟一的出路。5月23日《纽约时报》记者报导，联合国外交家非常重视苏联报纸对约翰逊提案的注意，认为这有很大意义。美国代表团也指出这件事情的特别意义。

所有这些活动和舆论，都表明美国近来对朝鲜战争的态度的某种改变，这就是企图在对它有利的一定条件下取得和谈与停战，因而才策动了许多这些有关的酝酿和试探。至于美国为什么在最近又希图停战呢？据各方评论，是由于以下的原因：

（一）首先是由于中朝人民军所给予美军的连续打击，使美国不得不抛弃以武力征服全朝鲜的野心，暂时求得以三八线停战为满足。美国侵略部署的重点是在欧洲，而欧洲又远未准备好。布莱德雷在参院作证时曾说过，美国的“军事能力还不足以进行摊牌”。艾奇逊也说，美国尚无足够力量以保卫西方盟国。而朝鲜战争拖得越久，美国在欧洲方面的重点准备就越差。中朝人民力量的强大，使美国统治集团不能不认识到用武力统一朝鲜的幻想已经无望。马歇尔在本月6日的讲演中也供认朝鲜战争看不到尽头。这种既不能迅速结束战争，而又得在战争中不断遭受重大损失的局势，对美国在欧洲的重点备战，自然是不利的。

（二）由于美国人民以及全世界各国人民对美国坚持侵朝战争的日益增长的不满，这种不满甚至影响了美英统治集团中的一部分当权人物，使之也不得不主张停战。马歇尔、艾奇逊等的表示，是最好的证明。

（三）英国及其他国家对在朝鲜继续战争也日渐不满与不安，这又加深了侵略阵营内部的矛盾。各附庸国对美国增兵朝鲜的要求表示消极，而对停战和谈却很为积极。印度《指南针日报》驻联合国记者5月18日报导："亚洲国家较以前更少同情美国在远东的政策，从埃及到印尼，除菲律宾外，没有一个国家支持美国的政策。""拥护在朝鲜停战的不仅是亚洲国家，而且还有许多西欧国家。"显然朝鲜战争持续越久，美国就越会孤立。

由于以上的原因，所以美国当局在目前有在三八线求得停战的趋向。虽然在美国统治阶级内部，不同的趋向，即扩大朝鲜战争的趋向，也还是有的。

关于停战条件，据各方消息，侵朝各国已取得了一致意见。路透社纽约访员6月7日报导，这些条件是：（1）在三八线停火；（2）在三八线划定20英里宽的非武装区（一说是在三八线北，一说是在三八线南北各10英里）；（3）联合国成立监督机构，使双方在停战时期不得集结军队，并监督非武装区；（4）召集有关各方会议以讨论恢复朝鲜和平与逐渐撤退外国军队问题；（5）在过渡时期联合国设立专门机构主持朝鲜选举等，使朝鲜最终成为独立统一的国家。劳伦斯在6月13日《纽约先驱论坛报》上评论朝鲜停战称，主张朝鲜和谈的人，认为和谈只能是军事的，在军事基础上进行，而不能牵涉到其他政治问题。从这些以及其他消息看来，美国的条件只是求得在三八线上停火。至于台湾、中国在联合国代表权等问题，它是不会有让步的，虽然为了达到停战目的，也可能答应这些问题以后可经过联合国进行谈判(艾奇逊在参院作证时已有此表示)。同时，美国也不会从朝鲜撤退它的军队。这就是说，美国所要的停战，只是在不放弃对台湾和三八线以南的南朝鲜的占领的条件之下的单纯停火。

美国现在酝酿的这种停战将以什么方式提出，有几种说法：一种是上述劳伦斯文章所提的意见，就是不经过联合国及其斡旋委员会，而是经过李奇微，由双方军事代表开会取得停战协议。原因是，这样可以避开对中国的承认以及台湾等问题而只谈军事上的停战，根据劳伦斯的推测，马歇尔到东京可能就是布置这件事的。另一种，是通过联合国进行谈判。据路透社 6 月 11 日引英《新闻记事报》纽约访员报导，赖伊已对和谈提出了新计划，这就是通过安理会进行谈判。还有一种，就是为各通讯社及报纸所普遍传说的，即先由联合国发表对朝鲜政策说明，呼吁中国停火，如中国同意，然后召集和谈会议。也许在朝战一周年（即今年 6 月 25 日）可能有这种正式的文件发表。当然，和谈是经过联合国，还是由某些国家代表向北京试探，然后再开会，都无关重要。

目前，在这种条件下停战，对美国统治阶级当然是有利的。因为这样，它就有可能避免在朝鲜的不断损失，争取时间，集中力量准备战争，特别是在欧洲，缓和侵略阵营内部的矛盾，缓和各国统治阶级内部的矛盾，把自己伪装成和平拥护者，以此争取其失去的民心，并准备美国来年大选的政治资本。同时在目前的战争形势下停战，对美国统治集团也是适宜的。在相持的形势下甚至在美军还能在三八线以北作战的形势下停战，美国侵略者既可以不丢面子，而且还可以继续占有南朝鲜战争基地。此外，据美国独占资本的喉舌《华尔街日报》和《商业杂志》载文称，朝鲜停战对美国军火生产计划，也不会发生什么影响。《华尔街日报》记者5月29日报导，许多实业家因朝鲜和谈谣言的传布而询问道，如果和平真的出现，是否会影响军火生产计划？高级官员回答说，“没有什么”，因为美国现在扩大军火生产主要的是为了装备军队，囤积武器，准备世界大战，朝鲜停战丝毫不能影响其军备的扩张。本月14日杜鲁门在广播演讲中也指出这点，他说：“有人以为朝鲜战争如果停止，我们即可限制我们在国防方面的努力”，“这是不正确的”。他说，即使朝鲜战争明天停止，美国的那些备战措施，还是必需的，因为据说他的庞大的动员纲领，是为了“防止”第三次世界大战的。

美国现在之酝酿与策动停战，还有另一方面的企图，这就是如果按它所希望的那种停战的目的达不到，它就可以把战争的责任推到中朝两国的身上，把自己说成是和平的维护者，把中朝两国说成是好战分子，并以此动员兵力，欺骗人民。同时，还可以此动员它的附属国出更多的兵，积极进行其在朝鲜的侵略战争，甚至扩大战争。所以，美国在试探和谈的同时，还在积极从事长期战争的布置。马歇尔所说的侵略军队的“轮换制”就是如此。皮尔逊在与艾奇逊会谈后的声明里，也说明了这种道理。要言之，对美国说来，目前最好就在三八线上实行停战，以便争取休战时间，集中力量准备第三次世界大战；要不然，就准备继续打下去，把局部战争拖到三次世界大战。这便是美国近来对朝鲜战争所持的态度。

但中华人民共和国及朝鲜民主主义人民共和国方面的态度是怎样呢？中朝两国还是会不顾英美的停战和谈的提议而继续打下去呢？还是也会同意在三八线上停战为条件而进行和谈呢？他们很担心，中朝两国不会接受他们的停战建议。但他们估计中朝方面同意停战而进行谈判的可能，也是有的。他们说，虽然美军不能把中朝部队赶出朝鲜，但中朝部队，也同样不能把美军赶出朝鲜。消耗战对美国不利，对中国也不利。

（1951 年 6 月）

评英国的所谓亚洲洛迦诺计划*

一

还在1953年5月11日，邱吉尔在演说中就曾提到要在欧洲恢复洛迦诺公约的精神。今年6月23日，艾登在英国下院关于外交政策的演说中，又提到在东南亚可以缔结由双方参加的、洛迦诺式的相互协定。因此，关于洛迦诺公约就引起了西方报界的广泛谈论。

所谓洛迦诺公约，就是指1925年10月在洛迦诺会议上所通过的一些决议，其中主要的是莱茵公约，或叫做德、比、法、英、意共同保证公约（保安公约）。莱茵公约规定，保持德法与德比疆界的领土现状，维护凡尔赛条约所划定的疆界的不可侵犯性，保证关于莱茵区非武装化的规定；德国与法、比相互约定互不攻击，互不侵略，并经过外交途径或借助于仲裁解决一切纷争；英国和意大利作为公断者，如一方违约，英、意即参与援助

* 这是1954年7月初日内瓦会议休会期间（即和平解决朝鲜问题的会议陷于僵局、讨论恢复印度支那和平问题会议中断后），所写供代表团和国内决策参考的一篇文章。

另一方。在第四、第五两条中规定了对违约国的制裁办法。公约中指明，国联行政院在受理缔约国间的争议时，争执双方的投票无效，但其决议，争执方面却必须执行。莱茵公约还规定了凡尔赛条约与道威斯计划的继续有效，并确定德国参加国联。

洛迦诺会议的决议，除了莱茵公约外，还有德与法、比、波、捷的仲裁条约，法国与波、捷的保安公约以及会议闭幕记录等。

洛迦诺公约的缔结，差不多酝酿了一年之久。当时正是资产阶级所谓和平主义的全盛时代。国际上出现了两种稳定，即苏联的稳定和资本主义的暂时稳定。一方面，苏联已粉碎外国的武装干涉，工农政权已获得巩固，经济恢复已取得很大成就，帝国主义消灭苏联的计划遭到了彻底破产，资本主义国家不得不纷纷承认苏联，和它建立外交关系，特别是商务关系。另一方面，资本主义已暂时抵挡住了第一次世界大战后的第一次革命周期的进攻。由于道威斯计划的制定和实施，华盛顿会议的召开和九国公约的签订，以及其他措施，帝国主义在欧洲与远东的矛盾也得到了某些临时调整。美国由于大战期间对欧洲各国有大量贷款，加之道威斯计划又给它开辟了向德国大量投资的道路，因此它希望欧洲局势能稍趋稳定，以维护它的经济利益，使它可能依恃雄厚的经济力量来干预欧洲事务。英国也希望肯定既成事实，维持当时的“现状”，并利用德法矛盾以取得在欧洲的领导地位。德国虽不满凡尔赛体系的束缚，但因力量还软弱，因此希望减轻债务和解除某些地区的军事占领，使它取得恢复力量的暂息时机。法国担心德国侵略的复起，特别是边境的安全，因而希望取得英国的保障与美国的支持。此外，各帝国主义国家还有一个共同企图，这就是互相勾结，组成反苏统一战线。因此就需要培植德国，使之参加反苏事业。

洛迦诺公约就是在这种国际形势下产生的。它的目的在于重新配置力量，稳定西欧局势，把德国卷入反苏阵线，使之东向而击，因而它不规定德国的东部疆界。洛迦诺公约证明了法国的削弱，提高了英国在欧洲的地位，并对美国在欧洲的经济扩张造成了有利的环境。斯大林说："洛迦诺公约不过是凡尔赛条约的继续，目的在于维持现状。"

洛迦诺会议使英国在当时取得了一定的外交胜利。公约的议订大部分都为英国所操纵，凡与英国利益不符的建议，都没有获得通过。英国破坏了法、德间的直接谈判，并利用德国来对抗法国的力量。作为德法之间的主要仲裁人，英国取得在资本主义欧洲事务中的领导地位。英国用洛迦诺公约曾一时造成孤立苏联的威胁，并把德国引入国联，企图破坏拉巴洛协定后的苏德关系。洛迦诺公约曾使一些国家结成互相反对而变化不定的组合与集团，从而便于英国的驾驭和操纵。但是由于洛迦诺公约鼓励与帮助了德国军国主义的复起，成为引起第二次世界大战的一个重要因素，所以归根结底还是给英国带来了极大的损害。

当然，目前的国际形势已与 1925 年完全不同，因此英国现在再次提出洛迦诺公约也与那时有着极其不同的含义。

二

英国在目前重提洛迦诺公约并不是偶然的。这是由于近年来国际形势和国际上的力量对比发生了深刻的变化，英国再继续追随美国的战争政策、充当美国的附庸，对它已越来越不利了。保持国际局势的相对稳定，执行一种近乎中间立场的政策，对英国倒是更有利些。因此，英国现在提出的所谓洛迦诺精神，实际上就是利用目前的国际形势，特别是两大阵营之间的斗争，恢复它的力量均衡的老政策，在国际上保持现状，求得一定条件下的和平共存，借以巩固和扩大它的势力，提高和加强它的地位。这不能不说是英国在国际事务上的态度开始了较大的变化。

据各方评论，促成英国态度的这种变化，是由于以下的一些因素：

首先是，民主与社会主义阵营已更加巩固与壮大。苏联威力的增长，特别是它已拥有原子与氢武器，加上日益强大的中国，就使英国的统治集团在追随美国，准备反对苏联与中国的战争时，不能不有所顾虑。许多资产阶级报纸都强调苏联拥有原子与氢武器对英国政策的影响，指出英国极怕被美国卷进原子战争中去。苏联、中国及其他人民民主国家已成为国际上的基本稳定因素，无数事实证明，反对它们的任何企图都是注定了要失败的。追随美国反对中苏已使英国受到很大的损失，从英国的利益出发，它需要缓和一下与中苏等国的关系，更需要开展与这些国家之间的贸易。而且，某种程度的中立，还可使英国利用苏中以对抗美国的压力。这些，就是为什么邱吉尔近来一再提到和平共存的原因。

其次，近年来全世界的和平力量有着巨大的增长。现在，要求和平及国际形势缓和的，已不仅是各国的劳动人民，而且越来越包括更多国家里的资产阶级以至当权人士。在大英联邦的范围内，就有这样的国家。因此对英国来说，执行一种较为缓和的政策，不仅可以稍为稳定国内的统治，而且可以在国际上不致遭到孤立，否则就会无法巩固它的大英联邦和应付国内要求和平的人民。在目前的情势下，忽视和平力量与国际形势缓和的趋势，已是不可能的了。

第三，美国的侵略政策与战争政策遭到一连串挫败，在国际上日趋孤立。但虽然如此，美国还是坚持它的这种政策，加强国际紧张局势，并采取更露骨的蛮横态度与强制手段。这就使它遇到日益增多的反抗，使它的政策到处碰壁，经常失败。现在，美国的国际威信已大为降低；资本主义世界的反美情绪普遍高涨；许多资本主义国家对美国产生了离心倾向；中立主义有很大发展。所有这些，都说明美国的国际地位较前有很大削弱，美国的实力政策是行不通的。这不但给英国一个教训，而且还使它能够利用这种机会以提高自己的国际地位。特别是美国经济危机的到来，更使美国的地位削弱。同时，英国为了防止美国经济危机的影响，也不能不更离开美国一些，并采取其他更为独立的措施。

最后，也是很重要的一点，就是近年来英国的地位，特别是在经济上，有了一定的加强。英国的经济状况一般的均有些好转，对外贸易上的支付差额有所改善，黄金与美元的储备在逐渐增加，英镑得到进一步稳定，特别是美国已经遭遇到的经济危机至今尚未袭击到英国，由于这一切，就使英国对美国的经济依赖有了某些减弱。在政治上，保守党政府所执行的政策，得到了工党的很大支持。虽然人民的不满还在增长，但统治集团内部的斗争，如在议会里，却较前有些缓和。英国经济地位的改善，使它有可能执行更较为独立的政策，而这种政策的执行，反过来又会加强它在各方面的地位。

由于这些以及其他原因，就使英国对外的态度开始发生某些变化，先后在欧洲与亚洲提出所谓洛迦诺公约的思想。

英国这一倾向于维持现状与和平共存的所谓新洛迦诺思想，在一年前就曾对欧洲提出过。邱吉尔在他去年 5 月 21 日有名的演说中曾宣称，“当时促成洛迦诺公约的主导思想，也可以在德国和俄国之间的问题上起它的作用”。他认为有可能使苏联的安全与西欧的安全协调一致，说“俄国有权在人类力所能及的范围内感到放心”。此后，许多西方报纸还纷纷传说英国主张北大西洋联盟国家与苏联缔结互不侵犯条约，以及由东西双方保证德波边境的安全等。

苏联舆论当时在肯定英国所提东西双方的安全可以协调一致这一积极方面后，也曾严厉批评了它主张武装西德、妨碍德国统一的有害方面，认为在欧洲恢复洛迦诺精神会造成一些国家反对另一些国家的组合和集团，其最终结果必然会加重国际紧张局势(见 1953 年 5 月 24 日《真理报》社论)。

虽然邱吉尔提出的恢复洛迦诺公约的思想存在着这种两面性，但它已与 1925 年的洛迦诺公约有很大不同。它主张稳定欧洲的局势，缓和东西之间的关系，这就与美国所叫喊的“解放”政策和不承认和平共存的态度发生了明显的抵触，因而不利于美国破坏和平与加强国际紧张局势的企图。因此它遭到了美国的极大反对，使英美矛盾顿形紧张，邱吉尔演说的十天后，就宣布了召集美英法的百慕大会议，以图调整三国在东西关系上的态度分歧。

英国对欧洲的洛迦诺计划虽然在形式上后来并未见到实现，但倾向中立、主张维持现状的这种思想却不仅没有改变，而且还继续有所发展。今年 4 月 30 日，邱吉尔在演说中进一步号召改进英苏关系，苏联对此曾予以极大重视。6 月 23 日艾登关于亚洲洛迦诺计划的提出，也是英国对整个国际问题的这种态度和政策的又一表现。这都说明英国在逐渐摆脱美国的影响，执行更为独立的政策。而且，这种趋势已经是越来越明显了。

近来，英国对美国的态度已强硬了一些，对美国向英国势力范围内的渗入和扩张进行着更积极的抵抗。杜勒斯在日内瓦会议前所号召的在东南亚采取“联合行动”，也因遭到英国的反对而告失败。英国还极力在国际上拉拢那些对美国不满的、有中立倾向的势力，并企图结成对抗美国的一定集团。同时，不顾美国的反对，英国和苏联、中国，特别是和中国的关系已经有了某些改善，希望并进行着扩大对苏联与中国的贸易。在有些问题上，英国几乎要充当东西之间的调停者或中间人，这在日内瓦会议期间就有明显的表现。

当然，英国对外政策的这种变化还是很不肯定，而且有一定限度的。它还不可能完全脱离对美国的依赖，也不能指望英国现今的统治集团执行完全独立的政策。在许多基本原则上，英国还是和美国一致的。在反对和平民主阵营、反对各国人民革命上，英国也并不太落后。由于美国的势力和它对英国所保有的影响，在某些问题上，英国的不同态度还是经不起美国的压力，有时一到重要关头，英国又可能不得不向美国让步。

然而，英美矛盾仍然是基本的一面，而且这种矛盾今后还一定会继续发展。因此英国态度的倾向于中立，就是一个值得注意的新的趋势。英国这种倾向于脱离对美国的依赖而执行更为独立的政策，说明英美矛盾的进一步尖锐化，美国的更加孤立及其战争政策的日益破产。应该说，这是第二次世界大战后国际上的重大事件。

三

艾登 6 月 23 日所提出的，关于东南亚的洛迦诺计划，究竟有些什么内容呢？根据各方的报道和评论看来，这一计划的主要思想是：第一，以科伦坡会议五国为基础组成一个东南亚集团；第二，确立两种制度的并存和互不侵犯。这一计划的目的在于，既对抗美国势力的渗入，也防止我们影响的扩大，因为不论美国的侵入或当地民族解放运动的兴起，都会威胁到大英帝国的利益。因此，英国希望在东南亚保存现状，维持一个相对稳定的、不同制度国家和平共存的局面，并利用这些条件设法巩固与加强它的地位。

这一所谓洛迦诺计划虽然还未肯定，还没有形成完整的一套，但它却包含着英国对东南亚政策的一些重要方面，其中有些已在推行，有些则正在酝酿。

英国对印度支那的主张，照艾登的说法，就是在达成和解后，东西双方均承担一定义务，不以武力破坏已达成的协议，并监察与保证协议的履行。这样就可以使双方的力量受到约束，以求达到和平共存。这就是说，英国希望那里的战争有条件地停止下来，在越南实行分治，并划定一条分界线，使双方的军事力量撤退到分界线以后；在柬埔寨与老挝实行中立化，既不使那里有革命军队与政权，也不使那里有美国的军事基地和美国的控制。对越南的停战和柬老的中立，英国主张由它提出的科伦坡会议五国或其中某几国进行监督，而由大国加以保证。关于监督停战的中立国机构，英国认为应握有极大权力，但它反对有人民民主国家加入。英国主张印度支那双方的分界线是不可逾越和不可侵犯的，中立国监督与大国保证应以这点为主要内容。英国的打算是，在中立国委员会中它将保持极大的影响。在大国保证上，英国的想法是中苏与法美在许多问题上将是彼此对立的，其作用会相互抵消，因此英国可以起更大的作用。这样，英国在印度支那问题上将保持两级仲裁，如同保证德法与德比疆界的 1925 年洛迦诺公约一样，英国将成为主要的仲裁人。这不但可提高英国在印度支那以至东南亚的发言权，而且可使它利用法国的削弱，把它的势力扩张到印度支那去。

其次，英国企图利用东南亚一些国家的中立倾向，以便由某些英联邦国家为核心组成一个中立集团，并与中国取得和平相处的相互保证，以稳定与加强英国的地位。科伦坡会议的召开即使不是英国策动的，也是受到英国的大力支持。此后，英国即授意某些国家，如印、缅、印尼等，与中国达成互不侵犯的约定，确立在亚洲的不同制度的国家和平共存的局面，并逐渐扩大这一范围，使之包括更多的国家，不但要把英国包括进去，而且按照邱吉尔在华盛顿的记者招待会上所说，最后还希望美国也参加这种互不侵犯条约。对印、缅等国的统治阶级来说，在和中国的关系上确立互不侵犯等原则，不但可以在很大程度上解除他们对中国强大的疑惧，而且可以此稳定他们在国内的统治，提高他们的国际地位，此外还可对抗美国势力的侵入。因此在这一点上，他们较英国还要积极，因而不完全是英国的授意，英国倒是利用了这点。

最后，英国估计到，单是它的一套还不能在东南亚形成力量均衡，而且美国也不会同意它的这一套。因此英国也打算和美国一起再建立一个东南亚的“防御组织”，一则应付美国的要求和压力，二则利用美国的力量以对抗中苏和镇压当地的民族解放运动。因此在这次英美会谈中，英国已答应立即着手与美国研究在东南亚建立“防御组织”的问题，并决定随即开始进行英美就这一问题的谈判。英国的打算是，尽可能把美国拉到以英联邦国家为基础的集团中去，而不参加完全由美国领导和操纵的集团。如果这一计划办不到，那么英国还是先搞它的一套，对美国急于建立侵略集团的计划则采取应付与拖延的态度，等它的计划实现了一部分或更有把握时，也不妨参加美国的集团。但这时东南亚已形成一种纵横捭阖、存在着各种协定、条约和集团、而各种势力又互相制约的局面，英国就可利用它已加强了的地位与影响，驾驭各种矛盾，使美国组织起来的集团无法排除英国的势力。这就是艾登所说的，使东南亚的洛迦诺体系与东南亚的北大西洋公约式的组织并存的意思。

这就是各方所报导的，英国的所谓亚洲洛迦诺计划的大概轮廓和它的几个主要步骤。这一计划虽未定型，但却基本上代表了英国现在对亚洲，特别是东南亚的态度和政策。

英国现在的这一亚洲洛迦诺计划，与 1925 年的洛迦诺公约有极大的不同。1925 年的洛迦诺公约的目的是反苏，是要使德国军国主义复活，把德国的侵略引向苏联的。现在英国的亚洲洛迦诺计划，虽然也提出所谓限制中国在东南亚的行动自由，所谓使中国的势力不越过一定的界线等等，其中也包含着明显的反对我们，尤其反对我们影响扩大和东南亚民族解放运动的阴谋，但它同样也反对美国势力的侵入，并基于力量均衡与维持现状的思想，使不同制度的国家可以和平共处。由于中国不是当年的帝国主义德国，防止所谓中国侵略只是一个虚构，但防止美国侵入却有着实际意义。因此，不管英国的出发点如何，主张一定条件下的和平共存，并保持东南亚局势的稳定，却是不利于美国的侵略政策与战争政策，在客观上有利于国际关系缓和的。在这一点上，我们与英国就有着一定程度上的共同性。因此，正确地利用英国这种态度，就有助于进一步地孤立美国，打击美国在东南亚的战争政策与拼凑侵略集团的阴谋计划，并有可能求得某些问题的暂时解决。

四

正是由于英国这一亚洲洛迦诺计划不利于美国的战争与侵略政策，所以当它刚一提出来的时候，就已遭到了美国的激烈反对。

近几个月来，特别是从杜勒斯所提“联合行动”失败以后，英美在东南亚政策上的分歧就极其尖锐了。许多报纸都在不断地谈论到英美关系的恶化，“西方同盟”的危机。情况已严重到必须举行新的英美会谈，以设法缓和双方的矛盾。

在邱吉尔与艾登赴美前后，美国从各方面加紧了对英国的压力。美国报界曾扬言美国要放弃维护大英帝国的政策，准备“摆脱”殖民主义的干系，“支持”埃及、伊朗等国的民族独立，并与澳、新等国单独搞东南亚“防御组织”，进一步拆散英联邦。在谈判期间，6 月 29 日，美国议会通过了对共同安全法的具有反英性质的修正案，许多议员并激烈谴责艾登所提的洛迦诺计划，认为这会迫使美国承认中国和允许中国参加联合国，因而美国决不能参与英国的这种计划。6 月 30 日，召开了抛开英国的美澳新公约理事会。美国的这些压力不能说没有起作用，它曾迫使英国在英美会谈中作了让步。英美会谈的公报及宣言中，丝毫没有提到英国的计划，英国反倒同意立即与美国研究东南亚“防御组织”的问题，就是证明。

但是，据各方报道，英国对美国的让步只限于公报与宣言的一般原则上，至于对东南亚的具体政策，双方的分歧并未消除，而且预计会后可能还是各干各的。英国同意与美国开始关于建立东南亚“防御组织”的谈判，也只是限于研究而已，并没有承担什么肯定的义务，所以许多美国报纸说，英美会谈对东南亚问题未曾取得协议，今后英美的关系也不容乐观，惟一达成协议的只是在欧洲问题上。

英美在“欧洲防务集团”问题上的取得一致，其实也并不奇怪。英国老早就已参加对法国施加压力，使之迅速批准“欧洲军”条约。今年 4 月 13 日，英国与“欧洲防务集团”之间就已缔结了合作协定。如同 1925 年洛迦诺公约时代一样，英国企图又以德法间仲裁人或保证者的资格出现，从而加强它在欧洲大陆的地位，而不让美国独占对“防御集团”的领导。这种用意，不但法国报纸屡有指出，而且保守党的负责人也曾一再承认。

由此可见，华盛顿会谈中在“欧洲防务集团”问题上达成了惟一的协议，这是因为在这一问题上双方原来就有着一致的地方。至于分歧最大的东南亚问题，则依然悬而未决。正如今年第27期苏联《新时代》载文所说，正式的宣言只是用以掩盖分歧和矛盾而已。

英美华盛顿会谈的结果表明，虽然美国加强了压力，但英国实际上并没有放弃它在东南亚的计划，没有改变它的态度。由于英国的这种态度是由目前的国际条件决定的，所以根据现在的情况看来，英美在东南亚政策上的分歧不但不能消除，而且还会日益加深。

当然，英国在东南亚的政策的执行，还取决于许多条件的变化。随着国际形势的进一步变化，英国的所谓洛迦诺计划还会有所修改，至于对美国作某些让步也不是不可能的。但是英美矛盾的尖锐化却是一个主要的趋势，其发展必然会使美国遭到进一步的孤立。英国开始倾向于摆脱对美国的依赖而执行更为独立的政策，这不能不对当前的国际形势发生一定的影响。

有关当前民族独立运动的几个问题

第二次世界大战以后，随着帝国主义力量的大大削弱和社会主义世界体系的形成及其日益壮大，民族独立运动就进入了一个新的历史时期。为社会主义力量所支持的民族独立运动的蓬勃发展，成为我们时代的一个重要特征。殖民主义体系迅速走向土崩瓦解。帝国主义的破坏和民族主义国家某些政治力量的动摇以至妥协，都不可能改变民族独立运动不断高涨这一基本趋势。

现在，民族独立运动正在继续发展，并且具有日益广泛和深入的特点。去年7月的伊拉克革命、今年初比属刚果的反殖民主义暴动和古巴争取独立、民主斗争的胜利，就是重要的标志。伊拉克的革命说明，人民并不满足于那种形式上的独立，他们要求彻底结束帝国主义在各方面的控制，使自己成为国家的真正主人。其他许多仍然受帝国主义控制或威胁的国家和人民，也滋长着对帝国主义及其代理人的不满，开展着争取和维护民族独立的斗争。与此同时，反殖民主义的浪潮已经席卷了整个非洲大陆。那里目前的形势是，广大殖民地的人民日益觉醒，新的政治力量正在迅速形成，运动具有广泛的群众性，斗争的组织性也大为加强。如果说，以前非洲大陆有些殖民地人民还只限于要求有参政的权利，要求实行自治，那么现在已经发展到要求完全的独立了。可以预料，非洲各殖民地人民争取自由、独立的斗争还会进一步高涨，新的民族独立国家将会不断出现。如同帝国主义者不得不从许多亚洲国家撤走一样，他们也将不得不一个接着一个地从整个非洲大陆滚开。在拉丁美洲，民族民主运动现在发展到了一个新的阶段，反对美帝国主义的掠夺和控制，争取和维护民族独立，反对独裁、争取民主的斗争，已经普遍展开。人民的力量日益壮大，群众运动风起云涌，有些国家还进行了长期的革命武装斗争。三年多来，由美国扶持的卖国独裁政权，就有九个被先后推翻，现在所剩下的几个，也是摇摇欲坠，朝不保夕。美帝国主义者及其走狗，在拉丁美洲已处于“老鼠过街，人人喊打”的境地。他们的日子是越来越不好过了。

这一切都说明，当代的民族独立运动一直是而且现在仍然在不断向前发展。虽然帝国主义者拼命进行挣扎和反扑，但是他们已经是今非昔比了。英、法、荷、比等老牌殖民主义国家，不得不依靠美国来维持它们的殖民统治，就足以证明殖民主义的没落。至于美国，表面看来似乎还是强大的。它不但支持这些老牌殖民主义国家，并且还想取而代之，建立一个规模空前的新殖民帝国，不过只是在控制的方式上稍有不同而已。因此，美帝国主义已成为现代殖民主义的支柱，成为最大的新殖民主义国家，也是民族独立运动的主要敌人。美国已经用军事条约、军事基地、经济“援助”等手段控制了一系列国家，同时还用策动政变、组织颠覆、武装干涉等方式威胁着许多国家。正因为这样，美国已经遭到一切争取和维护民族独立的国家和全世界人民日益增长的反对。貌似强大的美帝国主义正坐在爆发着的火山上。大厦将倾，一木难撑。美国这一殖民主义支柱，越来越挽救不了殖民主义大厦的倾倒了。它不但过去对伟大的中国革命无能为力，就是现在对于近在咫尺的古巴的民族民主革命也无可奈何。近来为了改变一些做法，美国一方面强调对外投资，以便操纵一些国家的经济，并培养大批买办作为自己的代理人；另一方面着重用威胁利诱、挑拨离间的办法，对一些民族主义国家进行拉拢，以便各个击破，分而治之。如同以往历史所证明了的，这些阴谋也可能在一时一地起作用，但终究是要彻底失败的。

近来，随着民族独立运动的进一步高涨，帝国主义者的镇压和破坏也更加紧了。他们对许多殖民地人民争取自由的斗争进行疯狂镇压；在一些取得独立的国家一则组织颠覆破坏和策动军事政变；同时还拉拢一些国家反苏反共，执行有利于帝国主义的政策。与此同时，一些民族主义国家的上层领导集团也表现出不愿把争取和维护独立的斗争进行到底，认为反帝任务已经完成，并加紧镇压国内人民的进步力量，对社会主义国家采取不友好的态度。这就使一些地区的民族解放运动和一些民族主义国家的政治生活中出现了某种复杂的情况。例如，非洲有些地方争取独立的斗争被暂时镇压下去了；一些参加帝国主义军事集团的国家像泰国、伊朗、巴基斯坦以及拉丁美洲几个国家，更加亲美和反动了；老挝当局在美国指使下破坏日内瓦协议，挑起内战；有的民族主义国家如阿拉伯联合共和国，掀起了一时的反对伊拉克、反对共产党、反对苏联的浪潮；印度的扩张主义者也造成了一度的反华反共逆流等等。于是，帝国主义者兴高采烈，以为他们的阴谋可以得逞了。有些好心的人也怀疑民族独立运动的高潮已经过去了。但是，帝国主义者的高兴将证明是一场空，一些人的疑虑也是没有根据的。

事实上，某些地区争取独立的斗争遭受挫折和一些民族主义国家的右摆，只是一时的或者局部的现象，是一股逆流，而民族独立运动的发展却是时代的主流。就是在发生上述现象的同时，我们也可看到，民族独立运动在许多地区还是更加深入和发展了。伊拉克和古巴的革命在继续深入；阿尔及利亚和阿曼等地人民的解放战争正在前进；非洲许多殖民地人民争自由的斗争有了进一步的发展，而且很快就会再出现几个独立国家；拉丁美洲有的亲美独裁国家如尼加拉瓜、多米尼加等也爆发了武装起义；其他一些争取和维护民族独立的国家同帝国主义的矛盾更尖锐了，人民中滋长着日益强烈的反美情绪；许多民族主义国家同社会主义国家间的友好关系还在不断发展；而且上述那种一时的逆流大多已经被很快制止和击退了。所有这些都表明，民族独立运动仍然处于高涨的形势，而且今后还会有进一步的高涨。

当然，民族独立运动的发展并不是一帆风顺的，由于条件的不同，在各地的发展也是不平衡的。不但过去和现在的情况如此，就是将来，发生一些起伏曲折也是不可避免的。因此，可以常常看到这种现象，即民族独立运动在一些国家发展得比较迅速，在一些国家发展得比较缓慢；在一些国家取得巨大胜利，在一些国家却遭到严重挫折；而且即使在一个国家内，也会有发展有时顺利、有时失败的情况。正像一切革命运动都经过曲折复杂的道路一样，民族独立运动也是要经过长期反复的斗争才能取得胜利的。因此，争取和维护民族独立的斗争在某些国家遭到镇压和失败，或者某些国家的一些政治力量发生动摇、中途妥协以至背叛民族事业，都是不足为奇的。这只是一时的逆流，并不能改变民族独立运动继续高涨的基本趋势。民族独立运动是新生的、不可战胜的力量，它必将克服前进道路上的一切逆流和障碍，奔向最后的胜利。

* * *

近来一些民族主义国家之所以发生摇摆或者右倾，除了帝国主义的活动以外，还由于这些国家领导集团的特性和内部政治力量的变化。这些国家的情况大多是，人民力量有很大发展，对独立、民主和改善生活的要求日益强烈，统治阶级在不同程度上感到畏惧，因而采取了一些右的措施。这也从侧面说明目前民族独立运动并不是后退了，而是深入和发展了。但是，国家的内外政策却是反映统治阶级意志的。民族主义国家的对内对外政策及其变化，也是由这些国家领导集团所代表的阶级利益决定的。

目前亚洲、非洲、拉丁美洲的独立国家中，除了中国、越南民主共和国、朝鲜民主主义人民共和国、蒙古人民共和国等社会主义国家和属于西方类型的日本以外，其余的一般都被称为民族主义国家，都有着争取和维护民族独立的重要任务。但是它们之间的情况却极为不同，按其政权性质，大体上可分为以下三类：第一类是由民族资产阶级起领导作用的国家；第二类是由买办资产阶级和投靠帝国主义的封建势力统治的国家；第三类是由皇室和贵族当权的国家。第一类国家对外大多执行着和平中立或者倾向于和平中立的政策。第二类国家一般在不同程度上执行亲帝国主义的政策，其中多数还参加了帝国主义的军事集团。第三类国家则因情况不同，有维护民族独立和执行和平中立政策的，如阿富汗、尼泊尔、柬埔寨等；也有依附于帝国主义的，如约旦等(这类国家为数较少，本文不拟详加论列)。这三类国家的区分是并不稳定的，它们的政策也是经常变化的。由于国内外条件特别是执政力量的改变，追随帝国主义的国家可以转变为和平中立国家，如革命后的伊拉克；而原来执行倾向于和平中立政策的国家也可以转变为亲帝国主义的国家，如萨纳尼空上台后的老挝。而且就是基本上属于同一类型的国家，它们的情况和所执行的政策也有很大的不同。

以亲帝国主义（主要是亲美）的和参加侵略性军事集团的国家来说，在政权中起主导作用的，有的是买办资产阶级，有的是亲帝国主义的封建势力，也有的是两者的结合。这些国家的统治阶级虽然和帝国主义有共同的利害关系，在各方面需要得到帝国主义的支持，但它们和帝国主义也存在有不同程度的矛盾。由于它们对外执行违反民族利益的亲帝国主义政策，对内执行反人民、反民主的政策，因此在国际上大多比较孤立，在国内则遭到各阶层人民日益增长的不满和反对。这就使它们的政权总是处于不稳定的状态，统治阶级中不同派别间的斗争也是很激烈的，因而经常有发生变化以至政变的可能。同时，不同的派别当了权，它们执行的政策也会有些差异。如果反映民族资产阶级利益的集团上了台，那么它的政策就有可能倾向和平中立。但是即使居于统治地位的仍然是买办资产阶级或亲帝国主义的封建势力，当人民的压力加强了，而它们自己同帝国主义的矛盾又有所发展的时候，这些国家也会对帝国主义闹独立性，设法缓和一下人民的不满情绪。但是由于买办资产阶级和亲帝国主义封建势力的阶级本性，除非它们本身发生变化（即变得具有民族性），否则要它们完全参加反对帝国主义和争取民族独立的斗争是不大可能的。而且当人民力量迅速发展，不满情绪日益增长，使它们的地位发生不稳，因而需要帝国主义支持来维持自己统治的时候，它们还会更进一步地投靠帝国主义，执行更反动的内外政策。它们这样做的结果并不能解决问题，反而会更引起人民不满，加深内部矛盾，因而是不可能持久的。这就是为什么一些参加帝国主义军事集团的国家，如泰国、巴基斯坦、土耳其、伊朗等以及拉丁美洲的一些国家，近来更加右倾和有时也发生摇摆的一个重要原因。

由代表民族资产阶级的政党或人物领导的国家，当然同上述参加军事集团的国家有很大不同。买办资产阶级和投靠帝国主义的封建势力是没有什么革命性可言的，他们总是同帝国主义结合在一起，阻碍民族独立运动的开展，因之政权极不巩固，有随时被推翻的可能。而民族资产阶级则有可能参加民族独立和民主自由的斗争，他们的政权也是比较稳定的。因此，绝对不能把两者混为一谈。

但是，民族资产阶级领导的国家也经常发生摇摆（和参加军事集团国家的摇摆不同），最近一些国家还出现了一股反苏、反华、反共的逆流。如前所述，这是不足为奇的。因为民族资产阶级在民族民主革命阶段有着极大的两面性。一般说来，民族资产阶级都同帝国主义和封建势力存在着根本矛盾，有反帝反封建的要求，在一定条件下能够同工农群众一起进行反帝反封建的斗争。但另一方面，他们地位软弱，同帝国主义和封建势力有千丝万缕的联系，特别是害怕人民力量的增长，因此经常表现动摇，具有很大的妥协性（对帝国主义和封建势力）以至反动性（反共反人民）。这种特点也反映到他们所执行的内外政策上。他们一方面要求民族独立和发展本国经济，反对帝国主义的侵略和控制，在国内进行某些民主改革，限制和削弱封建势力，因此也需要得到工农群众的支持；但另一方面，他们反帝反封建又极不彻底，容易动摇妥协，并且要百般限制人民力量的发展，有时还会极力加以镇压。在对外关系上，他们反对帝国主义的战争政策，不参加军事集团，要求和平，主张和平中立；但他们对帝国主义又有依赖和幻想，不敢以积极行动反对战争，有时还企图继承帝国主义的衣钵，表现出对外扩张的倾向。他们也愿意同社会主义国家建立和发展友好关系，需要在维护独立和发展民族经济上得到社会主义国家的支持和帮助；但另一方面，他们对社会主义国家总有保留，一旦受到帝国主义的威胁利诱或者形势发生一些什么变化的时候，他们又会疏远同社会主义国家的关系，有的甚至还会反对起社会主义国家来。民族主义国家中资产阶级的这种两面性，是经常可以遇到的，看不到这点是不对的。

不过，民族资产阶级领导的国家并不都是一样的。有些国家民族资产阶级的势力较大，领导地位较巩固，有些则力量小、地位软弱。这反映到他们的国内局势和内外政策上，就表现为有的比较稳定，有的比较动荡。而且民族资产阶级的情况也颇为复杂，有大资产阶级，也有中小资产阶级。前者在政治上妥协性和反动性更大，后者对反帝反封建则比较坚决和彻底些。同时，资产阶级在政治态度上也有左、中、右三派的区别，而不同派别的当权，表现在政策上也是有很大不同。但是就整个说来，在现阶段那些由民族资产阶级领导的国家中，居于领导地位的大部分是民族资产阶级的中派，所执行的也基本上是中间路线。当然，大中小资产阶级和左中右三派在一定条件下是可以转化的，例如中等资产阶级因当权后发财变成大资产阶级，中派也可以变成右派等。但是在一个相当时期内，中派和中间路线在这些国家中还会保持优势，右派上台或者完全投靠帝国主义的可能是不大的。这是因为，在国际上目前是民族独立运动高涨的形势，在这些国家内部人民的民族觉悟和力量发展很快，谁投靠帝国主义谁就会被人民唾弃，而且帝国主义也决不会放弃对这些国家的奴役和侵略政策，它们同这些国家之间的矛盾仍然是基本的。同时，现阶段这些国家民族资产阶级的反帝、独立、和平的要求也是主要的，还是国际上一支重要的反对帝国主义和争取世界和平的力量。忽视这一点，也是完全错误的。虽然民族资产阶级的特性，决定了他们在形势发生变化时会向左或向右摇摆，但是在目前的条件下，他们仍会继续参加反帝斗争，在外交上坚持和平中立政策。一时的逆流并不能改变这一基本趋势。

*　　　　　*　　　　　*

民族主义国家的资产阶级是不可能同时进行两面作战的。当他们向右摆，企图反共反人民和反对社会主义国家的时候，他们自然就会对反对帝国主义和维护民族独立消极怠工。因此，近来掀起一股反苏、反华、反共逆流的那几个国家的政治势力，对反殖民主义就表现消沉。而且为了替自己的这种行径辩护，他们中还有人制造了一种反帝任务已经完成的理论。例如阿拉伯联合共和国有一些人就曾大谈所谓阿拉伯民族反帝任务已经完成，以后的任务只是统一和反共了。这当然是不符合实际情况的。

阿拉伯人民还有一千多万处于帝国主义的直接殖民统治下。一些阿拉伯国家正在遭受着帝国主义的武装侵略。许多已经独立的阿拉伯国家仍然受到帝国主义在各方面的不同程度的控制，国家的经济命脉操纵在外人之手。而且帝国主义和它们的仆从国家如以色列、土耳其、伊朗等，还在虎视眈眈，时刻威胁着阿拉伯国家的独立和安全。能不能保证以后不再发生苏伊士运河事件、美英武装侵略黎巴嫩和约旦以及干涉叙利亚和伊拉克的阴谋呢？很显然，这种保证是没有的。至于期待美国及其他帝国主义国家不再打算在近东填补“真空”，自动放弃它们在那里的军事、政治、经济特权，废除巴格达条约，真正尊重阿拉伯国家的独立和利益，等等，那更是纯粹的幻想了。在这种情况下，能不能说阿拉伯国家已经取得完全独立和独立已经巩固了？能不能说阿拉伯人民的反帝任务已经完成了？当然是不能的。

不只是阿拉伯国家，就是亚洲、非洲、拉丁美洲所有的民族主义国家，它们的反帝任务都还远没有完成。且不说至今仍然有包括一亿以上人口的几十个国家完全处于殖民地地位，就是已经摆脱了殖民地地位的国家，也还遭受着帝国主义不同程度的控制、侵略和威胁，绝大多数仍然处于半殖民地地位。

让我们看看这些已经取得独立的国家的情况吧。这些国家一般地都还存在着帝国主义的政治和经济势力，特别是那些参加侵略性军事集团的国家。帝国主义在那里驻有军队，建立了军事基地，享受各种特权，还用军事条约把它们绑在自己的战车上，使它们追随帝国主义扩军备战，随人俯仰，根本无法执行独立自主的政策。在经济上，帝国主义操纵着更多国家的经济命脉，使它们的经济生活诸如生产、贸易、财政、金融等，受到严格控制，而不得不处于依附地位。这种情况在拉丁美洲一些国家中表现得尤其明显。有些国家的领土还没有完全解放，它们的一部分领土，如印度的果阿、印度尼西亚的西伊里安，还被殖民主义者占领着。帝国主义经常用施加经济、政治压力和利诱等办法，迫使许多国家作出让步。几乎所有的民族独立国家都时刻面临帝国主义武装侵略、颠覆破坏的威胁，至于经济、文化的侵略就更不用说了。即使那些政治上已经独立、比较能够执行独立自主政策的国家，只要还没有建立起独立的民族经济，在经济上还没有摆脱对帝国主义的依赖，这种政治上的独立就仍然是不稳固的。由此可见，从争取独立到巩固独立，从不完全的独立到完全的独立，从政治上的独立到经济上的独立，对于亚洲、非洲、拉丁美洲一切民族主义国家说来，都还是一个头等重要的问题，还需要进行长期的、反复的斗争。在这种情况下，怎么能说这些国家的反帝任务已经完成了呢？说它们还面临着严重的反帝任务，不是更切合实际些吗？

但是，不管人们怎样说，只要民族独立还没有完全巩固，反帝任务还没有完成，斗争就一定会继续下去。某些政治力量中途妥协，退出斗争，人民仍然会把反对帝国主义和争取民族独立的斗争进行到底。中途妥协和变节的人只能遭到人民的唾弃，并不能阻碍反帝斗争的深入和发展。这也就是民族独立运动虽然会遇到一些逆流和挫折，但必将继续高涨的原因。

* * *

帝国主义者当然欢迎这种反帝任务完成的“理论”。他们希望民族主义国家不要再反帝，而转移目标，进行反苏反共。他们捏造了一大堆“共产主义威胁”的神话，把事情说成似乎妨碍和威胁各国人民独立的不是帝国主义、殖民主义，反而是社会主义国家。他们诬蔑社会主义国家不遵守和平共处的五项原则，诱劝一些民族主义国家放弃和平中立政策。不久以前，他们更利用阿联一些人反苏、反共、反伊拉克的言行和印度扩张主义者干涉我国平定西藏叛乱的事件，煽风点火，大肆活动，极力挑拨民族主义国家同社会主义国家的关系。帝国主义及其工具的阴谋活动虽然可能对某个国家或某些人一时发生点作用，但是民族主义国家同社会主义国家间的友好合作关系终究是破坏不了的，因为这种关系并非一个暂时现象，而是有着深刻的历史根源的。

民族独立运动的蓬勃发展和不断胜利，是同社会主义阵营的存在和它的支持、援助分不开的。不难设想，如果没有一个强大的社会主义阵营，那么压在争取和维护民族独立国家头上的帝国主义侵略势力不知要大多少倍。在这种情况下，一个被压迫民族不但取得独立不容易，就是独立了，要保持住独立也是很困难的。因此，单是社会主义阵营存在的事实本身，就是民族独立运动得以顺利发展的重要因素。同时，一切被压迫民族争取自由解放的斗争，还都得到了社会主义国家的深切同情和坚决支持。远的不说，只是近两年的事实就已充分说明了这一点。在埃及反对英、法、以色列侵略的战争和叙利亚反对帝国主义武装干涉的斗争中，在制止帝国主义扑灭伊拉克革命的企图和迫使美、英侵略军队撤出黎巴嫩和约旦的问题上，社会主义国家，特别是苏联，对阿拉伯人民的有力支持，曾经起了决定性的作用。印度尼西亚人民和柬埔寨人民平定帝国主义组织的颠覆叛乱，阿尔及利亚的民族解放战争，也门和阿曼的反对侵略，古巴等拉丁美洲国家人民的民族民主革命，非洲许多国家的要求独立，等等，无一不得到社会主义国家的充分同情和坚决支持。此外，对于一些民族主义国家为了克服帝国主义侵略所造成的经济困难，或者为了发展自己的民族经济，社会主义国家也尽可能地向它们提供了经济和技术援助。社会主义国家对争取和维护民族独立国家的这些支持和援助，从不附带任何政治条件，没有丝毫的自私打算，惟一的目的就是帮助这些国家从帝国主义的侵略和奴役下解放出来，成为独立自主和不断发展的富强国家。对于民族主义国家说来，不论是反对帝国主义的侵略和干涉，还是巩固国家的独立或者发展本国的经济、文化事业，取得社会主义国家的支持，都有十分重大的意义。同样地，民族主义国家在国际上也给了社会主义国家以很多支持，而且民族独立运动发展的本身，就是对社会主义国家的重大帮助。由于民族主义国家同社会主义国家需要相互支持，在反对帝国主义和争取世界和平等问题上有着共同点，所以在它们之间建立和发展友好合作的关系，是有着坚实的客观基础的。因此我们说，帝国主义的挑拨破坏和民族主义国家中某些人士的倒行逆施，只能造成发展中的一些曲折和波澜，并不能改变民族主义国家同社会主义国家间友好合作这一发展的主要趋势。

事实上，许多民族主义国家已经同社会主义国家建立起了友好合作的关系。这些民族主义国家在国际事务中所执行的和平中立政策，也得到了社会主义国家的真诚支持。同帝国主义者及其工具现代修正主义者的诬蔑相反，社会主义国家并不要求同自己友好的民族主义国家加入社会主义阵营，也不要求它们在对外政策上采取同自己完全一致的政策，更不想把自己的社会制度和政治信仰强加于人。社会主义国家完全忠实于和平共处的五项原则，坚持不干涉别国内政，在支持民族主义国家的和平中立政策的同时，对于它们同帝国主义所作的某些妥协，以及它们在同社会主义国家的关系中所表现的某些保留，也采取谅解的态度。对于社会主义国家来说，坚持和平共处的五项原则，决不是一时的权宜之计，而是长期在对外关系上的基本方针。尽管社会主义国家同民族主义国家在意识形态和社会制度上存在着差别，但这并不妨碍它们根据和平共处的五项原则建立和发展友好合作关系。这种关系是对双方都有利的，也是同世界和平和人类进步事业的利益相一致的，根本不发生谁利用谁的问题。因此这种关系将是长期的，还会得到不断的发展。

社会主义国家支持民族主义国家所执行的和平中立政策，是因为这种政策符合和平共处的五项原则，有利于这些国家的独立发展，也有利于世界和平事业。有那么一种势力，为了鱼目混珠，钻进和平中立国家的行列，诱使这些国家离开反帝和独立发展的道路，总是把他们所标榜的“共存共荣”同民族主义国家的和平中立政策相提并论。其实，这是根本不同的两回事。而且他们的所谓“共存共荣”，只是一个幌子，实际上是坚决反对社会主义国家，死心塌地为美帝国主义服务，既不利于和平，也无中立可言，因此很快就会被揭穿，遭到彻底的破产。而民族主义国家的和平中立政策，是真正积极的，具有进步的意义，因此不是一个短暂的现象，它还有着广阔的发展前途。虽然帝国主义者及其工具在不断进行破坏，但是在亚洲、非洲、拉丁美洲，和平中立的趋势仍然是主流。它不是削弱了，而是越来越加强了。可以预料，随着民族独立运动的继续发展和不断胜利，随着社会主义阵营的更加壮大和帝国主义势力的日趋没落，执行和平中立政策的国家还会大大地增加起来。

* * *

帝国主义者在挑拨社会主义国家同民族主义国家间的关系、拉拢一些民族主义国家放弃和平中立政策的同时，也加紧破坏民族主义国家内部的团结，促使这些国家执行反共政策。某些民族主义国家的一些政治势力由于自己狭隘的阶级利益，有时也会自觉或不自觉地上帝国主义及其工具的当，其结果就只能大大损害民族独立的事业。

国内一切爱国反帝力量的大团结，是争取和维护民族独立的斗争取得胜利的基本条件。团结一致为共同事业而奋斗的民族，从来就是不可战胜的。去年伊拉克革命的成功，今年古巴人民反独裁、反干涉斗争的胜利，并不是因为这两个国家人多、地大、如何强盛，而正是由于人民的觉悟和团结。反之，凡是民族团结遭到破坏，就必然为帝国主义所乘，不管国家多大、人口多广，都免不了受帝国主义的宰割和控制。帝国主义希望民族主义国家执行反共政策，就是为了要达到这一目的。因为共产党人是为民族解放而斗争的最坚决的战士，在争取和维护民族独立的斗争中起着越来越大的作用。他们代表着广大工农群众的利益，在人民中享有崇高的威信。反对共产党，这就意味着不要工农群众，削弱以至瓦解民族团结。说共产党是“外国的代理人”，那么这个“外国”就只能是占本民族人口最多的工农群众的代名词。人们倒是应该问一下，那些反共的先生们究竟是谁的代理人呢？他们坚决反对自己人民的优秀儿女，不管主观愿望如何，客观上都只能有利于帝国主义，不利于自己民族的独立。

民族主义国家中的所有政治力量几乎都说要民族团结。但是在什么基础上的团结呢？这就有些分歧了。有的主张根据维护少数人利益而损害大多数人利益的原则达到全民团结。这显然是主观幻想，实际上是行不通的。只有照顾到国内大多数人民的利益，才能达到全民的团结。现阶段，摆在一切争取和维护民族独立国家面前的任务仍然是反帝反封建，那里进行的革命还不是无产阶级的社会主义革命，而是属于资产阶级性质的民主革命。反帝反封建，这就是这些国家大多数人的共同要求和共同利益。具体说来，在这些国家中，除了为数极少同帝国主义勾结在一起的买办资产阶级和某些封建势力以外，包括工人、农民、小资产阶级、民族资产阶级及其他爱国人士的最广大的阶层，都有一些共同的要求，这就是：要求民族独立，反对帝国主义侵略；要求发展民族经济和改善人民生活，反对阻碍生产力发展的国内外反动势力；要求和平和执行和平中立政策，反对战争和参加军事集团；要求实行民主，反对独裁专制等。在这些共同要求的基础上，上述阶级以及代表它们的各个政党，都是可以团结在一起的。当然，工人阶级和共产党是最致力于这种团结的力量，也是最坚决最彻底的反帝反封建的力量。这种民族团结对于各阶级各政党都是有利的，并不是只有利于工人阶级和共产党。许多民族主义国家的情况表明了，凡是在政策上大体反映了这些要求的国家，就有可能团结民族的大多数，国内政治经济情况就比较稳定，国际地位也得到不断提高；凡是在政策上没有反映出这些要求的国家，国力就很孱弱，经济特别困难，人民日益不满，政局经常动荡，国际地位极其孤立，以至成为帝国主义的附庸。

帝国主义希望民族主义国家中居于领导地位的政党和人士执行反苏反共政策，就是要使他们在国际上失掉社会主义国家和世界上一切反帝力量的同情和支持，在国内失掉人民群众的支持和拥护，完全处于孤立无援的地位，而不得不接受帝国主义的控制。

或者依靠和团结国内人民，联合社会主义国家和其他反帝力量，同帝国主义进行坚决的斗争，争取民族独立事业的彻底胜利；或者反共反人民，敌视社会主义国家和其他反帝力量，向帝国主义妥协屈服，断送民族独立的事业。这是摆在一切争取和维护民族独立国家中所有政治力量面前的两条道路。或者走前一条团结、进步、独立的道路，为民族独立事业建立功勋；或者走后一条分裂、倒退、妥协的道路，弄得身败名裂，成为民族的千秋罪人。虽然，走哪一条道路，是每个政治力量的自由，但是历史的巨人却为选定这条或那条道路的人事先作好了结论。

民族独立运动是一个时代潮流，顺者昌，逆者亡，任何人也阻挡不了。各国人民在争取和维护民族独立的斗争中，一定会找到一条走向胜利的道路。

目前的国际形势，对民族独立运动是空前有利的。只要争取和维护民族独立的国家能够团结国内外一切反帝力量，克服前进道路上的各种困难和障碍，胜利是必然属于它们的。让帝国主义殖民主义者去狂呼乱叫、垂死挣扎吧！他们用什么办法也挽救不了自己的灭亡。彻底结束殖民主义统治的日子已经屈指可数了。

（《国际问题研究》1959 年第 3 期）

我国和平外交政策的成就

一

中华人民共和国成立35周年了。

35年来，尽管国际形势风云变幻，我国始终坚持奉行独立自主的和平外交政策。事实证明，这一政策是完全正确的，符合我国人民和全世界人民的根本利益，因而经住了考验，取得了胜利。我们捍卫了国家的独立和主权，顶住了一切外来的压力和威胁，在世界上树立了一个站起来了的伟大民族的尊严形象，为我国社会主义建设赢得了一个和平的国际环境。我们根据和平共处五项原则，发展同各国的关系，增进同各国人民的相互了解和友谊，已先后同129个国家建立了外交关系，同更多的国家和地区开展了经济文化交流，为我国进一步实行对外开放政策创造了有利的国际条件。我们加强了同第三世界各国及其他爱好和平国家的团结和合作，共同反对战争威胁的主要根源霸权主义，为维护世界和平和促进人类进步事业作出了应有的贡献。人们可以看到，屹立在世界东方的新中国，一直是亚洲安全和世界和平的重要力量。

随着国际形势的发展变化，我们对某些具体政策和具体做法也作了一定的调整。但是，独立自主的和平外交政策的总方针和根本原则并没有改变。调整的目的，只是为了适应形势的变化，更好地体现我国外交的总方针和根本原则。中国共产党十一届三中全会以来，我国外交政策已经变得更趋成熟和更臻完善，具有更可靠的连续性和稳定性。这就把我国整个对外工作提高到了一个新水平，在对外关系上开创了一个新局面。我国同许多国家的关系得到进一步发展和改善，同各国的联系和交往不断扩大，对外的经济、技术和合作进入了一个新阶段。我国在反对侵略、维护和平、争取裁军和缓和国际紧张局势问题上的主张更加鲜明，发挥着更大的作用。我们的朋友越来越多。我国的国际地位空前提高。

二

我国和平外交政策之所以能够取得成就，还因为这个政策是从当代世界形势的具体情况出发，符合战后国际关系的特点。

第一，中国是把维护和平和反对霸权主义联系在一起的。第二次世界大战以后，国际关系和人类历史上一个重大特点和新的现象，就是两个超级大国的出现以及它们之间不断加剧的军备竞赛和对全球霸权的激烈争夺。它们的争霸，是对世界和平和各国独立与安全的主要威胁，是造成国际紧张局势的根本原因。而一些破坏地区和平与稳定的地区霸权主义国家，又都一无例外地总是得到某一个超级大国的扶植、支持以至唆使。因此，为了维护和平，就必须反对超级大国的霸权主义，当然也要反对形形色色的地区霸权主义。中华人民共和国自诞生之日起，就一直进行着反对霸权主义的斗争。我们不仅反对霸权主义对我国独立主权和民族利益的损害，也反对霸权主义对所有国家的干涉和侵略，反对它们之间的军备竞赛和在全世界的争夺。我们正是以反对霸权主义的斗争，对世界和平事业作出了重大贡献。

第二，中国一贯致力于加强第三世界及一切爱好和平国家的团结与合作，壮大反对战争、维护和平的力量。殖民主义体系的瓦解和第三世界的兴起，是战后国际关系和人类历史上出现的一件意义极为重要的大事。占世界面积和人口绝大多数的第三世界国家有着共同的要求，这就是维护国家独立、发展民族经济、提高人民生活。为此，一个最重要的条件就是和平和安定。所以，第三世界是维护和平和反对霸权主义的主要力量。就连许多发达国家，也害怕打世界大战，希望在和平的条件下发展经济和解决自己的问题。各国人民反战反核的和平运动更是风起云涌，影响越来越大。第二次世界大战后能有 40 年和平而未爆发新的世界战争，主要原因就是和平力量的空前强大。新中国从成立之日起就一直积极促进全世界和平力量的发展壮大。战后的历史表明，只要各国人民和一切爱好和平的力量加强团结，坚持反霸，新的世界大战就能够制止。

第三，中国坚持和平共处五项原则，主张各国之间的问题和纠纷应采用和平方式，通过谈判和协商求得解决，反对使用武力和武力威胁。由于第三世界的崛起和各国人民觉悟的空前提高，昔日国际关系中的强权政治和炮舰政策遭到强烈反对，和平共处五项原则应运而生，并日益成为国际关系的普遍准则，没有一个国家敢于公开反对了。我国作为五项原则的倡导者，一直按这些原则处理国际事务，建立和发展同各国的关系。我们同大多数邻国，在互相尊重、互谅互让的基础上，经过谈判和友好协商解决了边界问题。我们在国际交往中坚持平等互利，提倡求同存异，既考虑自己的利益，也照顾别国的利益，不损人利己，不强加于人，讲求信义，说话算数。即使对于两个超级大国，我们也主张对话，决不会因为反对霸权主义就不同它们改善关系。我们主张用和平方式解决一切国际争端，反对使用武力和武力威胁，是以和平共处五项原则为基础的。我们不干涉别国内政，也决不允许别国干涉我国内政。我们决不侵犯别国，但别人如果侵犯我国，我们也会给予坚决还击。在其他弱小国家遭到侵略时，我们也坚决站在被侵略者一边，支持他们的正义斗争。我们认为，如果所有国家不只口头上，而且实际上都能按和平共处五项原则办事，国际间的武装冲突就可以避免，相互间的纠纷也会大为减少并得到和平解决。

第四，中国一贯反对军备竞赛，主张裁军和缓和国际紧张局势。这也是全世界人民和第三世界各国以及一切爱好和平国家的共同要求。鉴于两次大战的惨痛教训，特别是核武器的出现，战后几十年来，各国人民一直强烈要求制止军备竞赛、实现裁军、消除核战争威胁。中国历来就主张全面禁止、进而彻底销毁核武器和大量裁减常规军备。我们实行国防现代化和发展极为有限的核武器，完全是为了自卫和对付超级大国的核威胁。我国一开始就主动承担了不首先使用和不向无核国家使用核武器的庄严义务，也不主张、更不实行核扩散。我们赞成裁军是完全真诚的，提出的各项建议也是切实可行、希望得到实现的。但我们坚决反对超级大国用裁军空谈掩盖扩军备战和欺骗人民。因为只有这样，才能戳穿它们的阴谋、提高人民的警惕、推动裁军运动的开展。有人把我们揭露和批判假裁军说成是不赞成甚至反对裁军，这如果不是有意混淆是非，就纯属误会。对于缓和国际紧张局势，我们的态度也是明确的。我们不但一直努力设法缓和和改善我国同一些国家的关系，而且积极支持一切真正的国际关系缓和。但是我们反对用缓和作为幌子，进行侵略、扩张和军备竞赛。质言之，赞成真裁军、反对假裁军，主张真缓和、反对假缓和，这就是我们的立场。

三

目前，世界正面临两个重大问题，一是制止扩军备战，一是促进经济发展。自从苏美关于欧洲中程导弹的谈判破裂以来，两国关系严重恶化，军备竞赛轮番升级，所谓东西方关系更加紧张，世界和平和欧洲、亚洲的稳定受到严重威胁。与此同时，由于美国等发达国家顽固坚持旧的国际经济秩序，使绝大多数发展中国家处于持续的经济困难之中。两个超级大国的插手，又增加了亚非拉许多地区的冲突和动乱。这不仅危及这些国家的稳定和发展，也加剧了南北矛盾。总之，无论东西关系还是南北关系，都出现了新的情况，而又互相联系，互相影响。这些问题已引起全世界人民和一切爱好和平国家的严重关切。

在这种严峻、复杂的国际形势下，缓和国际紧张局势，裁减军备和发展经济，已成为当前各国人民的共同愿望，时代的要求。我们认为，只要第三世界国家和全世界和平力量加强团结、不断壮大、坚持反对霸权主义的斗争，超级大国的扩军备战政策是能够挫败的，在缓和、裁军和发展的问题上是可以取得进展、出现突破的。

中国将继续为维护世界和平进行最大的努力。我国卓有成效的和平外交政策还会取得新的更大的胜利。

(1984 年 9 月 14 日《人民日报》)

对当前国际形势的看法和调整对外政策的建议

随着美苏关系走向缓和，整个国际形势发生了具有转折性的重大变化。许多国家都在据此调整各自的政策，特别是对外政策。为了适应新的形势，我国对外政策也应不失时机地进行一些调整。现将有关形势的看法和对策建议分述如后，以供参考。

一　形势的变化和调整的依据

1．国际形势的重大变化主要表现在相互联系的两个方面。一是随着美苏关系的较大松动，国际形势已趋向缓和，而且由于缓和出自美苏的共同需要和国际形势发展的结果，这次缓和与过去不同，将是长期的，可能延续10到20年甚至更久。二是国际竞争的重点转向经济技术、军备竞赛、军事安全、军事同盟和核战略的地位相对减弱和下降。各国更加重视国家民族利益，特别是综合国力的加强，因而普遍内向化，认为解决国内问题（主要是经济技术的发展）更重要。

2．美苏关系从偏重于军事的对抗变为全面竞争和增加对话，使对话成为一种格局，加以制度化，经常化。4年间首脑会谈4次，外长会谈27次，现又增加了军方的定期互访。两国间的气氛明显缓和，也开始解决一些问题。美苏对抗的两个主要方面——军备竞赛和地区争夺都在降温，出现了进一步裁军和政治解决地区冲突的趋势。当然也要看到美苏缓和的脆弱性。这除了制度不同外，还由于双方互为对手进行争夺的总战略尚无根本变化，加上利益冲突、历史积怨、互不信任，以及可能的偶发事件(如东欧发生的问题）等，因此仍会出现反复和曲折。但是美苏对抗的减弱和国际形势走向缓和，将是今后的主要趋势或主流。

3. 造成缓和的根本原因是美苏衰落和世界多极化近年发生了质的变化。美国一前高级官员说，1981年美国在金融、工业、技术、军事上还处于世界领先地位，现在除军事外其他都已丧失，“成了没有资本的资本主义国家”，世界最大的债务国。军备竞赛和海外义务已超过美国的承受能力，拉了经济的后腿，使美国不得不实行收缩。苏联更认识到自己处于危机前状态，技术上同西方的差距还在继续拉大，面临沦为二三流国家的危险，因此提出新思维，大幅度调整内外政策，军备竞赛和对外扩张有显著收敛。双方都意识到，军事手段压倒不了对方，也解决不了国际问题；它们都面临经济技术方面的最大挑战，因此缓和成了它们的共同利益。

4. 作为重要一极的日本，也发生重大转折，成为世界第二经济大国、第一金融大国和投资大国。日本现在的战略目标是，要做政治、军事与经济实力相称的国际大国，以“为世界作贡献的日本”为名充当世界上的重要领导力量。因此除加强经济扩张外，还积极参与国际活动，增强军力，以提高国际地位。但在相当时期内，日本还不可能在经济上超过美国和取代美国的领导地位，军事上也还构不成对亚太地区的重大威胁。在新的形势下，日本主要还是继续发展它的经济实力，以经济手段进行对外竞争和扩张。日本在国际事务中的影响和作用迅速提高，特别是在亚太地区极为活跃，受到各国的重视。

5. 许多国家特别是大国的安全概念已发生变化，认为大战打不起来，因而经济安全重于军事安全。最近《华盛顿邮报》的民意测验表明，3/5 的美国人认为对美国前景的最大威胁是经济竞争，对手不是苏联，而是日本、西德以至亚洲“四小”。加之意识形态的作用已大为减弱，西方不大再担心共产主义的渗透，反而支持苏联东欧的改革。苏联的新思维也表示不再到处支持世界革命。因此，随着国际形势的缓和与激烈的经济竞争，两大军事集团日趋松散，内部矛盾不断上升。东西欧早已不顾外来压力而紧缩了军费，并加强了经济上的联系与合作。与此同时，南北关系也发生逆转，矛盾加剧，出现了北攻南守的局面。除少数新兴工业国家和地区外，发展中国家在经济上处于更加不利的境地。

6. 近年来国际间的资金流动发展迅速，对世界经济的影响越来越大，使经济国际化达到了一个新阶段。各国经济的成败在相当程度上取决于是否适应这种变化，因此都在竞相加强对外开放（或自由化）的步骤和范围。但与此同时，由于竞争的激烈和保护主义的抬头，地区化（集团化）的趋势也大为加强，如美加贸易协定、西欧共同体的统一市场、日本的环太平洋设想等。

7. 在集团化过程中，亚太地区经济合作趋势的发展引人注目。日本在积极调整对外经济战略，主要是：实现内需主导，增加进口，缓和摩擦，扩大资本输出和转产，排挤美国，实现以它为主导的环太平洋设想。亚太地区，特别是“四小”和东盟，经济发展迅速，又遇到美欧的保护主义，正需要开拓日本市场，利用日本的资金和技术，原来对日本的警惕也已淡化。因此，发展亚太地区的不同层次、形式多样的经济合作，已成为各方的共同要求，大势所趋，步调也会加快。

8．为了适应世界形势的变化，促进本国社会经济的发展，几乎所有国家都在加紧进行改革和调整，以提高国际竞争力，并为下一步的发展作准备。根据世界经济发展的长波理论，90 年代末将是各约 20—30 年的下降期和上升期的分界点。实际上，世界范围的调整改革和正在酝酿的新技术的重大突破，也预示着下一个经济发展高潮的到来。在各国都以发展经济技术为主要任务的情况下，不会出现社会革命的高潮。但是随着改革的深入，世界各国和国际关系的民主化定会有较大发展，维护和平的因素也将得到进一步加强。

9．国际形势变化对我国的影响，总的说来是有利的，也完全符合中央关于和平与发展是当代世界两大主题的估计。长期缓和的国际环境和以经济为重点的国际竞争，对我国集中发展和实行改革开放，无疑是个大好机会，可以减少因国际局势动荡而带来的干扰。超级大国对我国的军事威胁会有很大减弱。我国和一些周边国家的纠纷有可能趋于缓和甚至求得解决。由于意识形态作用的淡化，一些国家对我国的疑虑也会有所缓解。经济成为重点，势必加强各国同我国发展经济关系的意愿，使我们在开展外贸、引进资金和技术上可有更多回旋余地。

10．但从局部和战术上看，国际形势的缓和和竞争重点转向经济，对我国也有不利的一面。例如：美苏关系的松动，会降低它们对我国倚重的程度；美苏的对话格局，可能在一些问题上对我搞越顶外交，忽视甚至损害我国利益；日本地位的提高和新国家主义的抬头，增加了对我国的潜在威胁；技术竞争是我国的弱项，同发达国家的差距有继续拉大的危险，可能影响到我国的国际地位；在经济竞争中，我国同亚太其他国家和地区的矛盾可能增加；各国同台湾的关系可能有不利于我国内地的发展，等等。

二 关于调整对外政策的建议

11．根据国际形势的上述变化，我国对外政策和对外关系应在原有总路线的基础上，及时又稳妥地进行一些必要的调整，争取主动，发挥有利条件，克服不利因素，推动形势继续向有利于我的方向发展。紧紧掌握和平与发展两大主题，在外交上和宣传上大力支持国际形势的缓和与世界经济的发展，对缓和不必顾虑太多。一切从国家民族的利益出发，在坚持原则的条件下进一步发挥外交上的主动性与灵活性。外交工作的重点真正移到经济技术方面来。外交姿态不妨低一点，免得树大招风，也尽量不背包袱。充分利用这段缓和的机会，集中力量把国内的事情办好，为下一个世纪经济上升期的大发展作好准备。

12．关于大三角。由于美苏缓和，大三角战略关系有所淡化和减弱。今后我不宜过分强调大三角，宣传上更应适当降低调子。但由于美苏互为对手的基本格局未变，它们都还要争取我，所以大三角还会继续存在下去，发挥一定的作用。我们仍可继续利用美苏矛盾，以保持和提高我国地位；同时推动多极化的发展，来制约美苏。特别要密切注视它们的活动，防止对我搞越顶外交，在解决军控和地区等重大问题上撇开我，甚至达成有损我利益的协议或默契，如防止导弹技术扩散、政治解决柬埔寨问题等。万一事先未能制止住而遇到这种情况，就要采取积极又灵活的态度，及时采取对策或改变做法，避免陷于被动或被置于既成事实面前。

13．积极对待裁军和解决地区冲突问题。我应更高举起和平、裁军的旗帜，加强这方面的研究。密切注意有关情况和世界舆论的变化。对裁军问题，要有一整套对策，并加强正面宣传。对核裁军应持灵活态度，不能一成不变，但也不能被美苏套住而陷于被动。对武器出口，应持慎重态度，作出通盘考虑，明确政策界限，否则会被误解为我有扩张野心，造成外交被动，甚至引起对我制裁。对于地区冲突，我们总的态度应当是尽量求得政治解决，减少热点，缓和形势。对发展中国家间或内部的纠纷，我只可采取超脱和劝和态度，对大国支持的侵略则坚决反对。但鞭长莫及的，也主要限于表态，避免卷进去。只是对与我直接有关的地区冲突，应当积极参与，促成公平合理的解决。无论哪种情况，都要尽量少背包袱。

14. 发展对美关系。对美关系影响大局（涉及到西方发达国家和许多发展中国家），因此应把继续发展对美关系放到重要地位，这对我坚持独立自主、推行全方位外交，特别是开展对外经济技术合作，作用极大。在美苏关系趋向缓和，大三角关系地位下降，以及阿富汗、柬埔寨问题相继得到解决的情况下，美中的共同点和美对我的借重都会减少，这就需要寻求新的共同点，特别是进一步发展经济和技术合作。涉及美国利益的国际或地区性问题，宣传上可以放开，但采取行动要谨慎（如出售武器）。当然，对美干涉我内政、损害我利益的行径，必须坚持原则，进行斗争，但也要注意策略，照顾全局。

15. 逐步改善对苏关系。苏联在戈尔巴乔夫海参崴讲话后，为改善对华关系曾作出了一些努力，显得甚为迫切。在我坚持原则立场和苏美关系缓和后，苏联即采取了较为现实的态度，显得并不着急，尽量听其自然。实际上，苏联从其国内外政策需要出发，仍然希望同我改善关系，实现正常化，但也不抱过多幻想。鉴于苏联对我军事威胁已减弱，边境军事对峙趋于缓和，阿富汗问题初步解决，柬埔寨问题政治解决的趋势加强，因此我除继续逼苏压越外，对苏关系也应作适当调整，态度较前积极一些。除进一步发展贸易外，还可争取多引进一些对我适用的技术，增加文化交流和人员来往，推动边界谈判。在柬埔寨问题解决后，即可实现关系正常化，先求得东部边界问题的解决。改善对苏关系，还可影响东欧及其他亲苏国家，总的说来对我是有利的。但步调要稳，不可影响我同发达国家和大部分发展中国家的关系。否则对我的四化建设与对外开放不利。

16．继续发展中日友好关系。日本对华战略具有两面性。一方面出于内政和外交的需要，一直把保持“长期稳定的中日友好”作为仅次于日美同盟的另一“外交支柱”，因此愿给我以经济支持（如优惠贷款），对有争议的问题也尽量表现低姿态。迄今这方面仍然是主流。另一方面，它又视中国为潜在对手，不愿中国强大，总想使中国落后于和依赖于它，且又不忘情于台湾。由于国际形势及其内部因素的制约，日本在10多年内还不致形成对我的重大军事威胁（但某种程度的威胁现已存在，今后还会增强，如扩大海上巡逻、入侵我钓鱼岛和部分专属经济区等），而经济上我还需要利用日本的资金和技术，特别是外向型经济战略的实施，更需要开拓日本市场。因此，对日关系仍应以友好合作为主，不宜受情绪影响，造成太多波动。对日本的威胁，必须高度警惕，但应尽量避免增加它的戒心。在历史和台湾问题上，可多利用舆论进行揭发批判，只是它有重大出格时才进行外交交涉和由领导人出面表态。尽量保持两国关系的稳定和发展，以利于我四化建设和进一步开放。

17．对第三世界国家，除后面提到的一些国家外，继续坚持原有政策和做法，无须作过多调整。只是第一，应研究一些切实可行的措施，积极推动南南合作；第二，鉴于我人均产值在多数发展中国家之后，因此对外经援应再作适当压缩，特别是减少援建楼堂馆场。

18．对东西欧国家，继续发展经济关系，加强政治磋商。应立即准备应付欧洲共同体统一市场形成后同我的经济关系，以防在出口上遭受损失。同东欧发展互利合作的经济关系还有很大潜力，在进行改革上可加强经验交流。但也要看到，在从西方引进资金和技术、在它们发展对台经济关系等问题上，会增加竞争和矛盾。

19．亚太地区经济合作的迅速发展已成必然趋势，对此我应持积极态度。举凡设立新的论坛、举行首脑会议、进行经贸技合作（如能源、人才培训等项目)，我在坚持一个中国的原则和平等互利的条件下，均可积极参加。这样做有利于我对外开放、改善同周边国家的关系，还可利用美日矛盾，联合东盟等国家牵制日本。如同参加国际货币基金组织和关贸总协定一样，不能由于担心日本主导而持消极态度。否则就可能实际上被排挤，遭到孤立。当然也不宜表现过分积极，以免引起东盟各国的疑虑。现在当务之急是加强研究，积极准备。

20．积极参与柬埔寨问题的政治解决。现在围绕柬问题的国际活动已空前活跃，政治解决的可能性大为增加。有关国家和联合国除积极推动外，已在做善后准备。美苏可能已有默契。日本正制定打进印支的方案。在柬问题上，美、苏、日、印尼、新、马，更不用说越南，都有排挤我国之意，欲置我于既成事实面前。现在的主要问题是它们联合反对红色高棉（国际上反对红色高棉甚至比反对越南还要广泛)。在此情况下，我应适当调整在柬问题上的政策和做法，在支持 7 月 1 日我外交部声明的原则下，准备好应付事态的进一步发展。对红色高棉的态度可以再灵活一些，减少我是红色高棉后台、欲扶持其重新执政和保留我影响的疑虑。只要越南完全撤军，柬真正变成和平中立国家，我即可卸掉包袱。除参加国际保证外，对柬战后恢复只稍作表示，不承担过多经援义务。

21．准备对越南的关系作适当松动。越南内部情况正在发生变化，苏越关系也有疏远迹象。为了缓解经济困难和摆脱政治孤立，越南希望同我改善关系的愿望和力量在增长，并已正式决定修改宪法中的反华条文。因此，在柬埔寨问题达成政治解决的协议后，我即可在坚持领土主权（边界问题特别是南海诸岛）的原则下，对越关系作适当松动，逐步实现正常化。这有利于我在减少军事对抗后稳定边境局势，改善中老关系，加强我在印支问题上的地位。

22．加强和改善同东盟国家的关系。在柬问题解决后，我同东盟即会失去反对越南侵柬这一共同点，相互关系就可能发生一定变化。对此必须预作准备。印尼实际上是东盟的盟主，我可研究在同印尼关系上有所突破，从而影响对新、马的关系。除发展经济关系外，应争取关系正常化。可以考虑印尼下台阶的要求，正式声明决不干涉其内政，这也是我国倡导和坚持的五项原则之一。在对东南亚的华侨、华人，严格执行已有政策，宣传和做法上也要十分慎重，不宜有华人圈之类的提法。在对各国共产党的关系上，应尽量减少它们的疑虑。同东盟国家经济上的矛盾可能增加，应及时研究，采取适当对策。

23．改善对印度的关系。印度对华态度近来有软化迹象，我可抓紧机会加以推动。除发展经济、文化关系外，争取在政治关系上有较大进展，如尽早实现政府首脑的互访，增加一些有关国际问题的磋商，但以不损害中巴友好为原则。不断改善气氛，为解决边界问题创造条件。中印关系的改善，有利于我稳定西南边境和西藏局势。

24．发展同南朝鲜的经济关系。在多做少说或只做不说的原则下，可以增加直接贸易往来，引进资金和技术。在这方面，只要同东欧国家相比不太冒尖就行。为了稳定朝鲜半岛局势，可增加同苏、朝、美、日间的磋商。保持和发展同北朝鲜的兄弟友好关系，但不宜受过多限制。

25．在国际形势趋向缓和和重点转移到经济的情况下，各国包括东欧及其他友好国家同台湾的经贸关系会有较大发展。台湾的“国际”活动也会更加积极。我在政治上反对“两个中国”的阴谋的同时，也要反对台湾当局的“一国两席”的阴谋。在各国同台湾的经济关系上，可以讲点灵活，但在国际上同台湾的政治斗争不能放松，不可让它的尾巴翘得太高。至于如何推动两岸接触，促进祖国统一，系国内问题，自当别论。

26．采取切实措施，真正把外交工作的重点转移到经济上来。对此，各国都极重视，苏联也决心转变。日本外务省就设有两个经济局，地区司也有1/4到1/3的人员是搞经济的。为了适应对外经济关系的开展，我国也应采取一些相应措施，从组织机构到工作方式（如发挥主动性)，都作些改变。

（1988年7月25日）

经济全球化和区域集团化趋势

当前世界经济一个重要特点，就是经济活动全面国际化的加速发展。各国经济上的相互依存和相互渗透不断加深，商品、劳务和资金的国际流动大大超过国内市场的扩展。世界贸易增长越来越高于经济增长，资金流动更快于贸易的发展。全球对外直接投资以年率30%的速度递增。为了适应形势变化和提高竞争能力，许多国家都在抓紧进行经济调整，把扩大对外开放和进一步国际化作为重点之一。不但国家如此，企业要发展，也必须面向世界，实行国际化经营。由于经济活动全面国际化存在两大趋势，区域集团化和全球一体化交织发展，因此无论国家还是企业，都要同时向两方面进军，既参与地区合作，又实行全方位开放，不能只顾一头。

1991年，区域集团化趋势显著加强。欧共体除一年后实现统一大市场外，还同欧洲自由贸易联盟达成建立欧洲贸易区的协定，接收几个东欧国家为联系国，预计今后将继续扩大势力范围，按三个层次完成大欧洲经济区的设想。美国和加拿大加紧同墨西哥谈判，筹建北美自由贸易区，然后再不断向南延伸，把更多拉美国家包括在内，实现布什倡议的全美洲自由贸易区。亚太地区的集团化动向也更加活跃，中国及作为经济地区的中国台北和香港已加入亚太经济合作会议，日本同“四小”、东盟正在形成一个事实上的经济联合体，一些次区域性经济合作区也不断涌现，在这些基础上有可能逐渐扩大成为比较松散的亚太或东亚“经济圈”。以发达国家为主体的三大经济集团的出现已成为必然趋势。发展中国家为了联合自强，也雨后春笋般地组成或加强各种共同体和一体化组织，如拉美的南锥体、东盟自由贸易区等。但由于力量的悬殊，它们不可能同大国及其主导下的集团相抗衡，而不能不具有一定的依附性。集团化对世界经济发展有利有弊，对发展中国家既是机会也是挑战。虽然对多数国家来说可能挑战大于机会，但为了适应这一不可抗拒的潮流，发展中国家仍须积极参与区域合作，不能置身事外。

与集团化加强的同时，经济全球化也在迅速发展。世界经济已越来越成为一个整体。所有集团，虽有一定的保护倾向，但都不是缩小而是不断扩大同其他集团的经济联系，加深着集团间的犬牙交错关系和相互渗透。集团间的贸易呈现进一步增长势头，资金流动更是主要在美欧日之间进行。参加集团的国家也决不把自己的活动局限在本集团内，而是要竭力打进其他集团，巩固和占领有利阵地。企业更是如此。跨国公司的活动就不只跨国而且跨集团，力图在全球范围开展业务。集团化固然有妨碍全球经济一体化的一面，但从总体和长远看，它又在加强这种一体化，并成为其发展过程中的一个阶段。因此不能只看到集团化而忽略全球化的总趋势。

在国际化中特别值得注意的是对外直接投资的迅猛增长。随着经济、技术的发展和国际形势的变化，经济上竞争日益加剧。为了扩大市场占有额，避免或缓和经济摩擦，也便于资源配置和产业分工，美日欧发达国家抓紧了对外直接投资，不但大力增加集团区域内的投资，也更加重视到对方国家或集团进行投资，以便所出产品能够在对方自由流通并享受各项优惠。80 年代末全球对外直接投资比 80 年代初增加两倍，其中 80% 集中在美欧日，只有 18% 在发展中国家。在这方面，跨国公司起着主要作用。它们控制着国际直接投资的 90%、世界生产的 40%、出口总额的 2/3 和技术转让的 1/3。现在它们已越来越重视就地生产和销售。全世界生产和销售有 20% 是在国外进行的。由于集团化趋势和保护主义抬头，单靠扩大出口正遇到越来越大的困难。一些发展中国家除注意改善投资环境便于引进外资和技术外，也尽可能进行对外投资，以配合出口贸易，参与国际分工，学习技术和管理经验。在国际化日益加速和深化的形势下，经济活动必须注意跨国经营，特别是把对外直接投资放到重要地位。

90 年代是世界经济重新组合和国际化急速发展的关键时期，一个国家只有抓紧时机、赶在前头，才可能在综合国力的竞争中立于不败之地，争取在新世界格局中的有利地位。

（1991 年 12 月 20 日《人民日报》）

过渡时期国际形势的若干问题

1991 年的海湾战争，特别是苏联的解体，标志着战后延续了 40 多年的两极格局彻底崩溃，多极化趋势迅速发展，但新格局尚未形成。世界正处在一个动荡不定的过渡时期。随着国际力量对比的消长变化和重新组合，多极格局将逐渐形成。在过渡时期，国际上存在着各种错综复杂的斗争并将发生剧烈变化。对每个国家来说这都是一个关键时期。研究过渡时期国际形势发展的趋势和特点具有重大意义。

一　1991 年世界格局和国际形势发生了历史性转折

1991 年世界发生了海湾战争和苏联解体这样两件大事，对世界格局的转换和国际形势的发展具有极为广泛和深远的意义。苏联的解体，更是划时期和历史阶段性的重大转折。从此，作为超级大国和两极之一的苏联已不复存在，旧的世界格局终于正式宣告结束，世界进入了一个新的时期。

海湾战争虽然带有局部性，但它牵动了全球，其影响也超过战后其他某些局部战争。这场短暂的战争，不但打破了整个中东的经济、政治和战略格局，而且影响到国际力量的配置及其相互关系。海湾危机的整个过程表明，原先对抗的两极已走向合作，苏联影响国际事务的能力已无足轻重。日本和德国“花钱受气”，证明要成为“一极”还有相当差距。欧共体各国意见分歧，在政治和安全问题上还不能作为一个整体发挥作用。只有中国坚持了独立自主的和平外交政策。在海湾战争中得益最大的当数美国。它不但获得了驻军海湾、控制那里的石油、独揽中东问题主导权的千载难逢之机，而且也显示了它已成为惟一的超级大国，在经济、政治、军事、科技上都拥有优势，对重大国际事务起着主导作用。它也因此得意忘形，企图充当世界的领导者。其实，海湾战争还从侧面暴露了美国实力的下降和地位的虚弱。以前一直准备打一个半战争的美国，现在连不到半个战争也独力难支，不但要求许多国家支持，更重要的还是必须别国支付战费。而且这也是特定历史条件下的一次特殊的战争，为美国迅速获得全胜提供了方便。如果不是萨达姆多行不义完全孤立，没有联合国的旗号和大多数国家的支持，伊拉克又不是完全被动挨打，情况就可能有所不同。美国处于全盛时期，在朝鲜和越南战争中还遭到失败，何况现在已今非昔比。所以像海湾这样的战争，历史上没有过，今后也不大可能再有。因海湾战争而过高估计美国的实力及其军事技术的作用，是没有根据的。

苏联八月事件后的变化，对世界格局和国际形势影响之大，远非海湾战争所可比拟，其他地区动乱和内战更不能与之相提并论。八月事件的结局，不仅加速了苏联从社会主义向资本主义全面过渡，而且联盟的国家结构也随之分崩离析。12 月签订的“独立国家联合体”协议，正式宣布了苏联作为一个主权国家已经从世界政治地图上消失，也意味着当年俄罗斯版图的完全改观。这不但是苏联70年历史的转折，也是俄罗斯帝国300多年历史的转折。促使苏联发生剧变的内在深层原因，一是由于体制僵化、对外不开放和追求霸权而没有把经济搞上去，二是国家政权严重脱离群众和民族问题处理不当。因此，一旦领导变质，改革失误，瓦解之势就不可收拾。苏联现在这种经济混乱、社会动荡和民族冲突，在联盟解体后也还会持续下去，并有可能进一步扩大和加深。这不但是原苏联各族人民的灾难，也是国际上一个最大的不确定和不稳定因素。

作为超级大国和两极之一，苏联的变化影响到全世界。事实上，7年来国际上的重大事件无不与苏联有关。从国际形势缓和、裁减军备，到东欧剧变、德国统一，以至非洲的多党化浪潮等等，都是苏联引发的。苏联的变化改变了世界原有面貌，改变了战后国际关系40多年的历史进程。现在苏联的解体，又给国际上带来了一系列新的问题。苏联会不会进一步“南斯拉夫化”，近3万件核武器能否得到有效控制，苏联承担的各种国际义务，包括同外国签订的15000个经济协定，谁来继承和分担，联盟所欠巨额外债谁来偿还，等等，都引起国际社会特别是西方国家的严重关注和担心。苏联的变化前景固然不可捉摸，但有一点是可以肯定的，即苏联的解体已成定局，恢复以前的苏联是根本不可能了。

二　世界正处在一个新旧格局交替的过渡时期

我们所说的世界格局，是指在一定力量对比及其相互关系基础上形成的一种相对稳定的国际结构和战略态势。

战后长期存在的是美苏两个超级大国组成东西两大军事集团进行激烈对抗、左右整个国际形势的两极格局。在此期间，世界上也发生了不少重大事件，特别是殖民主义体系的瓦解和第三世界的兴起，中国革命的胜利以及后来“战略大三角”的形成，但都没能从根本上改变这一格局。只是由于苏联的急剧衰落以至最后解体，才结束了两极格局的存在。新的格局虽然并没有随之确立起来，但人们却早已预计到新格局将是一个多极化的世界。这是因为，在两极格局时期，由于世界政治经济发展不平衡规律的作用，国际上的力量对比，特别是大国实力，就在不断发生变化，多极化的趋势越来越明显。不但苏联早已暴露出外强中干的真相，美国的负债经济和双赤字也使它的日子很不好过。两个超级大国都已程度不同地感到军备竞赛难以为继。另一方面，日本和西欧（特别是德国）却在迅速崛起；中国在国际事务中的作用和影响在上升；此外还出现了一些地区性大国和国家集团。还在60年代末和70年代初，尼克松就已承认美苏控制国际事务能力的下降，指出世界正在形成5个力量中心。经过20年的发展变化，苏联已经退出国际舞台，美国的国际影响能力也进一步下降。多极格局的出现成了历史的必然。

这次新旧格局的交替有一个显著的特点，就是没有经过世界大战，而是在和平条件下进行的。这与以往新旧格局的交替截然不同。以往都是经过一场大战把旧的格局打破，然后由几个战胜的大国，在有关的国际会议上，进行讨价还价，划分势力范围，重绘政治地图，确定新的格局和新的秩序。反拿破仑战争后的维也纳会议，就在欧洲塑造了一个新格局。第一次世界大战打破了旧的格局，由几个大国通过巴黎和会和后来的华盛顿会议，制定和形成了通常称做凡尔赛—华盛顿体系的格局。二次大战后的两极格局，则以雅尔塔体制为基础。这几次新格局都是通过大国会议定出基本框架，然后即付诸实施，虽然也有激烈的斗争，但形成所用的时间都比较短。现在这次新旧格局的交替却不像那样简单。由于是在和平条件下进行的，新格局的形成需要经过国际上力量对比的持续消长和分化组合，因而会有一个相当长的过渡时期，大概会贯穿整个 90 年代，一直延续到 21 世纪。至于新格局是个什么样子，人们还很难预测，只能到时再看。

旧格局的瓦解和新格局的形成，都有一个从量变到质变的过程。但两者的变化并不同步，旧格局的解体不就是新格局的出现。在旧格局解体后，新格局的形成仍然有一个过程，这就是新旧交替的过渡时期。问题不是有没有过渡时期，而只是时间的长短。第一次世界大战结束了原有格局，但新格局的确立还是从巴黎和会到华盛顿会议经过了 4 年多的过渡时期。二次大战后也不是马上就形成了两极格局。只是到了 1947 年，杜鲁门主义才导致了冷战的全面展开。而两极格局的正式形成，还应从 1949 年算起，在这之前仍属过渡时期。因为只有到 1949 年才有德国正式分裂，东西欧壁垒分明，西方组成北约组织，苏联东欧也以一系列双边条约形成事实上的同盟体系，使以美苏为核心的东西两大集团的对抗关系开始固定下来。可见，否认新旧格局交替之间有一个过渡时期，是违背历史事实和当前现实的。

同时也不能把过渡时期称做一种格局。因为格局既然是一种相对稳定的国际结构，而在过渡时期力量对比和组合却在发生着激烈的变化，不确定的因素极多，形势很不稳定。例如二次大战后的初期，大国间还基本上保持着战时合作的体制，虽然进行着激烈争夺，但欧洲的分裂还没固定下来，其他一些势力范围的划分也不明确，国际结构显然谈不上相对稳定。90 年代开始的这一过渡时期，国际形势也是在瞬息万变，所不同的只是时间可能持续得更长一些。

三 国际力量对比向西方倾斜和东西方社会走向一体化

苏联解体和东方集团的消失，使国际力量对比明显向西方倾斜，美国一时占了上风。这也是过渡时期初期阶段的一个重要特点。

在两极格局时期，国际上存在着三大力量，这就是以美国为首的西方发达资本主义国家集团（简称西方），苏联控制下的苏联东欧集团（简称东方），包括中国在内的100多个发展中国家组成的第三世界。这三大力量配置的基本态势是，东西方完全对抗，第三世界处于中间。但它们的组成既不是铁板一块，相互关系也有交错和变化。从战争与和平的角度看，美苏以外的东西方国家就属第二中间地带。当世界范围的民族民主革命运动处于高潮时期，在许多国家争取独立的斗争中，苏联东欧曾给予支持。那时中国也同它们站在一起，组成了社会主义阵营。苏联的霸权主义终于导致社会主义阵营瓦解。从此中国即完全属于第三世界，独立于东西对抗和争夺之外。国际社会在看待东西方冷战时也逐渐不再把中国归入东方。第三世界国家，虽然有一些倾向西方，另一些倾向东方，但就总体而言，一直是国际上一支独立力量，对维护世界和平和制约美苏争霸起着重要作用。现在，随着两极格局的结束，国际上的力量配置已发生根本变化，不能再以三种力量的观点观察世界了。

这次两极格局解体的方式，不是一方用战争手段打败了另一方，而是表现为东方向西方的全面靠拢。东西方的对抗和争夺，以西方特别是美国大吹胜利和东方集团的自行崩溃而告终。原来在世界经济中就处于垄断地位的西方现在在国际政治中又一时取得了完全的优势。这不但使美国和其他几个西方国家有可能较大幅度地调整战略，减少军费，着重发展经济和科技，增强综合国力；而且还可以较前更放手地推行强权政治和经济霸权，加强对社会主义国家和发展中国家的干涉。当然，东方的消失，并不是简单地把这股力量加到西方中去，而是意味着矛盾的转化；不是原有的三种力量一下变成了两种，而是出现了力量更加多元的趋势；西方这一力量不是因此得到凝聚和加强，而是整体的分化。这在下面还要谈到。但是无论如何，东西方社会制度走向一体化却会日益成为现实，原来意义上的东西方概念也将成为国际关系史中的名词。

还在苏联解体前，当时的苏联及其大部分加盟共和国和几乎所有东欧国家，就已希望在经济上加入西方体系和得到西方援助，政治上实行西方民主，军事上同西方建立合作关系。许多国家还要求参加欧共体和北约组织。早在1980年11月巴黎欧安会上，戈尔巴乔夫就提出建立“北半球合作带”的主张。美国等西方国家当然也力求变苏联东欧为西方世界的成员。1991年6月18日，美国国务卿贝克在柏林阿斯彭学会的讲话中也说，美国的目标“不仅是建立一个完整的自由的欧洲，而且是建立一个从温哥华往东一直延伸到符拉迪沃斯托克的欧洲—大西洋共同体”。欧共体已决定分期分批接受一些东欧国家和原苏联加盟共和国为联系国，俟其合格后再分别吸收为正式成员。北约首脑会议也对军事上同苏联东欧的联系与合作，作出了成立北大西洋合作理事会等制度化的规定。苏联的解体，更加速东西方一体化的进程。1991年12月12日，贝克又就苏联局势和美国的对策发表演说，认为苏联的解体为西方提供了“极好的机会”，“我们有可能把俄罗斯、乌克兰和其他共和国牢牢地拴在欧洲—大西洋共同体以及民主国家联合体内”。贝克强调西方要用集体力量组织对原苏联各共和国的援助以期达到消除和控制遗留下来的军事装备（特别是核武器）、建立法治与民主政治、实现自由市场经济的目标。在苏联各共和国以及东欧国家经济极端困难和体制加紧转轨的情况下，也正需要西方的援助与合作。因此可以预料，虽然还会有反复和曲折，但东西方走向一体化已是大势所趋，不可逆转的了。当然，这并不意味着东西方矛盾的完全消失，而是使这种矛盾发生了质的变化，已不再含有社会主义和资本主义矛盾的性质，将逐渐转化为西方内部矛盾的一种，例如表现为发达国家和欠发达国家、富国和穷国之间的矛盾。

四　西方大国之间的矛盾成为国际关系中的主要矛盾

根据辩证法，事物的发展过程中，如果同时有许多矛盾存在，其中必有一种是主要矛盾，其存在和发展规定或影响着其他的矛盾。而主要矛盾又是可以转化的。及时用全力抓住国际关系中的主要矛盾，不但是研究国际问题的重要方法，也是制定政策的重要依据。

在两极格局时期，国际关系中的主要矛盾是东西矛盾，集中表现为美苏矛盾。当时美苏关系影响和左右着全局，国际上发生的各种重大问题都直接或间接同它们有关，许多地区冲突都有它们争夺的背景。美苏关系的紧张或缓和，往往就是整个国际形势的紧张或缓和。打不打世界大战，也决定于它们。美苏的对抗和争夺，一直是国际形势紧张和核战争威胁的主要根源。而遏制苏联则是西方同盟的基础。80 年代中，随着苏联实力的急剧衰落和"新思维"路线的贯彻执行，美苏关系日益趋向缓和，也就开始了主要矛盾转化的渐变过程。及至东方集团崩溃和苏联完全解体，美苏矛盾已不再是国际关系中的主要矛盾，主要矛盾从量变发展到质变，实现了转化。西方国家内部的矛盾，集中表现为美、欧、日之间的矛盾，已成为国际关系中的主要矛盾。这就是说，西方国家之间的关系在整个国际关系中起着决定性的作用。其他国际关系中的基本矛盾，例如南北矛盾、社会主义同资本主义的矛盾，有时或在有的问题上可能表现得很尖锐，但不会决定整个国际关系的基本方向。它们之间即使发生战争，也还只是局部战争，而不是世界大战。说西方国家间的矛盾成为国际关系中的主要矛盾，不只是逻辑的推论，更重要的还是现实的概括。

由于发展不平衡规律导致的大国实力均衡化，具体说来就是美国的相对衰落和欧、日的日益崛起，西方国家间的矛盾就在逐渐发展，经济摩擦和各种争吵不断加剧。80年代中期起，国际形势迅速趋向缓和，苏联军事威胁明显减退，它们之间的矛盾也随之上升，美国的领导地位遇到了严重挑战，西方同盟结构不得不进行一些调整，减少对美国军事保护的依赖，强调盟国间的平等伙伴关系。美国内部甚至认为，国家面临的主要威胁已从苏联的军事扩张变为来自盟国的经济竞争。苏联的解体，使西方失去共同对手，同盟的基础为之动摇，它们的矛盾自然更加突出起来。

西方国家间的矛盾主要表现在经济方面。这是因为，经济已成为国际关系的重点，是它们进行竞争的主要领域。谁也不能否认它们在世界经济中的决定性地位。争夺市场和科技优势的竞争日益加剧，贸易保护主义的抬头和经济区域化集团化的发展都是这一矛盾的表现。美、欧、日间的经济矛盾成了乌拉圭回合长期达不成协议的主要障碍。由于这方面的直接感受，当学者还在争论主要矛盾的转化问题时，一些西方国家政府却早已看出来了。布什总统在1991年的《美国国家安全战略报告》中就第一次明白无误地提出，日本和德国的崛起和在经济、政治上逐步处于领导地位，是90年代具有深远战略意义的一个最重要的事态发展，美国同它们的贸易谈判已具有过去同苏联举行军备谈判同样的战略意义。布什在这里既提到经济上也提到政治上的领导地位问题。这也是西方国家内部矛盾的另一种表现，即对不同领域和不同地区主导权的争夺。在欧洲安全问题上的斗争，一方面反映了西欧各国之间的矛盾，但更重要的是以德法为首的欧共体为主导还是以美国为主导的问题。1991年11月北约首脑会议上，布什和密特朗在发言中的公开质疑，反唇相讥，说明美欧矛盾已发展到多么严重的程度。正如《美国新闻与世界报道》所说，“欧洲已不再按美国的鼓点前进”。对于继续演变原苏联和东欧，也存在个以谁为主导的问题。为了稳定原苏联和东欧的局势，按西方的标准进行改造，首先必须提供大量的援助，而这正是美国所短。但它并不想轻易削弱和放弃领导，于是就提出由它设计指挥、主要由别国出钱的计划，但这却遭到欧日各国的冷遇，法德领导人还公开加以嘲讽。实际上，在一些问题上西欧已经自行发挥主导作用，多少有点把美国撇在了一边。南斯拉夫内战在某种意义上也是西方国家争夺势力范围的反映。如果没有大国背景，斯洛文尼亚和克罗地亚怎么可能迅速组成军队同南原来的国防军相对抗，资金和武器又从哪里来？在承认南斯拉夫已宣布独立的各共和国的问题上，德国的主张显然占了上风，西欧有些国家即使不十分赞成也无可奈何。《纽约时报》认为这是德国向美国权威的挑战。美国在欧洲影响力的下降，已越来越看得清楚了。在亚太地区同样如此，只是没有欧洲表现得那么明显。宫泽喜一出任日本首相后，一反过去惯例，没有首先出访美国，而是布什总统先行访日。这种安排无论出于什么考虑，也在一定程度上反映了日美关系的微妙变化。

大量事实证明并将继续证明，西方国家间的矛盾已经成了国际关系中的主要矛盾。国际上存在的其他基本矛盾，无论是南北矛盾还是社会主义同资本主义的矛盾，都起不到影响全局、左右世界经济和国际形势发展变化的决定性作用。情况有点类似二次大战前：南北矛盾正是过去殖民地半殖民地同帝国主义间矛盾的继续，中国相当于那时的苏联，那时影响全局并引起大战的就是西方列强之间的矛盾。但有根本的不同，就是时代变了，和平与发展成了世界的主题。而且主要矛盾并不是任何时候（特别是开始时）都一定要发展到严重对抗的程度。正像一切对立面既有斗争又有统一一样，西方国家间的矛盾也有协调的一面，在一定时期和一定问题上还会以协调为主。例如在帮助原苏联和东欧实行社会制度的转轨、防止动乱扩大和核武器失控上，在以经济市场化和政治多元化对社会主义国家和一些发展中国家进行干涉和施加压力上，在维护不平等的旧国际经济秩序上，在保持世界经济稳定和防止发生大的危机上，它们都有共同利益，也会以协调为主。但是协调并不意味主要矛盾的消失或改变性质，而只是一定条件下对立面的妥协和斗争形式的变化。

还有几个相关问题须作点说明。新旧格局的交替和主要矛盾的转化并不一定同步，根据一般规律，总是主要矛盾在旧格局解体时随之转化，并促进新格局的形成。格局交替必有一个过渡时期，在过渡时期同时存在诸多矛盾，所以也必有一个是主要矛盾。既然事物的发展过程不会中断、出现空白或断层，那么就不可能有一段时间没有主要矛盾。当然，在主要矛盾转化初期，确实一时看不太清，何况还有协调一面的掩盖。但是正因为如此，所以才要加强研究，“用全力”去抓主要矛盾。矛盾法则是辩证法的核心，是马克思主义的主要方法和基本原则。问题越是错综复杂，越是应当强调运用矛盾法则去分析和研究。这是研究工作的要求，而不是生搬硬套。

五　经历着巨大变化的第三世界仍是国际上不容忽视的重要力量

两极格局的瓦解，给第三世界带来十分重大和深刻的影响，促进了它的分化，加重了许多国家的困难。在两极格局下，美苏都有争取发展中国家的一面，发展中国家也是西方不亮东方亮，可以有较大的回旋余地。苏联解体后，这种在两极之间的回旋余地也就消失了。许多倾向或依靠苏联的国家，不但顿时失去苏欧的援助和支持，而且受到美国及其他西方国家的强大压力，增加了困难，甚至导致动荡。席卷非洲的多党制浪潮，根本原因固然大多在于国内经济没搞好和政治的腐败，但直接导火线还是苏联东欧巨变的冲击和西方的干涉。许多国家不能不调整政策，向美国和西方倾斜，增加经济上的依附和政治上的迎合。这就加剧了第三世界的分化，使凝聚力和整体作用下降。由于力量对比的悬殊（在世界经济中发达国家占 70%左右，不包括原苏东和中国的发展中国家只占 15%）和经济上对西方的较大依赖，第三世界难以结成堪与西方相抗衡的联合阵线，也没有带头的国家或集团。所以南北矛盾虽然在加剧，但不可能成为左右国际关系的主要矛盾。

由于两极之间的中间地位的丧失和内部的进一步分化，一些西方人士已经怀疑和否认第三世界的存在了。这如果不是幸灾乐祸，至少也是只看现象不看本质。第三世界原本就是个历史范畴，包括所有发展中国家，其中大多是战后才获得独立。它们不但有共同的历史遭遇，而且在重大的国际问题，如团结斗争反对强权政治和经济霸权、联合自强促进经济发展、争取建立公正合理的国际新秩序等方面，都有共同利益和共同要求。命运使它们客观上成为一个整体，而不是简单地取决于是否存在第一第二世界。单是 1991 年就可以顺便举出一系列重要事件：不结盟国家阿克拉会议和 77 国集团德黑兰会议的顺利举行；发展中国家在本届联大和安理会中协调行动包括秘书长的选举；各种地区组织的空前活跃，如里约集团实际上已取代美洲国家组织并在国际上发挥着代表拉美利益发言的作用，东盟同欧共体对话会上打掉了后者将“民主”、“人权”同经济关系挂钩的企图，等等。事实证明，第三世界不但没有消失，而且仍然是国际上维护和平与促进发展的重要力量。只要南北矛盾存在，作为对立面一方的第三世界必将继续存在。

南北矛盾是当代国际关系中的基本矛盾之一。两极格局崩溃后，西方国家不仅继续坚持不平等的旧经济秩序，而且加强了强权政治和经济霸权，使第三世界的处境更为严峻，贫富差距呈进一步拉大的趋势。但是一切事物都有两个方面，形势的变化对第三世界也并不是只有不利的一面。在两极时期，第三世界曾是美苏争夺的重要战场，直接间接以它们为背景的局部战争发生了 230 次，死亡人数达 1700 万。现在大战的威胁减小，缓和成为主要趋势，第三世界可以利用和平环境集中力量发展经济。事实上许多国家也都在抓紧进行调整和改革，加强区域合作，为下一步发展作准备。其次，随着国际关系中主要矛盾的转化，美苏在第三世界的对抗已为西方国家间的争夺所代替。西方国家虽然在推行“民主”、“人权”和维护旧经济秩序等方面会保持一致，但争夺势力范围和主导权的斗争却是绝对的。因此，第三世界国家虽然失去了在美苏之间的回旋余地，但却增强了在西方大国间的回旋余地。

加速分化和整体作用下降同团结斗争和联合自强两种趋势同时发展，不能只看到一面。如果从全局和长远观点看，以所占经济比重、人口和幅员计算，第三世界的主要部分，在经济发展速度上还可能保持超过西方的平均水平。在今后国际力量的消长变化和分化组合中，许多国家和地区集团将进一步发展壮大，因而第三世界的国际作用还会不断加强，在多极化格局中还有重要的地位。

六　欧洲仍然是国际斗争的中心并一时成为世界上最不稳定的地区

在东西对抗的冷战时期，世界上的社会动乱和武装冲突基本上都发生在第三世界，欧洲长期保持着相对稳定的局面。现在情况发生了变化，原有的均势遭到破坏，长期被掩盖的矛盾一下暴露出来，在第三世界冲突减少和热点降温的情况下，欧洲反而成了世界上最不稳定的地区。苏联东欧巨变造成的经济混乱、社会动荡和民族冲突，存在着长期化和扩大化的趋势。南斯拉夫的解体已成定局，但内战决不是西方国家承认几个共和国的独立所能解决的，相反还会使局势更加复杂，使西欧一些国家陷得更深。原苏联“独立国家联合体”成立后也还存在着许多未知数，不但民族矛盾和冲突呈加剧之势，一定程度和一定地区的“南斯拉夫化”已成事实，而且由于经济危机日益严重，还会引起更激烈的社会动荡，经济和政局的稳定决非三五年所能办到的。其他一些东欧国家也程度不同地存在着类似问题。这种社会动荡和民族主义浪潮也影响到西欧国家，刺激那里原有的民族矛盾，还产生防止大量难民流入和法西斯主义的抬头等问题。

另一方面，欧洲的一体化也在加紧进行。随着经济货币联盟和政治联盟的逐步落实以及势力范围的进一步扩大，以欧共体为主的一体化欧洲将会得到较快发展。争夺在这个一体化中的有利地位，已经成为西方大国之间矛盾和斗争的一个重点。同时它们还要竞相填补苏联东欧巨变后形成的“真空”，争夺在那里的主导地位和影响能力。这都使欧洲在今后长时期内一直是国际斗争的中心。虽然有苏联东欧的动荡、西方国家间矛盾的上升、德国统一后的咄咄逼人，但是在欧洲的斗争还会限定在经济和政治领域，由于各种因素的制约，还不可能导致大国间的军备竞赛和武装冲突。

欧洲关系到美国最大的国际利益和大国地位，因此它必须把对外政策的重点继续放在那里，以便保持它在西方的领导地位，影响原苏联东欧的变化，以及控制欧洲的侧翼中东。但是由于国内经济社会问题日益严重，它的对外活动不得不作某些调整和适度收缩，对欧洲事务的影响力呈下降趋势，在欧美矛盾中处于相对不利地位。日本在欧洲还只能着重经济上的竞争，为做政治大国、在欧洲发挥政治作用而企图参加欧安会和列席北约组织并不现实。至于西欧大国之间围绕“欧洲的德国”还是“德国的欧洲”这一制约和反制约的斗争，还会长期持续下去，但是德国地位的加强将是难以避免的。

七　亚太地区形势相对平稳，力量配置进行重新组合

同欧洲相比，亚太地区形势显得平稳一些。美苏军事对抗走

向消失。原有热点，或者基本解决，或者趋于缓和。中国同周边国家关系处于多年来最好状态。亚洲其他国家的相互关系也大多有所改善。东亚国家和地区继续保持经济发展上的世界领先地位。因此，一些日本和韩国学者关于冷战在欧洲已结束但在亚太地区仍然存在的说法，是并不确切的。

苏联的衰落和日本的兴起，改变了亚太地区的力量配置。日本在安全问题上对美国依赖程度的减弱，动摇了日美同盟的基础。日本急于做政治大国，要在亚太地区起主导作用，向美国的地位提出了挑战。但由于相互依赖很深和日本羽毛未丰，双方关系还将以协调为主，安保条约也会维持下去，日本继续以日美同盟为外交基轴。日俄关系缓和与改善的步伐可能加快，甚至出现重大突破。随着情况的变化，日本会不失时机地积极参与俄罗斯联邦的经济社会改造，特别是加强在远东地区的经济合作。东盟和韩国，处理对大国关系的重点已从美苏关系转向日美关系。在经济上要求加强同日本的联系以减轻对美国的依赖（马来西亚总理马哈蒂尔甚至提出排斥美国的“东亚经济集团”倡议），但却希望保持美国的军事存在，以制约日本的军事强国倾向和防范中国。为了联合自强，东盟拟进一步加强政治和经济合作，并打算把印支三国和缅甸吸收进来，在亚太格局中起更大的作用。苏联衰落对南亚形势也有极大影响。印度在失去苏联支持后，政策已作了重大调整，经济上进一步实行改革开放，外交上着重增进同美日欧的关系，同周边国家关系也有所缓和与改善，还希望进入亚太，参加亚太经济合作部长会议。巴基斯坦在美国全球战略中地位的下降，使美国得以改善对印关系和增加对巴压力，巴美关系发生了重大的变化。总之，随着两极格局的解体，亚太力量配置也经历着重新组合。

70 年代以来，对国际形势起过重大作用的中美苏战略大三角，80年代后半期由于美苏关系的全面缓和而日趋淡化，并随两极格局的解体而宣告消失。单就亚太地区而言，代替大三角的将是中日美俄四边关系。俄罗斯虽然一定时期还是一个不确定和不稳定的因素，但从长远看，以其幅员、人口、资源、军事力量和潜在市场，仍不失为世界大国，在亚太地区也有着重要地位。如同美苏矛盾作为国际关系中的主要矛盾时的战略大三角一样，在新的情况下，中日美三边关系则会对亚太形势的发展起重大作用。而中国的稳定和发展又是亚太地区稳定和发展的一个极为重要的因素。中国坚持独立自主的和平外交政策，主张在和平共处五项原则的基础上发展同一切国家的关系，因此在四边关系中，中国无意联合一方反对一方，而是希望同各方都发展关系。中国一直把发展中日关系放在重要地位，把两国人民世代友好定为国策。在新的形势下，通过对复交20周年的庆祝，中日友好合作关系必将得到进一步的发展。中苏关系自实现正常化以来已经得到稳步发展，保持和发展睦邻友好关系符合双方人民的根本利益和传统友谊。中国历来主张尊重各国人民的选择，因此不管俄罗斯和其他共和国如何变化，中国同它们的关系都会得到发展。中国同样十分重视保持和发展同美国的关系，认为社会制度和价值观的不同不应成为相互关系的障碍。20年的历史证明，发展中美关系也符合美国的国家利益。中国坚持原则，不容许别人干涉自己的内政。只要双方遵守三个联合公报的原则，中美关系能够得到恢复和发展，关键取决于美国的态度。美国大约也不能完全无视一个强大中国的存在。很明显，四边关系对维护亚太地区的和平与稳定有着决定性的影响，四国都对此负有重大责任。

当然，亚太地区也还存在着一些不确定和不稳定的因素，会出现不同程度的局部紧张和动荡，甚至发生某种突然事变。例如美国推行强权政治和对别国的干涉，日本将发挥怎样的作用，苏联变化的影响，某些民族矛盾、领土争端、宗教冲突等，都值得重视。但是在亚太形势中占主导地位的仍然是和平与发展，基本趋势也是缓和。大国在亚太地区发生武装冲突的可能比以前更小了。

八　争取建立国际新秩序是一个长期的斗争过程

随着两极格局的瓦解，许多国家都提出建立国际新秩序的问题。其实，世界格局和国际秩序虽有以力量对比为基础的共同点(所以人们往往通用这两个概念)，但又终究不完全是一回事，新旧交替也并不同步，新格局形成后旧秩序仍可能保持。因为所谓国际秩序，是指在世界格局的基础上国际关系运行（如处理国际事务、进行国际交往）的机制和规则。国际秩序既有政治秩序和经济秩序之分，又有结构（各国的地位和作用以及一定的组织形式）和内容（遵守什么原则）之别。围绕建立国际新秩序的斗争，就涉及到所有这些方面。

1988年邓小平提出建立国际政治经济新秩序的号召，随后即成为中国一直坚持的主张。这就是在结构上要求大小国家一律平等，共同参与国际事务，反对一国独霸和几个大国主宰；在内容上要求以联合国宪章和和平共处五项原则为基础，反对大欺小、强凌弱、富压贫的强权政治和经济霸权。对此，一般简称为公正合理的国际新秩序。这也是绝大多数发展中国家的共同主张和愿望。但是美国和少数西方大国要建立的，却是结构上由它们控制（又分为一国独霸和三极主导），内容以西方的社会制度和价值观为准则的所谓世界新秩序。这是截然不同的两种主张，在一定时期和特定问题上也可能求得妥协，但完全合流是根本不可能的。

表面看来，西方国家在力量对比上占有巨大优势，在国际事务中起着主导作用，某些主张可以横行于一时。但由于多极化趋势的发展和国际关系中主要矛盾的转化，它们要建立的世界秩序，归根结底却是行不通的。美国独霸世界，第一，会遭到发展中国家的反对和抵制；第二，其他西方大国如日、德、法、意也公开表示“不能由美国单独领导冷战后的世界”，而要求平起平坐；第三，美国不但无力组织世界经济和解决全球性问题，而且对重大地区性问题的影响和干预能力也大为下降。因此，1991年下半年以来，美国对建立世界新秩序的调子已降低，显得力不从心，多少有些趋于内向，更多地注意国内问题。建立美欧日为主导的世界秩序也不现实。这不但同样遭到绝大多数国家的反对，而且它们之间的协调也越来越困难，共同点在减少，矛盾在迅速发展。固然在相当时期，它们的协调在国际事务中还具有重大作用，但要为世界秩序确立新的机制和规则却很难做到了。乌拉圭回合尚且长年争斗拖延，遑论新的机制和规则。

建立公正合理的国际新秩序，虽然得到绝大多数国家的支持，但由于力量对比不利，还不能当做近期的现实目标。对此必须有清醒的认识。例如，在世界经济中发达国家占绝对优势和发展中国家团结斗争势头减弱的情况下，就一时谈不上建立公正合理的经济新秩序。虽然如此，社会主义和发展中国家争取建立国际新秩序的斗争，仍然有十分重大的意义。它有助于揭露强权政治和经济霸权，争取和团结第三世界及其他中小国家，利用西方大国间的矛盾，使一国独霸或几国主宰世界的图谋不能得逞。但这也不是说争取建立新秩序的斗争只是手段，它也是国际范围内长期斗争的战略目标。历史证明，这一斗争不会徒劳，必有成果。二次大战后，帝国主义仍力图维持殖民统治和旧政治秩序，但由于民族民主革命运动的高潮，它们的企图遭到失败，殖民主义彻底瓦解，百余国家获得独立，旧政治秩序被打开了一个很大的缺口。一个时期美国曾把持联合国，当成它的表决机器，可是后来却陷于孤立，以致一度大骂联合国实行“多数专政”。即使在经济领域，发展中国家的团结斗争在70年代也曾掀起高潮，迫使西方国家作出了一些让步。因此，只要全世界人民、社会主义国家和第三世界坚持努力，经过长期斗争，总可能逐渐削弱国际关系中的强权政治和经济霸权，最后建立起公正合理的国际新秩序。

谈到建立国际新秩序，所有国家和国际舆论都强调联合国的作用。但是，是坚持联合国的普遍原则、以利于和平与发展呢，还是利用联合国作为推行自己政策的工具、干涉别国内政、采取双重标准呢，却存在着实质上的分歧和复杂的斗争。例如为对付伊拉克，就力求打着联合国的旗号，但是执行联合国242和338号决议解决阿以冲突（更不用说以色列成为国家就是联合国的产物），却又不让联合国插手，这总不能认为是正常的。不过形势终究变了，一两个大国操纵联合国的时代已经一去不复返。在绝大多数国家积极参与和坚持斗争的条件下，联合国对于维护和平与发展、建立国际新秩序，是能够发挥更大作用的。

九　过渡时期国际形势的发展一直存在两大趋势

过渡时期，国际形势的发展同时存在两种趋势。一方面，两极格局的解体打破了旧的力量平衡，带来许多不确定和不稳定的因素，势必造成一些国家间的关系紧张、各种局部动乱以至武装冲突。前苏联以及有些东欧国家的局势，就是最大的不确定和不稳定因素，对国际形势特别是欧洲将产生长期的难以预计的影响。美国和其他一些西方国家进一步推行强权政治和经济霸权，将会助长南北差距和贫富悬殊，从而加剧南北矛盾和导致一些发展中国家的不稳。西方国家之间矛盾的发展，不但会造成国际关系的某种紧张，而且它们的争夺还会在第三世界引起新的动荡和冲突。即使在发达国家中，经济困难和两极分化也会促使阶级斗争上升和影响社会安定。世界其他各种争端，特别是民族主义和社会问题恶化，更会引发一些国家的内部动乱以至地区冲突和局部战争。所有这些因素和矛盾相互交错，就使世界变得很不安宁。由于以前的东西南北关系呈现东西合流、北攻南守的态势，所以越是往后，强权政治和经济霸权就越会成为形势发生反复和曲折的主要根源。

但是另一方面，缓和仍然是国际形势发展的主要趋势，作为我们时代基本特征的和平与发展更会长期发挥世界主题的作用。经济成为国际关系的重点，各国都致力于综合国力特别是经济和科技的竞争。大国间无必要也不可能恢复以前的军事对抗和军备竞赛，裁减军备和减少军费的势头还可能加强。原有的热点已普遍降温，一些局部战争和地区冲突已经或走向政治解决。世界大战的危险在过渡时期可以排除。因此，上述已经存在和可能出现的紧张动荡和新的冲突热点，只是发展过程中的逆流，不可能从根本上改变和平与发展的主题和缓和的基本趋势。就整体而言，过渡时期将是一个和平的国际环境。

这里所说的作为世界主题之一的和平从来都是指不打世界大战，而不包括局部战争和地区冲突，所以人们说战后世界赢得了40多年的和平。（这里附带说一句，作为世界主题之一的发展，也主要是指经济和科技的发展，而不包括社会形态的更新，所以苏联东欧的巨变虽然是历史的重大逆转，却并没有改变发展的主题。）邓小平说："因为我们讲的战争不是小打小闹，是世界战争。打世界大战别人没有资格，只有两个超级大国有资格。"现在一个超级大国已经崩溃，失去了打大战的资格；另一个超级大国的实力已今非昔比，打海湾战争尚且独力难支，更遑论世界大战，而且也没有了打大战的对手。从历史上看，帝国主义出现大国实力均衡化时，就要为争夺殖民地和势力范围而相互厮杀，如两次世界大战。但是现在情况已发生了根本变化。第一，现代资本主义对经济的国家干预和国际调节，在相当程度上抑制了垄断资本以战争手段实行对外扩张的倾向。第二，经济的空前国际化、相互依赖与相互渗透的加深和科技的高度发展，使它们只能长期处于又合作又竞争的关系中。第三，世界经济的发展和殖民体系的瓦解，使它们已无必要为重新瓜分殖民地而战。第四，西方国家人民的觉悟、社会主义力量和第三世界的存在，是对战争的有力制约。因此，西方国家间的矛盾虽然升为国际关系中的主要矛盾，它们在经济上的竞争和政治上的争夺会日趋激烈，但却不会彼此打仗。即使有些国家适度扩充军备和发展军事技术，那也多半是为了保持和提高大国地位或对付地区冲突，性质上还不是互为对手的扩军备战。

在这种形势下，核武器的威慑作用已下降，使用的可能性则变得更小。苏联的解体为大幅度的核裁军开辟了道路。今后国际军控问题的重点将从核武器的裁减转向销毁、防止失控和扩散，以及主要针对第三世界的军售上。核扩散的危机不能排除，掌握核技术的国家会越来越多。但掌握技术并不一定制造，即使有些国家制造了，也主要是为了威慑。因此，今后的地区冲突和局部战争还会此伏彼起，但使用核武器的可能却不大。而且由于各种条件的制约，第三世界范围局部战争也不像一些人所说的，发生的频率和规模都呈上升趋势，实际上反而可能逐渐减少，相当时期也不会再有海湾那样规模的战争。

十 世界经济通过重大调整和科技革新可望逐渐走出低潮

随着国际形势趋于缓和及世界大战威胁的减退，经济已经成为各国国家战略和国际关系的重点。新时期的历史表明，一个国家的强弱盛衰，起决定性作用的是综合国力，其核心就是经济技术，而不是单纯依靠军事力量。美苏的军备竞赛，结果造成了一伤一亡。苏联东欧的巨变和许多发展中国家局势的动荡，最根本的原因就是没有把经济搞上去和忽视人民生活水平的提高。即使在发达国家，经济状况也已成为影响政局稳定、政府更迭和领导人地位的主要因素。美国的经济衰退，使海湾战争后出现的民族狂热顿时为之一扫，布什总统的支持率急剧下降。一些发展中国家的开国元勋也因经济问题而被迫下台。人们可以看到，虽然并非出于自觉，但是马克思主义关于经济是基础的基本原理，已得到包括西方舆论和国家领导在内的事实上的承认与遵守。因此，各国都更加重视经济和科技的发展，把经济安全置于国家安全的首位。美国已有越来越多的人认识到，对美国的威胁主要来自国内。斯卡拉皮诺在《外交》季刊1991年冬季号的文章中就有这种表示。经济成为国际关系的重点也日益突出。各国把经济和科技方面的竞争看得重于军备竞赛。传统的目标和手段逐渐为经济的目标和手段所代替。地缘经济的作用超过了地缘政治，区域集团化首先着重经济合作。经济和政治更加密不可分，经济关系政治化和政治关系经济化成为难以遏止的趋势。美国和其他西方列强对社会主义和发展中国家更多地使用经济手段施加压力、进行干涉。它们的扩张，也主要是求得经济上的控制，而不是军事上的占领。经济上的竞争和主导权争夺、控制和反控制、制裁和反制裁、保护和反保护，成为国际斗争的主要形式。南北矛盾和西方内部矛盾，也主要表现在经济领域。一个国家要生存发展，关键就是要把经济搞上去。

为了适应国际经济形势的变化和增强竞争能力、缓解经济失衡和加速经济发展、提高经济的质量和效益，各国都在进一步调整经济政策和经济结构，进行不同性质和不同程度的经济体制改革。在调整中，特别注意科学技术的发展和推广应用，为此还在改革教育制度，加强人才培养。这就更有利于正在发展的这场新技术革命进一步扩展实际影响，并出现新的突破，最后把世界经济推上一个新阶段。调整的另一个重点是扩大对外开放，适应经济国际化的加速发展，在做法上是既要保护本国市场，又要在世界经济体系中占据有利地位。很明显，对调整改革只有抓得紧、路子对，才能收到应有成效；不抓，则必然落后；路线错误，还会导致经济混乱和社会动荡。各国的调整改革，也促使整个国际经济关系发生重大变化，加速调整和重新组合，其结果将是新世界格局中经济格局的首先形成。90 年代是世界经济的调整阶段和过渡时期。

世界经济在 80 年代，虽然有苏联东欧的停滞、拉美和非洲的倒退，但就总体而言，还是得到了一个长时期的发展，只是到了 90 年代，才进一步进入低潮。这既有一定的周期原因，也有重要的结构原因，还有各种政治社会原因，如苏联东欧的巨变和一些发展中国家的动乱以及海湾战争的影响等。现在的情况是：占世界经济比重 2/3 的发达国家，或者回升乏力，或者减速发展；大多数发展中国家暂时还没走出困境；只有亚洲国家继续保持领先地位，但发展速度也已下降；原苏联和多数东欧国家的经济则一直处于大幅下滑和混乱状况；国际上的经济失衡、债务问题、资金短缺、保护主义抬头等，使形势更加严峻。因此，估计90年代，世界经济只能继续在低潮中徘徊。

90年代过后，情况可能逐渐好转。欧洲将会逐渐摆脱80年代发展速度落后于美国的状态，并带动欧洲自由贸易联盟和一些联系国一同前进。其中德国东部经过西部大量投资改造，一两年内即可走出谷底，整个德国的经济发展仍会居于欧洲前列，起到火车头作用。日本经过几年减速，有可能再恢复到80年代的平均发展速度。坚持深化改革和扩大开放的中国，将逐渐实现良性循环，继续保持高于世界水平的发展。“四小”、东盟也还会处于世界前列。因此，正像一些日本报刊所说，东亚将成为世界经济的重要推动力量。对世界经济有较大影响的美国，虽然赶不上亚洲，但也会取得低速增长，不致再拖世界经济的后腿。拉美情况在逐渐好转，不会再失去90年代。南亚中东也会恢复发展。只有撒哈拉以南非洲形势不容乐观，但是一则所占份额较小，二则一些国家也在发生变化。至于原苏联和东欧国家，情况则不尽相同。其中一部分，经过三五年的混乱动荡后，将逐渐稳定下来，取得程度不同的发展。另一部分，如前苏联和前南斯拉夫的一些共和国，大约要经历长期的混乱和动荡，但到本世纪末大部分也会稳定下来。总的看来，世界经济经过90年代的重大调整和新技术革命的推动，到下世纪初将迎来一个发展的新高潮，也就是长波理论所说的上升期。所以90年代，对每个国家来说，都是一个关键时期。

十一　世界经济相互依存和全面国际化在加速发展

世界经济的国际化在以惊人的速度发展。由于经济已成为国际关系的重点和信息产业的推动，国际化趋势还将进一步加速和加深，把经济活动推上一个新阶段。国际化是在垄断的条件下进行的，它的加速和深化，也就意味着国际垄断的进一步加强。一方面是跨国公司的迅猛发展。从 60 年代出现跨国公司这一概念以来的短短 30 年，已有约 11000 多家跨国公司，控制了世界国民生产总值的 1/3 和世界贸易出口总额的 2/3。90 年代将是跨国公司发展更加兴盛的时期，会在很大程度上主宰世界贸易、海外投资和技术转让等经济活动。另一方面是国家干预的不断加强。现在的国际贸易，已由国家干预下的指导贸易代替了自由贸易，大约有 75%是在非自由贸易原则下进行的。国家不但掌握着政府援助和贷款，也管理着私人投资，对汇率和技术转让更实行严格控制。国际经济中政府间的协调起着越来越大的作用。随着国际化的发展，国家在对外经济关系中的职能还会进一步加强。但正如列宁所说，垄断不但不会消除竞争，反而使竞争更为加剧。国际化的过程，就是国家之间和企业之间激烈竞争的过程，是经济和科技领域优胜劣汰的大战。面对这种形势，许多国家都在强调危机感和紧迫感。

垄断的加强和竞争的激化，促使世界经济的集团化和地区合作迅速发展，成为经济国际化的一个重要趋势。在世界经济的重新组合中，欧洲、美洲和亚太三大不同形式的经济集团正在形成。为了联合自强，发展中国家近年来也纷纷建立各种经济共同体和一体化组织。此外，由几个国家的相邻部分组成不同层次的地区合作进行所谓超越国界的经营，也促进国际化向纵深发展。集团化有助于区域内经济贸易的发展，但对外却实行不同程度的保护，而且主要集团又都在少数西方大国分别控制之下，因此对某些发展中国家也可能挑战大于机会。但是集团化既已成为世界经济发展中不可阻挡的潮流，各国都只能采取积极态度争取在其中的有利地位，避免受制于人，更不能被排斥在有关区域集团之外。

从历史的角度看，国际化的基本趋势还是全球一体化。这里所说的一体化，只是指世界经济越来越成为一个整体、一个体系，并无社会制度趋同的含义，和上面说的苏联东欧巨变后东西方走向一体化是不完全相同的两回事。不能因为这个名词有不同含义就不敢使用，甚至否认经济全球一体化的趋势。其实，区域集团化还只是全球经济一体化发展过程中的一个阶段。所有集团，虽有一定保护倾向，但都不是缩小而是不断扩大同其他集团间的经济联系，增进贸易来往和资金流动，加深相互渗透。参加集团的国家决不把经济活动限制在本集团内，而是竭力打进其他集团，巩固和占领有利阵地。控制国际直接投资90%和世界生产40%的跨国公司的活动，就不只跨国而且跨集团，力求在全球范围开展业务。因此决不能只看到区域集团化而忽略全球一体化的总趋势。

90年代是世界经济重新组合和国际化急速发展的时期。一个国家经济要发展，就必须更深地进入世界经济体系，闭关自守只有落后挨打，因此对外开放只能进不能退。公司企业也必须面向世界，实行跨国经营。世界经济的全球一体化和区域集团化在交织发展，无论国家或公司，都只有适应形势，既积极参与地区合作，又实行全方位开放和多元化经营，才能取得在竞争中的有利地位。

十二 世界政治经济发展不平衡进一步加剧并导致多极格局逐渐形成

在过渡时期，由于条件的不同、科技的发展和激烈的竞争，使世界经济发展的不平衡更为加剧。不平衡主要表现在四个方面。一是南北发展失衡和贫富差距继续拉大。许多发展中国家仍将为基础薄弱、技术落后、债务负担、资金短缺、出口产品价格疲软和人口问题所困扰。团结斗争势头的减弱，使在争取南北对话与合作、改变不平等的旧经济秩序方面，一时难以取得重大进展。一些国家还由于社会动荡而妨碍经济发展。不过作为整体，发展中国家的经济发展速度将超过发达国家。一般估计，90 年代发达国家平均增长率可能为 3%，发展中国家则为 4%。而且经过艰难的调整，情况还有可能发生有利于多数发展中国家的变化。二是西方和原东方国家经济力量对比的失衡，继续向有利于西方倾斜。原东方各国短期内经济还将有不同程度的下滑。虽然东西方在走向一体化，但由于贫富悬殊的扩大，使双方的矛盾在性质改变后不仅存在，甚至可能经过一段大幅度下降后又转为上升。三是南方内部失衡，加速分化。一部分国家和地区将逐渐赶上发达国家的水平，成为它们重要的竞争者。其中的韩国、香港、新加坡就已被欧共体宣布为工业化国家和地区，取消了其发展中国家的优惠。亚洲、拉美和中东大部分国家处于中间状态，发展速度可望逐渐加快。其余部分，特别是非洲和南亚、加勒比一些国家，经济情况可能继续恶化，最贫穷国家的数量还会增加。四是西方国家间的失衡，美欧日经济实力趋于均衡化。这就是美国的相对衰落和日欧（特别是德国）力量的上升。欧共体的经济实力现在就已与美国相当，还不算扩大了的欧洲经济区。美国的衰落由来已久。以日本国民生产总值占美国比重为例，1950年为1/26，1960年为1/8，1980年为1/2，现在已达60%以上，且人均产值超过了美国。但有些人总是不愿承认美国的相对衰落，理由是美国在世界经济中所占比重，现在的份额同二次大战前相当，并未下降，战后一个时期属特殊情况，不能以现在同那时相比。但是战前美国只是列强之一，所以这正好说明美国从超级大国降为一般大国的趋势是不可避免的。

经济是重点，是基础，经济实力的消长必然会影响到国际地位的升降。到下世纪，国际力量要重新配置，座次要另行排定。美国在西方的领导地位将逐渐有所动摇，虽然还保持着强大的军事力量，但军事的作用却在下降。1991年的形势变化就很能说明问题。海湾战争甫告结束，美国是多么趾高气扬，一再声言要建立美国领导下的世界新秩序。可是事过不久就有点泄气。经济的不景气和成堆的国内问题，束缚住了美国的手脚，一时“冷战胜利，现在该是美国回家的时候了”的呼声顿起，展开了一场关于致力于世界新秩序还是着重解决国内问题的大论战，甚至连总统的出国访问都成了问题。布什在本届联大的讲演，调子就已降低，表示不谋求“美国统治下的和平”，而主张“普遍统治”和“共同承担责任”。恰成对照的是日本和欧洲（特别是德国）。海湾危机的冲击，使它们的外交发生重大变化。日本1991年的外交蓝皮书就承认，“日本外交进入了转折期”，“主要目标是要开展政治外交”，亟谋突破不能向海外派兵的禁区，还第一次公开提出在亚太地区“日本必须发挥中心作用”。由于时代不同和国内外条件的制约，日本要成为军事大国在相当时期内是办不到的，但是日本改变战败国处境、取得与经济实力相称的国际地位、成为未来格局中重要一极的趋势却事属必然。一年来欧共体在冷战后的欧洲安排上也进行着积极活动，同美国以及它们内部的斗争日益激烈。特别是具有历史意义的马斯特里赫特会议，表明欧共体不但作为经济集团将进一步加强和扩大，还要在外交和安全上发挥更大作用，使欧盟逐渐成为拥有最大实力的经济集团和一定的政治实体。其中德法轴心仍起决定作用。而德国则正趁苏联解体、东欧动荡、南内战、美国内外交困的机会，采取一系列重大步骤，实现其经济政治大国和取得欧洲主导地位的战略。继承苏联国际地位的俄罗斯联邦，不但拥有巨大潜力，而且仍是第二核大国，经过长期动荡总会逐渐稳定下来，还可能在不断分化组合中最后同一些独立共和国结成新的国家集团，其力量和作用决不能忽视。在国际上特别是亚太地区占有重要地位的中国，到本世纪末肯定会实现国民生产总值翻两番的第二步战略目标，国际影响也必将进一步加强。虽然同美欧日实力相比还有很大差距，但它有各国人民和第三世界的直接同盟军，有成为主要矛盾的大国关系的间接同盟军。此外，一些地区大国（如印度、巴西等）和国家集团（如东盟，其他许多经济集团也都在加强政治上的联合），也可能发展成为国际上的次等力量中心。而且不平衡规律不只意味着大国实力的均衡化，还意味着后来居上，包括出现新的经济强国和力量中心。

国际上较为普遍的看法是，代替两极格局的将是一个多极世界。但新的格局究竟是个什么样子，还无法具体描述。但有一点可以肯定，就是各极之间不可能在经济、政治、军事、科技等方面实现全面均衡，而必定是参差不齐，各有优势。现在多极化趋势在迅速发展，各国都在为争取新格局中的有利地位而努力，矛盾错综复杂，斗争激烈紧张，推动着国际力量对比的消长变化和重新组合。当美国的实力和国际影响进一步下降，其他各极的地位进一步上升，在重大国际事务中的作用不相上下的时候，到那时也许就可以说，过渡时期已经结束，多极格局正式形成。世界大战后新格局的确立都需要三五年时间，和平条件下实现新旧格局的交替有几十年的过渡时期应当是不足为奇的。多极格局的形成是个长期过程，但却是可以预期的必然趋势。

（《1992年国际形势年鉴》，中国大百科全书出版社）

中国对外经济关系发展的新阶段

1992年初邓小平南巡谈话后，中国经济得到飞速发展，对外经济关系也上了一个新台阶。1994年，中国将根据中共中央十四届三中全会决定，开展广泛、深刻和内容丰富的改革，为建立社会主义市场经济体制的基本框架奠定基础。这又使中国对外经济关系的发展进入一个新阶段。

中国以市场为导向的改革，一开始就是同对外开放联系在一起的。15年来，随着改革开放的不断深入扩大，中国的对外经济关系得到持续迅速发展，进出口贸易和利用外资急剧增长。对外贸易年均增长16%，大大高于世界贸易平均增长率的5.6%；在世界贸易中的位次也从改革开放前的第32位上升到第11位。与此同时，引进外资取得巨大进展，到1992年底，实际利用外资已达950亿美元，其中外商直接投资金额为343.5亿美元，使用国外贷款601亿美元。1993年，中国对外经济关系再次出现突破，进出口总额从上年的1656亿美元上升为1957.2亿美元，较上年增长18.2%；特别是进口显著扩大，增长率达29%。引进外资更是成倍增长，实际投入已达367.7亿美元。世界银行1993年12月15日《世界债务年度报告》认为，中国是1993年全球最大的国外资金流入国。该行发言人也说,中国“是得到外国直接投资和商业银行贷款最高的发展中国家”。这都说明,15 年来的改革开放,特别是近两年的迅猛发展,已为中国对外经济关系进入新阶段奠定了坚实的基础。而中国对外开放的进一步扩大和对外经济关系的继续发展,也已成为历史的必然,只能前进,不能停滞,更不能后退。

对外经济在中国现代化建设中所占的战略地位越来越重要。现在,外贸依存度已达 38%,出口占到国民生产总值的 27%,占社会总需求的 16%;外资实际使用额占全国固定资产投资的 10%以上;三资企业从业人员超过千万,进出口占全国进出口总额的 34%,它们的进出口值相当于 1980 年全国进出口的总值。改革开放以来的实践证明,对外经济关系的开展,不但改变了中国经济以前的半封闭模式,向开放型转变,迅速走上世界经济舞台;而且有力地促进了我国经济技术水平的提高,推动了产业结构的调整,增进了国民经济的整体效益,也有助于经济体制改革的深入发展,从而大大加快了现代化建设的进程,使我们的综合国力提高到了一个新的水平。

1993 年是世界重新认识中国的一年。中国经济的迅速发展和对外开放的不断扩大,大大提高了中国的国际地位,并日益成为支持世界经济的一支重要力量。中国早已是公认的世界政治大国,冷战结束前曾被看作是影响整个国际形势的战略大三角中的一个。冷战后,经济成了国际关系的重点,于是西方一些人认为,中国的战略地位和在国际事务中的作用下降了。但是事实证明,这是他们的偏见和短视。在世界经济处于不景气的情况下,中国继续保持高速增长,成为世界各国中经济发展最快的国家;而且前景看好,是一个潜力巨大的市场。这已成为国际上的共识。包括西方大国在内的许多国家,纷纷调整政策向亚洲倾斜,争相进入和开拓中国市场就是其中一项重要内容。人们看到,中国的政治大国地位并未降低，而且在世界经济中的地位也不容再忽视。那种极端轻视中国的议论终于为之一扫。但某些西方舆论又由一个极端走向了另一个极端，从国际组织到政府要员和许多报刊，又过高估计中国的经济实力，说中国现在已经是或很快就要成为超级经济大国，说中国的经济规模已居世界第三甚至第二，等等。这种过高估计，姑且不论是出于计算方法有误还是别有目的，但它在一定程度上说明，中国对世界经济的发展再也不是无足轻重的了。

事实上，冷战后世界经济格局已发生了重大变化。其中变化的要素之一，就是发展中国家作为一个整体，并不像一些人所说的越来越困难和越来越依附于西方，而是相反，在西方经济陷于困境时，它们已成为世界经济的主要推动力量。据国际货币基金组织估算，1993 年，发展中国家总体增长率为 6.1%，而发达国家只有 1.1%；前者对世界经济增长的贡献度超过 60%，后者则不足 40%。以致该组织总裁康德苏说，发展中国家正在扮演着世界经济火车头的角色，如果它们的总体增长率达不到 6% 以上，那么世界经济就不会有增长。举世公认，在发展中国家中，东亚国家和地区最具活力，1993 年的平均增长率估计为 8.7%。

被人们称为东亚经济龙头的中国，过去两年的增长率都在 13%。经合组织在去年 12 月 20 日发表的材料中说，迅速发展的中国，对“四小龙”、泰国、马来西亚等东亚国家和地区的商品的巨大胃口，抵消了经合组织 24 个经济脆弱的工业化成员国需求日益减少所造成的影响。当然，也必须清醒地看到，中国现在的经济规模还不大，对外贸易也只占世界贸易总额的 2%。因此不能有任何自满，更不能翘尾巴。只有兢兢业业，埋头苦干，深化改革，扩大开放，保持经济持续、快速、健康发展，中国才能对世界发挥更大影响，作出更大贡献。

1994年，中国将出台一系列重大改革措施，深化对外经济体制改革就是其中重要的一项。它的实施，将大有利于中国扩展对外贸易，吸引更多外资，恢复在关贸总协定中的地位，促使中国经济进一步同世界经济接轨。现在，一些措施正陆续出台。例如引起国际上普遍重视的汇率并轨已于1月1日开始实施，从而建立起了以市场汇率为基础的单一的有管理的人民币浮动汇率制，为逐渐使人民币自由兑换创造条件。中国政府还决定组建政策性的进出口信贷银行，从金融上支持外贸发展。与积极扩大出口的同时，中国也在进一步开放国内市场，降低关税，增加进口。继1993年11月17日调整2898个税目的进口关税税率后，1994年1月1日起又对重要的工农业生产原材料和机电产品关键部件实行暂定税率，进一步降低234种商品的关税；同时还取消了283种商品的进口许可证和进口配额管理。全国人大正在制定的对外贸易法，对确定社会主义市场经济下的外贸体制，保障正常的外贸秩序和平等竞争，促进外贸的健康发展，有着极为重要的意义。

各项改革措施的落实，在1994年就会初见成效。估计全年对外贸易总额将突破2000亿美元，争取进出口各为1000亿。鉴于去年的逆差较大，达121.8亿美元，而出口增长只有8%，为15年来最低水平，今年就必须千方百计扩大出口，进一步开拓市场，同时实行多元化发展以分散风险。作为发展中国家，外贸稍有逆差也属正常，并不是什么大问题，但要做到健康稳定的发展，就必须保持大体上的平衡。此外还应强化以质取胜的方针，较快地改善出口商品结构，在基本上实现了出口以初级产品为主向以制成品为主的转变后，应积极争取实现以初级加工制成品为主向以深加工制成品为主的第二个转变。这当然不是一年半载所能完成的，但1994年应该有一个较大的进展。

随着改革的深化和投资环境的改善，1994 年外商来华投资必将更趋踊跃。汇率并轨和赋税改革，对引进外资就会起重要的推动作用。实行全国统一的对外开放政策，也扩大了外商投资的地区和领域。就地区来说，中西部引进外资的发展速度更快。过去两年，西北五省的三资企业就增加了 10 倍。从前外商看重的一些地方，已在陆续开放。塔里木盆地丰富的石油矿藏，欢迎外商参加勘探和开发。世界上惟一没有经过大面积勘探的我国东海海域，1994 年也可能成为众多国家大石油公司竞相参与勘探的热点。原来还有所限制的一些产业部门也已对外资适当开放，包括铁路、公路、码头、电站、矿产以至部分商业和金融业。有关完善引进和管理投资的法规，还会陆续出台。如全国人大正在制定的台湾同胞投资法，就有助于解除疑虑，保护台湾投资者的合法利益。海外投资者所关心的国民待遇问题，也在逐步得到解决，北京市拟率先实施。因此，预计 1994 年，引进外资将出现新的突破，投资总额还会超过创纪录的去年，而且投资的规模会越来越大，前来投资的著名跨国公司和大企业会越来越多，并向第三产业、基础设施和高科技领域倾斜。因为正如美国摩根·斯坦利公司去年考察中国后所说，未来 5 到 10 年内，中国将是世界上最有利可图的投资场所。

还应看到，整个国际环境对中国发展对外经济关系也是非常有利的，可以说是难得的机遇。就全局来说，可以指出以下几点。首先，冷战后，和平与发展两大世界主题和时代特征更加突出，大战的危险基本排除，经济成为各国发展战略和国际关系的重点，相互依存与国际合作不断加强，这就有利于中国集中力量发展经济，深化改革，扩大开放，发展对外合作，参与国际竞争。其次，全世界正处在大调整时期，各国的经济结构、政治格局、发展战略、对外政策以及整个国际关系，都在进行空前规模和深刻的调整，这就使中国面临更多的机遇。例如西方发达国家和一些新兴工业国家与地区的产业结构调整，就有利于中国扩大出口、引进资金和技术，并从它们的产业转移中受益。第三，如上所述，发展中国家在世界经济格局中地位的提高，有利于推进南南合作，减轻对发达国家的依赖，而作为最大发展中国家的中国，自然会在这一合作中发挥重要作用。最后，中国的开放面向世界，但首先是面向亚太地区，中国出口的76%和引进外资的93%都集中在这一地区。而正是亚太地区特别是东亚，经济最具活力和发展最为迅速。1993年国际形势发展的一个突出特点是亚洲的崛起，这已成为国际上的共识。西雅图会议又标志着亚太地区的经济合作正进入一个新阶段。中国经济的发展在亚洲崛起中起着重要作用，同时也在从积极参与地区合作中分享着亚太的繁荣。单就1994年而论，形势也更有利于中国发展对外经济关系。这特别表现在以下两点上。一是世界经济有所好转，西方国家陆续走出衰退，取得低速增长，发展中国家则会保持较快增长，这就使整个世界经济好于去年。二是乌拉圭回合谈判达成一揽子协议，对世界贸易将是一个重要的推动。

但是，一切事物总都有两个方面。中国对外经济关系的发展，与存在难得机遇的同时，也面临一系列严峻的挑战。日益激烈的经济竞争已成为国际关系中的主旋律，而我国的竞争力还比较弱。在世界经济转型中，国际市场结构的变化，不利于以劳动密集型为主的出口；改善出口结构实现以质取胜，又不是短期内能办到的事。地区集团化的加速发展和贸易保护主义的抬头，各种配额管理、反倾销和制裁措施，都严重妨碍中国开拓市场和扩大出口。许多发展中国家，包括新兴工业化国家和地区，都在加速发展、扩大开放，经济技术水平又同中国接近，自然会成为中国发展对外经济的竞争对手。一些西方国家，主要是美国，还竭力使经济关系政治化，利用人权等各种借口，阻挠以至破坏中国对外经济关系的发展。面临的挑战和其他可能出现的困难，都是客观存在，必须引起高度重视。

其实，主要的挑战还是来自中国本身。对外经济体制和企业经营机制还很不适应。交通和能源的瓶颈作用对进出口贸易和引进外资都是很大的制约。形形色色的地方主义和本位主义，妨碍全国统一开放政策的实行和统一大市场的形成。某些官僚主义和腐败风气，也严重影响对外经济关系的健康发展。只有加快经济和政治体制改革，才能逐步地但比较彻底地解决这些问题。在此基础上，就可变外来挑战的压力为动力，推动改革开放。关键的问题还在于把自己的事情办好。在难得机遇的面前，仍应激发全民的紧迫感和危机感。

1994 年，中国经济增长率虽有适度下调，但还会保持持续、快速、健康的发展，同时也是体制改革进入整体推进、重点突破的历史新时期的关键的一年。在改革和发展相互促进的形势下，对外经济关系也会出现新的突破，开始进入一个新阶段。

（《党校科研信息》1994 年第 3—4 期）

南北关系的新变化及其发展趋势

冷战后世界经济格局发生重大变化，主要标志之一就是发展中国家的总体地位正在上升，南北差距的发展趋势有了新的变化。

二战后，发展中国家作为整体（以下简称南方），经济发展速度除少数年份外，一直高于发达国家（简称北方）。但是，双方的基数终究悬殊过大，又受人口因素的影响，而且有时，如80年代上半期，南北差距也确曾在拉大。只是进入90年代，情况才发生变化。一方面是南北方经济增长的反差增大，头4年南方年均在5%以上，北方只有1%左右。另一方面，南方80年代倒退的地区先后赶了上来，拉美已实现3%以上的增长，非洲也正在摆脱经济增长赶不上人口增长的状况。因此近年来，重要的国际组织和研究机构所提供的材料都表明，南北差距出现了值得注意的变化，而且普遍认为发展的这种反差和导致差距缩小的趋势将长期持续下去。例如世界银行就预测，今后10年，南方年均增长5%，北方为2.7%。

在谈南北差距时，当然应重视质量、科技和教育等问题。但是历来谈南北差距都主要是指经济上的差距，国际组织对国家的分类也以经济作为一项主要指标，特别是人均收入。质量以数量为基础，不可能长期存在经济持续发展而质量却不断下降的情况。同样，经济上去了，教育自然会提高；教育不发展，经济也上不去。

科技革命不一定必然导致南北差距扩大。历史证明，在技术上追赶先进要比保持先进容易。凡经济上崛起的国家，技术水平也提高得更快。这就是后来居上的规律。因为后起者能够把世界上一切先进技术、先进成果作为自己发展的起点，超越某些阶段。以信息技术中的通信设备为例，后起者就有可能绕过铜线缆和模拟系统，直接采用光缆和数字系统。而且现代科技一个重要特点就是国际化，少数发达国家在技术上实行垄断和封锁已经很困难了。去年 10 月初出版的英国《经济学家》杂志也指出，“南北之间的技术差距在不断缩小”。当然，这只说是可能，而决不是说南方国家在科技上都会后来居上。实际上，由于基础普遍差，存在困难大，要缩小差距并非易事。

南北关系的这种变化已经表现得越来越明显，影响也越来越大。

首先是国际经济力量对比将面临历史性转折。经过大约 20 到 30 年的发展，南方在经济总量上将可能超过北方，从而结束少数西方国家长期统治世界经济的历史，世界经济大国也将重排座次。这已成为国际上较为普遍的看法。按世界银行对今后 10 年南北经济发展的预测推算，到 2020 年，北方在世界经济中的比重将降到 40% 以下。至于北方各国，发展自然也有高低快慢之分。原有的经济大国，有些仍能保住地位，有些则可能丧失，而且整个来说，发展都会相对慢一些。

其次，随着经济力量对比的变化，南北相互依赖关系也逐渐发生位移。从总体上说，在相当长的时期内，南方对北方的依赖都要更大些，但发展趋势在不断减弱，而北方对南方的依赖却日益加深。这次西方经济衰退证明，南方已成为世界经济中一个独立的增长源泉，不再总是受北方左右。这不但由于它们保持着旺盛的内部需求，而且相互间的经贸合作也发展极快。南方已越来越成为北方的重要市场。现在美、欧、日都把开拓市场的重点放在南方。

当然，也不可过高估计南北关系的变化。第一，这些都还处在量变阶段，即使按现在的趋势发展下去，发生质的根本变化还得二三十年，还有个激烈竞争和复杂斗争的过程。第二，南方在经济总量上超过北方后，除占人口比重不大的一些中小国家外，整体上的人均收入和北方比，也还存在极大差距。第三，南方在发展中遇到的困难更大，如人口压力、环境恶化、资金短缺、债台高筑，以及腐败与动荡等。同时南方的分化在加速，导致凝聚力下降。第四，北方虽面临不利的发展趋势，但终究基础雄厚，优势居多，还会竭力向南方推行其“西化”（政治“民主化”，经济自由化和私有化）战略，加强卡和压。

北方不愿看到南方发展太快，更怕出现新的经济大国。北方国家特别是美国，故意夸大南方一些国家（例如中国）的经济实力和发展前景，也是为进行卡压制造借口。在世界经济格局变化时期，南北间不但经济竞争将日趋激烈，由此引起的政治斗争也会更加尖锐。南方加快发展和提高地位已是大势所趋，但北方在力图阻挡这一潮流。这就是新时期南北矛盾的实质和斗争的主要内容。

南北关系除矛盾外，也还有合作的一面，而且从发展趋势看，改善关系的因素还更多些。世界经济多极化在加速发展，美国的主导权将逐渐减弱。西方国家在经济上还占主要地位的时期，它们之间的矛盾也是国际经济关系中的主要矛盾，它们必然竞相在南方争夺市场，同一些国家拉关系。南北各国都以发展经济为重点，共同利益会越来越多。全球一体化和相互依存不断加深，要求加强联系与合作，而不是搞封闭或对抗。南北国家联合建立各种经合组织和地区集团已成潮流。全球性的共同问题如环保等，需要相互合作。因此，南北关系将在斗争时紧时松、联系又逐渐加强中发展和变化。南北国家之间，一部分鸿沟在加深，一部分又走向融合。一些发达国家地位下降，许多发展中国家将变成发达国家。

南方在总体上必将超过北方，但内部相互间的差别也极大，其中许多国家可能更加贫穷化和边缘化。在人口和幅员上占重要地位的国家，有些可能先后发展成世界经济大国。即使成为经济大国的，也是主要指经济总量，人均收入及其他指标同发达国家缩小差距，完全赶上还需要更长的时间。

新的世界经济格局将在激烈的优胜劣汰的竞争中形成。现在各国都在力图抓紧机遇、适应潮流、加速发展，求得在新格局中占据有利地位。

(1995 年 8 月 5 日《人民日报》)

关于东亚金融危机的几个问题

一　东亚模式过时了吗?

发生在东亚一些国家的金融危机，一直受到全世界重视，成为国际社会的热门话题。人们在谈及危机的前因后果时，还提到东亚发展模式问题。国际货币基金组织总裁康德苏和一些西方学者就认为，东亚模式已经过时，需要寻找新的替代模式。由于东亚模式一开始就是和高速增长联系在一起的，所以也有人直截了当地说，这次危机预示着高速增长时代的结束。此论如果成立，那就将从根本上改变主要国际经济组织、众多研究机构和学术界对世界经济、国际形势和战略格局发展趋势的估计，也将使许多国家修改发展战略和对外政策，这可是必须认真研究的大问题。

确实，这次危机是高速增长掩盖下长期积累的矛盾的大暴露，表明原有的发展模式已经到了必须动大手术的时候。但是说整个模式已经过时，或者应该加以全盘否定，那起码也是言之过早。

至于什么是东亚模式，本来一直就有争论，至今也没有一个公认的界定。有些学者干脆否认有东亚模式，说谈统一模式反而会掩盖各国经济的丰富性和多样性。

当然，无视东亚各国的巨大差异，硬要用一个模子套，那也是不科学的。但事实上，东亚各国在实现经济高速增长时所走的道路确有许多相似之处，客观上形成了一个统一的地区群体，共同创造了人类历史上罕见的“东亚奇迹”。至于各国间的差异，那是属于共性与个性、一般与特殊的关系问题。所以持否定态度的学者也承认，“东亚地区作为一个整体，其统一性主要表现在经济增长的逻辑起点和发展绩效一致”。讨论东亚模式，也就是研究东亚各国发展的共同性和普通存在的问题以便互相借鉴、互相促进，并不妨碍研究各国的特点和各自的发展战略。例如造成这次金融危机的原因，东亚各国都大体相同，教训也可成为大家的共同财富。如果只强调特殊，不认真吸取教训，那就可能重蹈覆辙。

有关东亚模式的特点或共性，大致可归纳为以下几点。一是社会经济文化等因素造成的高储蓄率和高投资率；二是丰富的劳动力资源基础上的数量扩张起家和陆续的结构调整、产业升级、地区转移；三是大力推行和不断完善以市场为导向的改革；四是强有力的国家干预和比较适宜的发展战略与产业政策；五是立足于发展外贸和引进外资与技术的外向型经济；六是长期持续高速的良性经济增长。

以上所举可能很不完全，而且每项对不同国家和地区的适应与表现也不尽相同。但基本上都是共同的特点。此外，过去在讨论东亚模式时提到的某些特点或动因，却不一定确切，如把经济高速增长的推动力量归之于儒家文化，就显得太牵强；把重视教育作为重要因素也不大合乎实际，因为不少国家在教育和科技投入上还是世界上相对落后的。

这里谈的东亚模式，只涵盖东亚的发展中国家，即中国（包括港台)、韩国和扩大的东盟（日本与东亚模式的关系暂付阙如)。这些国家都曾是原来的殖民地和半殖民地，在经济起飞前都可说是一穷二白。然而它们利用“后发优势”，发挥上列各项因素的作用，终于打了一场漂亮的翻身仗。世界其他地区，也有少数发展中国家保持过几年的快速发展，不过时间既短，又不曾连成片，难收地区转移效应。像东亚地区这样一批国家，起飞虽有先后，但基本上是作为整体，保持了长达20至30年的高速增长（近20年的平均增长在8%以上)，却是史无前例的，所以被称为“奇迹”。高速增长的结果是，人民生活显著改善，国家面貌大为改观，也大大缩短了同发达国家的经济差距。例如韩国，1960年人均产值不过80美元，美国则为2801美元，相差35倍；1996年韩国已超过万元，美国增加到26980元，差距接近2:1。进入90年代，韩国就已成为世界第十一位经济强国。又如泰国，1951年国民生产总值只有14亿美元，人均70美元，1995年已分别达到1632亿美元和2736美元，增加144倍和46倍。同时随着经济的迅速发展，国内各种矛盾也趋向缓和，使社会长期处于相对安定和比较祥和的状态中。区内各国间的关系大为改善，经济、安全等方面的合作得到迅速发展。由于综合国力的加强和区内团结的增进，东亚国家和整个地区的国际地位都空前提高，在世界特别是亚太地区事务中发挥着越来越大的作用。这也是亚太地区得以保持相对稳定和多极化发展较快的重要原因，所有这些都是同东亚模式分不开的。它的存在和贡献更不能全盘否定。

东亚模式既不是尽善尽美，也不是固定不变，而是从一开始就具有两重性，并贯穿在上列各特点之中。例如，高储蓄和高投资本来是好事，但如处理不当，也会造成投资过热、生产力过剩，更不用说大量的重复投资等浪费了。政府干预的积极作用自不待说，但也容易造成官商不分、体制不顺，妨碍市场发育和制度建设，并成为决策失误和腐败盛行的重要原因。对外开放的两面性更加明显。就是高速增长，如无节制，也会出现经济过热。而这次金融危机，正是各种因素消极面起作用的结果。通过危机，对这点也可看得更清楚。因此，随着形势的发展变化，必须对发展模式进行及时的改革和调整，否则，再好的行之有效的模式都会发生问题、造成危机。这本来是人所尽知的道理。但是由于社会发展的惯性作用（主要表现为思想认识的落后和既得利益的影响），却往往会延缓和阻碍应有的改革和调整，使消极面得不到遏制，矛盾不断加剧，到一定时候和遇到某种催化剂，就会出现动荡以至发展成危机。由此可见，东亚这场金融危机带有必然性，迟早总是要爆发的。

这场危机的爆发，确实暴露了东亚模式的消极面，也暴露政治管理和决策的失误。世界银行副行长斯蒂格利茨就认为，危机的原因是错误的外汇政策和资本市场的过快自由化。中国就是由于经过宏观调控实现了“软着陆”，才限制了危机的“波及效应”。可见，这次危机并不表明东亚模式的失败或过时，只是凸现运行中出了问题。正像小孩生病治好就会康复，而不是倒脏水连孩子一起倒掉。事实上，东亚模式的重要原则和基本框架仍然具有强大的生命力，要摆脱危机和恢复良性增长，还得靠发挥它的积极作用。例如，高储蓄和适度的高投资有什么不好？就是引起西方非议最多的政府干预，也只是要下决心进行重大改革，如政企分开、增加透明、清除腐败等，绝不能轻易丢掉，还应适当加强。其他各项原则，也是必须改进而不可废弃的。西方特别是一些美国人断言东亚模式已经过时，目的是要用美国模式代替。国际货币基金组织提出的一些苛刻条件就是为此服务的。《华盛顿邮报》就说，“国际货币基金组织正在利用韩国的金融危机按照美国的形象改造韩国经济，其副作用则是引起严重衰退。”美国也确实在乘机施加压力，迫使一些东亚国家实行“经济自由化”、“政治民主化”，弱化国家主权、对外敞开大门，纳入它的轨道。有关国家为了度过难关，不得不接受美国和国际货币基金组织开的药方，勉力同它们合作。但正像韩国一位领导人所说，过一两年经济稳定下来后就要修订协议的一些条款，否则人民也不答应。马来西亚暂时不求助于国际货币基金组织，就是要坚持自主性，走自己的路。所以要不要东亚模式，决不是什么学术争论，而是事关走什么路的问题。

在目前情况下，有关国家大体上可以有三种态度和做法，结果也会完全不同。一是没有决心进行重大的改革和调整，心存侥幸，被动应付，甚至掩盖矛盾或忙于争权，这就会使危机加深，以致长期处于经济混乱和政治动荡之中。二是从根本上背离东亚模式而改行美国模式，实行全盘西化。这当然可以得到美国的较多支持和援助，但也会饱尝痛苦，甚至引起社会不稳而中途夭折。顶多也只能是把经济稳下来，从高速增长变为一般增长，失去昔日光辉，增强对美国和西方的依赖。三是坚持东亚模式的基本精神，主要依靠自己，同时借助国际货币基金组织等外部力量，大力进行整顿和改革，经过三两年的艰苦奋斗，重新走上快速发展的道路。这三条路摆在面前，就看各国人民特别是政治领导的抉择了。不过根据当前的国际形势和东亚各国情况，虽然不能排除个别国家选择不当，遭受更大挫折，但走第三条路的有利因素更多一些。至于这次危机是否预示着东亚高速增长时代的结束，就请俟诸另文了。

二　“东亚奇迹”幻灭了吗？

现在全世界都在讨论东亚金融危机。

世界银行副行长、著名经济学家斯蒂格利茨最近在一篇题为《恢复亚洲的奇迹》的文章中说：“东亚的奇迹是实实在在的。东亚奇迹对亚洲经济的改造是历史上最突出的成就。”“一度成为其他发展中国家样板的东亚国家今天却遭到许多人的谴责。……舆论的这种巨大变化已超出合理的逻辑。”诚哉斯言！去年7月泰国出现金融危机，人们还没大在意。后来随着危机的扩散和恶化，各种悲观论调和谴责之声就不断涌出。一是否定东亚奇迹，说“亚洲经济高速增长的神话已经破灭”，讥讽“亚洲世纪还没开始就已结束”。二是夸大危机的范围和程度，把主要是三国的危机说成全东亚或亚洲的危机。有人还认为危机“造成的总损失可能要高达上万亿美元”，“不啻打了一场第三次世界大战”。三是责备东亚国家。国内有的报上也载文批评“东亚人的无知和盲目”。还说“放眼望去，东亚和韩国似乎已站在一片废墟上，那些当年曾自负而虚荣的领袖们已在讨论如何收拾破碎山河”。四是对前途散布悲观论调，认为东亚将一蹶不振，世界经济从此也要走下坡路。年初的英国《金融时报》就说这场危机“将是全球经济的分水岭”，“预示着高增长时代的结束”。这里附带说明一句，本文中写的东亚是按当前国际上的一般提法，即只包括中(含港台)、韩、原东盟6国，日本在外。

不过实际上，上述言论虽一时盛行，却并不代表舆论的主流。一些权威国际机构和绝大多数经济学家虽然意见不尽一致，但都基本上肯定东亚奇迹，认为东亚经济前景依然看好。究竟应当如何评估这场危机，这里仅根据事态发展和各方意见，提出以下几点看法。(1) 这次危机属于局部性金融危机，虽然经济受到破坏并引起衰退，但还不是通常意义上的经济危机。而且危机主要发生在泰国、印尼和韩国，并未成为东亚地区的全面危机。中国内地和港台就没有被卷进去（只是香港受到很大冲击，台湾则是未受到多大压力而出于自私目的主动调低汇率的）。新、马、菲三国受到影响最大，但不算发生危机，特别是新加坡，经济还比较稳定。(2) 这次危机也不包括日本。日本泡沫经济破碎已有七年，银行危机和经济衰退长期存在，同这次危机并无直接联系。最近桥本放慢财政改革实行“景气优先”，主要也是由于国内的压力。只是因为日本同东亚经济关系密切，它推行的使日元疲软的利率和汇率政策成为这次危机的外因之一，而危机带给日本的风险和损失也比其他西方国家要大。(3) 这次危机对世界经济带来明显的负面影响，但也不要把所有问题都归因于此。例如国际市场供大于求的倾向也是造成增长率下降的一个重要因素。对美国经济增长的预测在这次危机前就已下调一个百分点。危机对世界经济的影响有限，并会逐渐减弱，不会引发全球的通货紧缩，更不要说大萧条了。(4) 经过有关国家和国际上的共同努力，危机的扩散已得到初步控制，但还有许多问题需要解决，而且发展也不平稳。韩泰两国的改革已初见成效。印尼情况则比较复杂，由于政治、社会和民族矛盾都在激化，有引起长期经济混乱和社会动荡的危险。各国面临的问题解决难度都很大，加上政策和机制的惯性作用以及利益集团的干扰，稳定形势和恢复发展不会太快，还可能走些弯路，遭受更多痛苦。关键在于政策正确，领导得力。(5) 中国虽然顶住了危机浪潮，但所受冲击也不小。不仅由于外贸、外资等面临严峻挑战，会影响到经济增长，更重要的是存在同韩、泰等国相似的问题，因此不可掉以轻心。只有增强决心、措施得当、加速改革、保持稳定，才能变祸为福，并把负面影响减到最低程度。

东亚国家在克服这场危机及其影响上有利和不利条件并存。不利因素多是些老大难问题，必须给予足够重视。其中主要有：体制不顺，结构失衡；债务沉重，资金短缺；基础设施的瓶颈制约；企业人才缺乏和技术水平低；资源不足和环境恶化；官僚主义和腐败之风等。另外，美国也会乘人之危加紧扩张和制造麻烦。但是比较起来，还是有利因素占主导地位。必须看到东亚经济仍存在以下有利条件：(1) 二三十年的高速发展打下了牢固基础，宏观经济状况良好；(2) 原有促进增长的因素依然存在，如人力资源丰富、储蓄率高、人民勤劳节俭、有实行外向型经济的优势等；(3) 各国政治和社会长期保持稳定，人民能够齐心协力共度时艰。韩国这次的爱国售金运动就很感人；(4) 区内国家关系较好，经济互补性强，合作发展迅速；(5) 国际环境有利，包括总的形势保持缓和与稳定，经济、贸易、投资走势良好，处于上升期的世界经济制约着局部危机，全球化趋势和相互依存的加深使发达国家不能坐视不管；(6) 危机也带来新的机遇，除汇率下跌有利于出口等以外，更重要的还是有助于吸取教训、提高认识、推动改革。危机还促进了东亚国家的联合自强，最近东盟国家协商用本地货币结算就是一例。认为经过危机东亚国家会接受西方的经济控制，也有点失于片面。斯蒂格利茨在列举东亚一些健全的宏观经济基本因素以后说："这些因素目前仍然存在，表明东亚经济前景仍是美好的。东亚成功的这些因素将继续成为全世界成功发展的样板。"有利的历史条件使东亚的崛起成为不可逆转。国际货币基金组织总裁康德苏也说："过了这个调整时期后，它们（指发生危机的国家）将会变得更加强大。"基辛格近日的文章已在提醒美国注意"亚洲再度崛起"的问题了。

三　东亚经济将成一极

综合各方条件看来,这场金融危机既不会造成东亚经济高增长时代的结束,也不会使世界经济上升阶段中断。事实上,即使在危机时期,东亚仍是世界经济发展最快的地区。按照国际货币基金组织等国际机构在危机后经过调整的预测,亚洲去今两年的增长率(分别为6.8%和5.7%)仍然高出发达国家(分别为2.8%和2.3%)一倍还多。这里面,中国的贡献在40%以上。幸灾乐祸地讲东亚高增长时代结束的人,竟然连中国的持续稳定增长也看不见了,岂非怪事。估计到20世纪末,有关国家就可能走出危机,区内其他国家所受影响也会大为减弱。再过三两年,东亚经济即可最后稳定下来,恢复较快的增长。不过由于世界经济走向信息化和东亚各国经济的升级,此后的增长速度大约不会再恢复到以前那种9%上下的年率,但也可保持在6%以上,为发达国家的两倍多,仍可算高增长。如果从历史上看,那就更是高增长了。世界经济年均增长速度,整个18世纪为0.5%,19世纪为1%,20世纪上半期为2%,1950至1985年为4.5%。至于东亚高增长时代能持续多久,过去一些国际机构普遍认为是15到20年,其依据的因素现在也并未消失。今年2月2日的美国《商业日报》又提出,"在今后25年的时间里,亚洲仍将是世界上经济增长潜力最大的地区"。

这里具体说到25年,也许是考虑到了世界经济的长周期。按世界经济从1973年进入低潮后至今已有25年,依照长周期理论,也理应转为上升期。事实上,冷战后有三大潮流在把世界经济推向高潮。一是市场化,包括占人口80%以上的社会主义国家和发展中国家以市场为导向的改革,也包括发达国家进一步发挥市场机制作用的自由化。二是全球化,这有利于资源跨国界的合理配置，推动世界分工、国际贸易、资本流动和技术转移的加速发展；地区化与之相辅相成，也可看成全球化的组成部分和发展阶段。三是信息化，即以信息技术为主的新一轮科技革命，正在把世界经济以至人类文明推向一个新时期。在这些潮流下，世界正在迎来一个20年内外的经济发展高潮（只是不像以前那样注重速度和数量）。一场局部的金融危机，会造成一时的波动，却绝不会改变世界经济发展基本趋势。

发生在发展中国家的金融危机能对世界产生那么大的影响，这在历史上还是第一次。所以美国财长鲁宾惊叹："一个发展中国家的问题对美国等发达国家产生影响的时代已经到来。"这除全球化的因素外，也说明东亚经济地位的重要。80年代中期以来，特别是冷战后，东亚由于经济的高速发展和联系的日益紧密，已逐渐形成一个相对独立的经济区，正在冲破世界经济的三足鼎立之势，成为新的第四极。所以许多国际组织和研究机构，在进行经济统计时也多把东亚算做一个独立单位，往往还注明日本除外。实际上，1995年东亚就已是世界贸易第二大中心，进出口总额达17819亿美元，超过美国的13559亿和日本的8020亿。东亚的经济规模按购买力平价计算也已超过日本（按美元汇率算，约为它的一半，但误差更大。以中日比较为例，1984年1美元换232日元，日本的国民生产总值约为中国的4倍；1994年1美元换100日元，日本已是中国的8倍。而这期间，中国的发展速度则为日本的2到3倍）。东亚经济已从对外从属型变为相对自主型。区内贸易发展快于对区外贸易，相互投资也超过外来投资。无论是80年代末的西方衰退还是日本的长期萧条，都没影响到东亚。90年代上半期，东亚还成为世界经济增长中心。发展中国家特别是东亚的崛起，早已得到世界公认。可有些人总是认为包括中国在内的发展中国家这也不行那也不行，同发达国家的经济和技术差距只会扩大不会缩小，东亚更不能成为单独的经济区，只可附着到日本这一极中去。1950年日本经济规模只相当于美国二十几分之一，过了20多年就已达到美国的一半，成为世界经济重要一极。东亚经过20多年的快速发展，成为一极也是可以理解的。这也符合世界经济格局的多极化发展。日本遭受长期的经济停滞和银行危机都没能影响它的一极地位。少数国家的金融危机，甚至出现个别国家的掉队，也动摇不了东亚经济在世界上的地位。

作为东亚经济发展中一个插曲的金融危机，给世界带来一定冲击，但更大和更重要的还是给人们以启示。可以预期，在世界经济的上升期，东亚将继续保持高增长，在经济总量（不是水平）上进一步超过日本，成为与美欧并列的一极。

（《解放日报》1998年2月9、10日和3月12、13日）

有关经济全球化的十个问题

一　全球化与一体化

经济全球化也就是全球经济一体化。这似乎不应成为问题，但讨论中的分歧仍然很大。其实，不但全球化，就是国际化、区域化、集团化中的“化”，也都是一体化的意思，都是指生产要素在相应范围自由流动的不断加深和遵守一定的共同规则。否则，这些“化”的词义就说不清了。现在国际上对一体化也用得很泛，不像一些学者规定得那么严格。严密如欧盟，称为一体化。松散如亚太经合组织，甚至非洲某些内容不多的区域组织，也都称为一体化。而世界经济一体化应用得更普遍了。当然，化总是指一个过程，有先后和高低深浅的不同，可以分成若干阶段，并不是一开始化就已“彻头彻尾彻里彻外”了。所以事实上，不是一体化比全球化的层次高，全球化倒是一体化发展的较高阶段。

从历史上看，世界经济形成和发展的过程也就是一体化的过程。一体化是国际分工和科技发展所形成的必然趋势。只是在很长时间里，发展都比较缓慢，还出现过一些反复，直到第二次世界大战后才发生了质的变化，成为世界经济发展的一个主要推动力量。一个国家经济发展的快慢与成败，在相当程度上就看是否参与一体化和参与的程度，闭关自守则肯定落后。由于国家一直是国际经济关系中最重要的行为主体，在推动战后一体化加速发展中起着主要作用，如推动自由化、构筑国际经济秩序支柱的关贸总协定和国际货币基金组织等，所以有人又把一体化称为国际化。冷战时期，由于世界一分为二，一体化也分为两摊。西方发达国家控制着资本主义世界，在经济和技术上占绝对优势，成为世界经济的主体。苏联东欧组成经互会，也在实行一体化，但由于脱离世界经济主体，实际上只是集体的闭关自守。中国在50年代经济上贴近苏联，后来又两头不沾边，都是脱离国际化，因而丧失了一次机遇，没有跟上世界发展水平。邓小平就多次说感到很可惜，并得出结论："三十几年的经验教训告诉我们，关起门来搞建设是不行的，发展不起来。"

到了80年代中期，特别是冷战后，世界经济一体化出现又一次新的飞跃，进入一个新阶段。其原因可以归纳为这样几点：一分为二的世界又合二而一；市场经济体制的大扩展为建立统一的世界市场创造了条件；在宏观层次上，世贸组织的成立把贸易、投资以及服务的国际化（即自由化）提高到一个新水平；跨国公司的迅猛发展使微观层次即公司内部的一体化扩散到全球，以信息技术为核心的新一轮科技革命成了一体化的主要推动力量。正是在这种情况下，把世界经济一体化称做全球化的提法就迅速普及开了。在这次一体化的高潮——全球化阶段，所有国家都会被更深地卷进去，不论是愿意不愿意。

二　全球化与区域化

冷战后，经济的全球化一体化和区域一体化同时和并行不悖地在迅猛发展，但更突出的还是区域化。国际形势的缓和与经济成为国际关系的重点，经济发展不平衡与跨越国界的激烈竞争，大大加强了区域经济走向一体化的趋势，使区域合作组织如雨后春笋，其中一大半是90年代后建立的。而且无论是原有还是新建，大多都在扩大其内涵（深化合作）和外延（发展新的成员）。无怪乎1997年2月19日的《日本工业新闻》说，世界市场正进入地区经济圈时代。但这还不是区域化的全部。因为区域一体化大致有两种形态：一种是由国家间签订协定组成一定的集团，有人称之为有形的制度形态。一种是市场力量驱动的区域一体化，叫做无形的机能形态。区域化的发展总的看来都有利于本地区的经济发展，因此各国都更加重视区域一体化，努力使自己成为不同性质、不同形式、不同层次区域化的参加者。

至于全球化与区域化的关系，也是矛盾的统一。区域化，特别是有形制度形态的集团化，多少总有些排他性，在一定程度上妨碍全球化发展。但是所有区域组织又都一无例外地实行对外开放，都要走向世界，进入其他区域，而不愿作茧自缚。就是较早实行一体化的欧共体，也接受30年代教训，一开始就不设关税壁垒，不愿置身于世界市场之外。实际上，全球化与区域化是一种互相补充、互相制约、又互相促进的关系。就全局看，区域化是全球化的组成部分；从长远看，区域化是通向全球化的阶梯或发展阶段。因此，现在出现的区域化高潮，同时也可看做走向全球化步伐的加快。很多区域组织在扩大范围，如欧盟东扩；有些组织在互相结盟，如欧盟和南方共同体计划组成洲际自由贸易区；还有在许多组织之上再建更大的区域组织，如拟议中的美洲自由贸易区。至于成员的相互渗透和组织的相互重叠，事例就更多了。这都反映了区域化向全球化融合的趋势。但是，由于国家、民族、地缘、文化等各种原因，区域化任何时候也不会完全消失，还会长期存在下去。

还有一个值得注意的问题，就是次区域化的发展，被称做地区主义抬头的一种表现。这是指几个国家连接地区形成的经济一体化社区，或者一个国家内部出现的较独特的经济区。它们的共同特点是，都有某种程度的独立性，或如美国《外交》双月刊1997年第1期一篇文章中说的，不走各国首都这条路（即不通过中央政府），直接同全球经济相结合。这在欧洲表现得较为明显。亚洲的各种“经济圈”和“成长三角”，也可归于这一类。这种次区域化，是全球化和区域化汇合的又一个渠道。随着全球化的发展，次区域化还将出现高潮。

三 全球化与民族化

这里说的民族化，只是指民族国家，特别是它的根本属性主权，也就是全球化和国家主权的关系。经济全球化确实对国家主权提出了严峻挑战，把市场和国家这两大社会组织形式在世界范围的矛盾推向一个新阶段。全球化的发展还没有改变主权的基本原则，但却使主权的行使受到越来越多的限制，如跨国公司对主权的侵蚀；国际协调和国家间的横向制约对主权的干预；参与一体化和与国际接轨，限制国家的经济决策权；对外开放影响国家对资源和领土的管辖权，等等。全球化还使主权的属性遭到相对削弱，如参加地区集团削弱主权的最高性；参与共同性问题的解决削弱主权的不可让与性；相互依存和科技发展削弱主权的排他性；遵守某些国际义务削弱主权的不可干预性等。总之，全球化是不可抗拒的时代潮流，因此主权行使越来越受限制和主权属性的削弱就成了世界发展的必然趋势。

但也不像一些西方人所说，全球化在导致主权过时和民族国家终结。实际上正相反，与全球化发展的同时是民族化的加强。冷战后，民族自强出现高潮，还产生了一批新的主权国家；经济独立的趋势进一步加强，不仅发展中国家更加重视维护经济主权，一些发达国家的经济民族主义和贸易保护主义也大为发展。例如爱讲全球化并且标榜自由贸易的美国，就对技术出口抓得特别紧，经常为所谓技术泄密大动干戈，而对振兴全球经济和援助穷国却表现得非常自私。虽然随着全球化的发展，国际社会和国际法主体也日趋多样化，但民族国家仍是主要的行为主体。而且全球化并不限于经济领域，也涉及政治、文化等。在所有这些方面，维护国家主权和民族特性的倾向都在加强，而且会长期持续下去。

全球化发展趋势和民族化增强倾向，使当今的主权问题变得格外复杂，在处理上对国家领导的要求也越来越高，预测和决策都要力求准确、灵活而不失误。在新形势下，各国特别是发展中国家，既要坚持主权原则，又要更新主权观念。要防止两种偏向：或者在主权问题上轻易让步，使国家利益受损；或者抱住过时观念，不能积极参与全球化。对于经济霸权主义的扩张和干涉，以及一些发达国家将自己的意志和规则强加于人，要保持警惕，并进行适当的斗争，以维护国家主权。但也要认识到主权的相对性。过去为了反帝反殖把主权性质绝对化是可以理解的，但随着国际化和全球化的发展，这一观念就应改变过来。国家在主权问题上的政策以服从国家利益为原则。国家的利害得失，决定主权的进退取舍。例如参加世贸组织会使主权受到一定影响，但因利大于弊，各国还是积极参加。又如加入欧盟要让渡更多主权，而东欧国家还争相要加入，就因为这对国家发展有利。现在一些发展中国家的主要偏向还是观念更新不够，跟不上形势，对参与全球化畏首畏尾，看似爱国，在维护主权，实则妨碍开放，有损国家利益。许多国家都是在这方面有过沉痛教训的。

四　全球化与市场化

市场化是全球化的基础。世界经济通行的规则就是市场经济规则。而只有市场化才能使世界经济取得共同规范与共同语言。抛开市场化就根本谈不上全球化。正是80年代以来，特别是冷战后，市场化在全世界的迅猛扩展，才掀起了这次全球化的高潮。占世界人口一大半的原有和现有社会主义国家以及60多个发展中国家，开展了以市场为导向的改革，为市场经济体制在全球范围的形成和发展奠定了基础。1995年12月7日的法国《世界报》就说，5年前市场经济还只涉及6亿人口，再过5年就将涉及60亿。同年11月1日美国财政部副部长萨默斯也在一次会上说，“将来，当历史学家回顾我们这个时代的时候，他们视为最突出的事件也许不是两个集团之间斗争的结束。这么多的国家转向以市场为基础的经济这样一种前所未有的局面，也许是震动更大的变化。这是一场把亚洲、东欧、拉美和非洲几十亿人送上通往繁荣的快速电梯的运动。”不但社会主义国家和发展中国家在改行市场体制，发达国家也在设法进一步发挥市场机制的作用，进行改革，放松限制。而且谁下手早，改革调整搞得好，谁的经济就有活力，否则就问题成堆。这也是美国和日本之间出现差别的一个重要原因。

市场化不仅是一个国家走向世界和参与全球化的起点，而且是整个人类社会进化的必由之路。要求经济迅速发展和赶上潮流，就必须尽快实现和完善市场化。中国在改革开放前之所以落后，就是因为没有实行市场经济和对外闭关自守，而这两者又是紧密相连的。由于没有实行市场化和对外推行封闭战略，所以就不是参与国际市场，而是脱离和排斥国际市场，置身于世界经济主流之外（因为对外开放主要是向发达国家的开放），不能参与国际分工和促进生产力的国际化，因而吃了大亏。所以中国现在给自己规定的主要任务仍然是深化改革（加速实行市场化）和扩大开放（积极参与全球化）。

五　全球化与信息化

推动全球化加速发展的另一个重要力量，是近年来蓬勃兴起的以信息技术为代表的新一轮科技革命。这场革命正在席卷全球各个角落，把世界经济用网络联结成一个日益紧密的整体。各国都极为重视发展信息技术及其产业，力争跟上全球信息化潮流，迎接信息经济（知识经济）时代的到来。信息技术也推动跨国公司实现经营管理、技术革新和研究开发的全球化，融进世界性网络的各种联合中。这就使全球化在国际一体化和公司一体化两个层次同时出现突破。所以有人说，全球化应归功于信息体系和技术，而不是各种国际组织机构。

全球化与信息化有如“风助火势，火趁风威”，互相促进，相得益彰。世界科技发展加快，使各国特别是发展中国家面临严峻挑战。因为正如中科院最近在《努力提高科技创新能力》一文中所说，在知识经济时代，从技术革命到产业革命的周期将缩短，发展中国家通过学习别国技术和经验而赶上发达国家的难度将增加，“后发优势”的作用将减弱。全球化与信息化是一场优胜劣汰的激烈竞争，必然会有一些国家和民族因落后而挨打，甚至被开除“球籍”。这就是我们为什么必须保持清醒，全国上下都应有忧患意识，有紧迫感、危机感。

但绝不能因此说，发展中国家和发达国家之间的技术差距只会扩大不会缩小。全球化和信息化不但没有改变“后来居上”的规律，而且由于信息革命拥有一开始就遍及全球这一传播快和普及快的特性，还为发展中国家与国际接轨提供了更多机会。例如非洲 50 个国家中目前已有 47 个建设了与因特网联接的入口，而 1995 年还只有南非和北非 5 国与因特网联接。事实上，近 20 年东亚发展中国家和发达国家技术上的差距就一直在缩小。全美科学基金会 1995 年在一项题为《亚洲新的高技术竞争对手》的研究报告中就说，“亚洲地区的技术进步已令世人瞩目”，并得出有些国家和地区正在接近日本的结论。同年 10 月 24 日的《华尔街日报》还举例说，“韩国 60 年代初连一节电池也不会造，现在已成为尖端芯片的重要产地”。科技部朱丽兰部长说，中国在世界上的科技排位，1994 年前还排在 28 名以后，1997 年就已进到第 20 位。其实，在全球化与信息化的条件下，追赶发达国家的难点主要不在技术而在经济。所以杨振宁在预言中国下世纪中叶很可能成为世界级科技强国时认为，一切条件具备，只是经济支援短期内还不足，需要以后跟上去。

六　全球化与均衡化

列宁关于“经济政治发展不平衡是资本主义的绝对规律”的原理，现在仍然适用于全世界，只是不平衡发展必然导致战争的结论，则由于二战后传统资本主义已转化为现代资本主义而失效了。不平衡规律的意思不是指谁先谁后的顺序保持不变，恰巧相反，是指后进国家可以利用“后发优势”赶上以至超过先进国家，打破原有的均势，做到后来居上。虽然均衡是相对的，不平衡发展是绝对的，但由于均衡是事物存在的常态，所以正如斯大林所说，均衡化（均衡，重新均衡）是不平衡发展的基础和条件。全球化加剧了不平衡发展，也就加速了重新平衡的趋势，这就是世界经济格局走向多极化。

当今不平衡发展主要表现在两方面，即上面提到的发展中国家崛起和大国实力均衡化。不平衡发展促进一体化（首先是地区一体化），而一体化又有拉平发展的作用，因而有利于实现新的均衡。经济水平的拉平和经济潜力的接近，就是一个时期以来资本主义三大力量中心发展的总趋势。这种均衡化在地区一体化中表现得尤为明显，欧盟就是例证。原有“欧洲农村”之称的爱尔兰，借助欧盟取得快速发展，近10年的速度可与东亚相媲美，所以已被一些人称之为“欧洲虎”。随着全球化的迅速发展，世界各国的国民收入水平都呈上升趋势，这在近代史上还是第一次。亚洲早已走到前头，几个国家的金融危机只是一时的插曲。拉美所有国家都实现增长，也是30年来所没有的。非洲最近赶了上来，已引起全世界的关注。冷战后，在全球化过程中，发展中国家作为整体，发展速度大大超过发达国家，使南北差距趋于缩小，这已是任何人无法否认的事实。

全球化引起的均衡化，将使国际力量对比和结构发生重大变化，影响是深远的。据经合组织1997年5月的一份报告，到2020年，世界国内生产总值中发展中国家所占比重将上升到2/3。当然，在经济质量和人均产值上，相互的差距还非常大，而且在一定时期，就绝对数而言，差距仍可能扩大。另一方面，由于全球化加剧了不平衡发展，发展中国家的分化也更为加速，一部分发展快的将接近发达国家，一部分则可能继续落后，从而拉大相互间总量和人均上的差距，最后可能导致第三世界的消失。发达国家当然也会分化，一部分也许会变成发展中国家。均衡化的结果是国家的重新排队。

七 全球化与贫穷化

全球化在促进世界经济发展和社会财富增加的同时，也有扩大贫富差距的作用，使一些国家和一部分人走向贫穷化。主要原因是全球化植根于市场化，而市场化原会自发地造成两极分化，加之全球化引起更加激烈的竞争又加剧这种分化。但不能把贫富差距同南北差距相混淆。所谓南北差距，是专指发达国家和发展中国家各自作为整体在经济总量和人均产值上的悬殊。由于发展不平衡导致的均衡化，这一差距正在缩小。至于贫富差距，则主要指由人均收入决定的生活水平的过高和过低之别，且不但发生在南北之间，也表现在发展中国家之间，更重要的还是出现在各国内部。因此，笼统讲南北贫富差距扩大是不科学的。

国际间贫富差距拉大，也就是一部分发展中国家的贫穷化，主要指撒哈拉以南非洲国家和一些南亚国家。它们中的大多数，长期以来人均产值在下降，同发达国家相比贫富差距至今仍在扩大。同其他发展中国家，特别是同那些新兴工业化国家比，它们的贫穷化也是明显的。就是在非贫穷化国家间，也存在贫富差距问题。例如世界银行副行长斯蒂格利茨在 1998 年 4 月 17 日《国际先驱论坛报》的文章中就提到，50 年前印度和韩国的人均收入大体相当，可现在韩国已是印度的 8 倍。造成这些国家贫穷化和落后的原因很多，如经济基础差、体制和政策不当、政治管理不善等，但主要的还是没有适应国际化和全球化。世贸组织总干事鲁杰罗 1997 年 4 月 28 日在《华尔街日报》撰文说，据哈佛大学两位教授对117个发展中国家1970—1989年经济发展的调查，较开放的国家平均年增4.5%，较封闭的只有0.7%。

特别值得重视的还是全球化引起国内贫富差距的扩大。法国雇主联合会副主席凯斯勃说，“全球化减少了国与国之间的不平等，但增加了各国内部收入的不平等”。最近15年，美国在经济调整中就使贫困人口从9%上升到16%。一方面是资本积累、积聚和集中的加快（包括从国外攫取超额利润和跨国兼并），另一方面是实际工资的冻结甚至下降。所以有人说：“欧洲选择了失业，美国选择了低收入。”（美经济学家莱斯特·瑟罗语）在许多发展中国家，全球化加剧了地区差别、收入悬殊、分配不公，以至等级制度、腐败之风，使贫富差距的扩大更为突出。拉美经委会1997年4月9日一次会议的最后文件认为，全球化使社会问题恶化，加重了不平等现象，使贫穷人口增加。我国贫困人口在逐年减少，不存在贫穷化问题，但贫富差距的扩大却极为惊人。据1998年5月26日《中国经济时报》文章，我国基尼系数从80年代初的0.28提高到了现在的0.4，贫富差距超过了一些发达国家、东亚和原苏联东欧国家。

在全球化的条件下，各国贫富差距的扩大有快有慢，有的还在缩小。这除经济因素外，主要取决于政治体制和社会政策。还有个经济全球化与政治民主化问题，此处不再论列。

八　全球化与发展中国家

全球化对发展中国家利弊如何，争议很多。国内也流行一种说法，所谓“资本流遍全球，利润流向西方”，即经济全球化对发展中国家弊大于利。然而事实是，发展中国家正是在国际化和全球化过程中开始了经济上的崛起，在世界经济中的比重不断提高，同发达国家的差距逐步缩小。这一变化的历史意义也许不亚于战后民族民主革命高潮中取得政治上的独立。世界银行行长沃尔芬森在 1994 年底也说这是世界经济发生的划时代变化，“自 1990 年以来，世界经济增长有 70％是发展中国家促成的”。全球化对发展中国家利大于弊还将继续为事实所证明。但这绝不是说它对发达国家就不利，像某些西方人士说的那样。1998 年 5 月 27 日的英国《金融时报》报道，经合组织一项研究报告表明，一些成员国表现出强烈抵制全球化的迹象，把失业率居高不下、收入差别增大等都归因于全球化。1996 年 10 月 9 日的《芝加哥论坛报》一篇文章竟直截了当地说，全球化“可能的结果是，较穷的国家富起来，富国将变得较穷”。其实，全球化并非零和游戏，它对所有国家都带来机遇。因此，发展中国家除少数例外，都已积极主动参与全球化，成为全球化的一支重要推动力量（特别是它们的市场化），许多国家还早就实行了外向型经济。说它们只是被动卷入，是不完全合乎实际的。

全球化对发展中国家也有严峻挑战的一面，例如大大削弱民族国家借助经济政策进行调控的能力，使政策有效活动范围受到限制，特别是扩大了国际风险。这次东亚金融危机就是明证。危机对东亚的发展是一次严重挫折，但现在的一些悲观论调却显得过分，似乎东亚将一蹶不振，连整个发展中国家也不行了。过去把东亚和发展中国家说得天花乱坠，现在又来个 180 度的大转弯，这完全是一种形而上学思维。其实，东亚经过改革调整，经济还会以高出世界平均水平的速度发展，仍是世界经济一个重要增长中心。

发展中国家并非铁板一块，而全球化又在加速着它的分化。一些国家抓住了机遇，实现了经济上的腾飞。一些国家没有抓住或抓得不好，就发展得比较慢，甚至长期倒退。发展中国家大体分为三部分：一是发展较快的新兴工业国家或地区和一些高收入国家，人口两亿多。二是被联合国列为低收入国家（不包括中国、印度、巴基斯坦），人口八九亿。三是其余部分再加上中、印、巴，人口30多亿，构成发展中国家的主体。讲南北关系或发展中国家地位时，如果不提“作为整体”，也只能以这部分为代表。撇开主体，以低收入部分代表整个发展中国家，谈南北差距扩大、“边缘化”等，那是很不科学的。同时也不能笼统以国家数目计。例如参加洛美协定的71个非加太地区国家，人口不到中国的一半，国民生产总值加在一起和台湾省差不多，代表性不如印度。如果讨论问题时称它们为绝大多数发展中国家，那也容易造成错觉。

全球化也在改变着过去一些旧观念。发展中国家和发达国家间在贸易、投资、技术转让上的交流与合作，包括一起参加某些国际组织和地区集团，固然有不平等的因素，但整个看来还是互利的。因此不可再一概称这种关系为剥削与被剥削、统治与被统治的关系，也谈不上新殖民主义。例如直接投资，对引进国来说当然有受剥削的成分，然而不但发展中国家普遍欢迎，发达国家也同样欢迎，就是因为这对引进国有利。在发展中国家日益崛起和全球化加速发展的情况下，必须适应形势，更新观念，教育和引导全国人民面向世界。如果还继续坚持那些旧观念，就可能妨碍对外开放，跟不上时代步伐，甚至回到闭关自守的老路上去。

九　全球化与国际经济秩序

全球化的迅速发展，要求有配套的国际组织、国际协议、国际规则和国际惯例，这就是国际经济秩序。迄今为止的秩序，都是由发达国家主导的，对发展中国家不够公平，仍然属于旧秩序。因此，随着第三世界的兴起，就发动了一场反对旧秩序和争取建立新秩序的运动，70 年代达到高潮，推动了南北对话，也取得了一些成果。但整个说来收效甚微，进入 80 年代就逐渐衰落下来。这固然是由于西方特别是美国的反对，但深层次的原因还在于，国际经济秩序终归取决于经济实力对比（传统和习惯也起一定作用），而不是一场政治运动所能解决的。这也和大股份公司一样，在章程制定和规则确立上，谁的股多谁的发言权就大。曾经是旧秩序三大支柱的关贸总协定、国际货币基金组织和世界银行，对此都是有明文规定的。例如基金组织的投票权就取决于成员国以特别提款权计算的份额大小，因而使美国在实际上享有了否决权。后来代替关贸总协定的世贸组织还是由发达国家主导。全球化的发展也增进了南北间的合作，加上发展中国家的分化，反对旧秩序和建立新秩序的呼声已很微弱，只是少数发展中国家领导人出于政治需要有时讲一下，作为国际运动实际上已经烟消云散。

在当前的形势下，要对外开放、走向世界、积极参与全球化进程，就必须按现行的国际规则和惯例办事；而所谓与国际接轨也只能是与现行国际秩序接轨。参与全球化首先要做的是遵守规则，还不是要改变规则。即使要对旧的秩序和规则逐步作些改进，也必须参加到里面去，取得一定的发言权，否则只能站在门外空喊。因此，对于仍然没有加入世贸组织的国家来说，当务之急是要迅速作出政治决断，解决入会问题。因为随着全球化的加速，制定新规则的步伐也空前加快。例如 1997 年不到一年时间就由世贸组织主持达成三项重要协议（信息技术协议、电信贸易协议、开放金融市场协议），这在过去可能需要好多年。而且根据世贸组织既定日程，2000 年 1 月 1 日将开始新一轮服务贸易多边谈判，作为制定 21 世纪世界经济规则的开端。哪个国家到时还没参加世贸组织，就只能眼看着别人在制定自己也不得不遵守的规则却仍然没有发言权。

十　全球化与时代特征

当代的时代特征就是和平与发展。全球化同和平与发展的关系，可以说是一种互为因果和互相促进的关系。这里说的和平是指世界和平，即不打世界大战。而所谓发展，则主要指世界经济的发展。这样的和平与发展就成为全球化的根本前提。全球化只能是它们存在和发展的产物或结果，假使没有世界和平，没有经济和科技的迅速发展，也就谈不上全球化。另一方面，全球化又是和平与发展的重要支柱和推动力量。正是由于国际化和全球化加深了各国间的相互依存和相互制约，提高了经济在国际关系中的地位，用经济竞争代替了军事对抗，所以使大国间不大可能也没有必要再兵戎相见，从而减少了世界战争的危险。战后西欧经济一体化追求的目的首先就是和平。它的倡导者舒曼就说，这是为了“保证使战争变得不可想像，而且在物质上也成为不可能”。至于全球化作为促进世界经济发展的重要因素，更是显而易见，现在正和市场化、信息化合成三大潮流，把世界经济推向发展的新阶段。

根据列宁关于时代的学说，20 世纪大致可分为两个不同的时代。上半期的基本特征是战争与革命，被称为战争与革命时代或帝国主义与无产阶级革命时代。下半叶的基本特征是和平与发展，自应称为和平与发展时代。（关于时代问题，1986 年以来我曾多次发表过自己的意见，如 1989 年世界知识出版社的《当代世界政治经济基本问题》、近日为国家社科基金资助课题《跨世纪我国现代化建设的国际环境》一书所写的序言等，这里不再多谈。）冷战时期，虽然存在美苏对抗和大战威胁，但终究没有爆发世界战争，而且世界经济得到空前大发展，所以可算和平与发展时代的第一阶段。冷战后，世界大战的威胁基本解除，世界经济正在迎来一个长周期发展的上升期，可称和平与发展时代的第二阶段。这个阶段，以及整个和平与发展时代能延续多久，还很难断定。不过从各种条件和发展趋势看来，三五十年内不打世界大战的可能是存在的，也许随着人类社会的进步以后再打不起来了；发展还会更加全面、更加深化，将把人类带进一个新的文明时期。这中间，全球化对维护和平与促进发展起着重大作用。反过来这种世界形势和国际环境又有利于全球化，使全球化发展得更快。像 1997 年英国发表的贸易白皮书呼吁 2020 年实现世界贸易自由化，并不是没有可能的。

和平与发展的时代背景和在这种背景下的全球化，原则上对所有国家都是有利的。发展中国家只要抓住机遇，适应潮流，改革体制，调整政策，都有可能在一个不太长的时间实现经济上的翻身。不过全球化也是把双刃剑，负面影响更不能忽视。发展中国家就必须处理好这两者之间的关系，既要积极参与全球化，加速与国际接轨；又要坚持主权独立和互利原则，防止被同化或被吃掉。一个国家或一个民族，是翻身还是落马，就看如何对待全球化。

（《太平洋学报》1998 年第 3 期）

日本问题和中日关系

记取历史教训　发展中日友好

——纪念“卢沟桥事件”50周年

日本军国主义发动全面侵华战争并成为中国抗日战争导火线的“卢沟桥事件”，已经过去整整50年了。人世沧桑。半个世纪以来，无论国际形势还是中日关系，都发生了根本变化。时代在前进，人们应该向前看。但是，忘记过去也是轻率的。为了维护世界和平、巩固和发展中日间的睦邻友好关系，就必须正确对待历史，总结经验，吸取教训，克服前进道路上的各种障碍。

走过了曲折的道路

中日关系源远流长。在近代以前两千多年的交往中，两国人民友好相待，取长补短，促进了各自国家的发展和进步，也结成了传统友谊，培育出亲近感情。中国古代的先进技术、典章制度和灿烂文化，就曾经对日本的社会进步和文明开化起过重大作用。可是到了100年前，日本军国主义却对中国进行了长达半个世纪的侵略，给中国人民造成了极大灾难，严重阻碍了中国社会经济的发展。特别是在8年全面侵华战争中，侵略者的铁蹄踏遍半个中国，杀害了约2000万中国军民，造成物质财富和文化上的损失不可胜数。战争的浩劫，人们至今记忆犹新；老一代人所经历过的艰难辛酸，仍然历历在目。但是，中国人民始终认为，对侵略战争应负责任的只是日本一小撮军国主义分子，而不是广大人民和后来的朝野人士。因此，新中国成立后，中国政府和人民没有对日本采取任何报复措施，主动放弃了战争赔偿，并致力于恢复人民间的传统友谊和建立两国间的睦邻友好关系。我们既反对记仇积怨，让过去的不幸妨碍现在和今后的友好合作；也决不允许歪曲历史，为侵略翻案，特别是对少数人复活军国主义的活动加以纵容和庇护。这种既往不咎又坚持原则的磊落态度，得到了大多数日本人民和各界有识之士的理解和支持。因为侵略战争同样给日本人民带来了严重灾难，而战后的和平发展却使他们得到很大好处。所以，日本人民战后一直积极维护和平、反对军国主义、主张中日友好，并为此进行了不懈的努力。事实证明，中日人民在接受历史教训、发展两国友好上，基本态度是完全一致的。

正是由于两国人民和各界有识之士的长期努力，中日关系才得以冲破各种阻力，在 15 年前正式恢复邦交，并于 9 年前签订了和平友好条约。复交以来，两国基于平等互利的友好合作关系得到迅速发展，在中日关系史上开创了一个新阶段。两国都一再声明，把中日友好奉为本国的一项基本国策，把世世代代友好下去定为两国关系中追求的最高目标。中日友好出现这样一个好的局面，是来之不易的，它包含着双方许多先行者和“掘井人”的心血，人们应当格外珍惜。

坚实基础和有利条件

中日友好十多年来能够得到迅速发展，说明它反映了两国人民的共同愿望，也体现了国际形势发展的时代要求。发展中日友好存在着坚实的基础和许多有利条件。

首先，中日是隔海相望的近邻，又是国际上具有重要影响的两个大国。从历史经验、当前形势以至地缘政治的角度看，如何处理相互关系，对两国都是头等大事。两国人民不仅有传统友谊和亲近感，更重要的是还都从以往的中日关系中获得了正反两方面的经验，这就是：友好则互利，交恶则两伤。日本人民和广大朝野有识之士，正是由于正确地吸取了历史教训，所以战争结束后，就用以民促官和积累的方式，为恢复两国邦交和推进中日友好作出了巨大贡献。有些日本朋友说，对华关系在日本不只是外交问题，一定程度上也是内政问题，现在无论哪个政党，如果反对中日友好，人民就不会答应，政治上就站不住。这种天时、地利、人和的有利条件，正是发展中日友好的重要保证。

其次，在当今的国际关系中，经济占着越来越重要的地位。而正是在经济上，中日之间并无根本性的利害冲突，倒是存在着互有需求、互相补充的关系。日本已成为资本主义世界第二经济大国，具有强大的经济实力、先进的技术、日益过剩的资金。中国还是一个发展中的社会主义国家，但拥有丰富的资源、广阔的市场和光辉的前景。双方各具优势，处在不同的发展阶段，经济结构和发展重点也有很大差异，进行平等互利的贸易往来和经济合作，存在着天然的有利条件。复交以来，两国的经贸关系得到飞速的发展，相互已成为重要的合作伙伴。事实证明，这对于双方都大有好处，也是发展中日友好的物质基础。

再次，中日友好还是两国争取和平国际环境的重要条件。中国的“四化”建设需要持久和平。日本战后经济的迅速发展和人民生活水平的提高，也证明只能在和平的条件下实现。因此，为了各自国家的发展和人民的幸福，中日都需要和平的国际环境。

而无论从历史上，还是从当今国际形势及其发展趋势看，要实现这一目标，中日之间保持睦邻友好关系则是不可或缺的。

还应指出，中日都是亚太地区举足轻重的大国，两国关系对本地区的和平和稳定有决定性的作用。现在，亚太地区在世界经济和国际战略格局中的地位日益重要，超级大国也加强了在这里的争夺，一些局部战争和热点仍然存在。但是，只要中日两国和睦相处，友好合作，亚太地区就打不起全面战争来。没有中日两国的参加，更不用说遭到它们的反对，在亚太地区发生大战，是根本无法想像的。因此，中日友好不仅是两国安全的必要条件，而且也是亚太地区和平和稳定的重要保证。中日两个伟大民族，应当以相互间的友好合作，为不同社会制度国家和平共处树立一个典范，对国际社会的和平和发展事业作出更大的贡献。

问题和消极因素

中日友好关系得到迅速发展，双方都是满意的，现在的主流也是好的。但是必须承认，一些影响两国关系的消极因素不仅依然存在，而且近来还有所滋长，如不正确对待，妥善处理，任其发展下去，就势必会妨害中日友好，还可能带来严重后果。历史教训和当前某些事态都提醒两国人民，对这股逆流决不可掉以轻心。这些消极因素主要反映在以下几个问题上。

在对待历史上，日本有那么一些人，硬是不承认日本军国主义对中国及其他亚太国家的侵略，还竭力为侵略战争和战争罪犯翻案，散布谬论，歪曲历史，说侵略是“自卫”，尊战犯为“英雄”，否认“南京大屠杀”，诬蔑“东京审判”不合法，等等。这种人为数不多，更不能代表珍惜中日友好的广大日本人民群众和各界有识之士。但他们能量不小，为害极大。他们经常制造舆论，迷惑群众，毒害日本一些青少年的思想，煽起沙文主义情绪，还不时挑起事端，伤害中国人民的民族感情。对这种为军国主义招魂，重温“大东亚共荣圈”迷梦的倾向，中日两国以及其他亚太国家人民，都必须严肃对待，切不可漠然置之。

大约也就是这些人，他们老是在打中国台湾省的主意，用包括政党外交在内的各种方式，在日台关系上不断搞升级。最近竟发生了日本政府派专机和外务省官员护送朝鲜“清津”号船员去台湾的事件；日本大阪司法当局在审理“光华寮”案件中，更违背国际法的起码准则，公然制造“两个中国”，而日本政府却以各种借口推卸责任。对此，无论是空言搪塞，似乎中国方面不了解日本的政治体制，需要进行解释；还是倒打一耙，污蔑中国干涉日本内政，都掩盖不了问题的实质，这就是违反中日联合声明和和平友好条约，企图在日台关系上实现突破。中国政府和人民，对此当然不能默尔而息。

有些日本人说，中国在政治问题上态度强硬，是为了压日本在经济上让步。这种说法不是由于无知，就是别有用心。须知，上述两个问题比起经济问题来，是更重要、更本质、更具原则性的。而中国政府和人民历来都是决不拿原则作交易的。实际上，复交以来中日政治关系中出现的一些麻烦，诸如修改教科书、正式参拜靖国神社、光华寮案件等，无一不是日方挑起，并不是什么中国态度突然变得强硬了。

经济关系中存在的问题也并非不重要。近年来中日贸易严重失衡，中方连年出现巨大赤字。日本对解决问题很不积极，说得多，做得少。在技术转让和资金合作上，日本对中国也有明显的歧视和限制。和上述政治问题有所区别的是，经济上的问题虽然主要责任在日方，但中方也有一定的原因。所以只要日本采取积极态度，中日经济关系中发生的各种问题，都是可以根据平等互利、友好合作的精神逐步加以合理解决的。现在的主要障碍在于，日本有些人总以为两国在经济上不是互有需要，互为补充，而只是中国有求于日本，搞“四化”离不开日本；或者是担心中国强大，想使中国在经济上长期处于依赖日本的地位。这些看法自然不符合实际，但却影响中日经济合作和两国的友好关系。

在中日关系中发生这些问题决非偶然。不但如 1986 年 7 月 28 日的《美国新闻与世界报道》载文所说，“日本与西德不同，它没有花什么时间反省‘战争罪行’”；而且战后还一直存在着一股军国主义残余势力和某些受其思想影响的人。尤其值得注意的是，近年来在一些日本人中迅速滋长着一种大国主义倾向。随着经济实力的加强，他们不但谋求政治大国，还实际上（不是口头上）企图使日本成为军事大国，因而在军事上接连实现了一些重要突破。例如确定保卫 1000 海里海上通道，把防卫范围伸展到中国附近甚至东南亚；最近决定废止军费不超过国民生产总值 1%的限制，加速增加军费，等等。基辛格今年 2 月在《巴黎竞赛画报》上撰文指出，取消这一限额，增加军费，必将使日本在不久的将来成为第一流的军事强国。他说：“对于维持世界和平来说，日本增加军费完全是多余的。”“日本根据它打算在亚洲占有的地位决心重整军备。”面对日本在军事上的一再突破，中国和其他受过日本侵略的亚洲国家感到严重关切，是理所当然的。看来美国一些有远见的人士也已注意到了这点。

与此同时，大国主义思潮也在日本泛滥起来，鼓吹日本民族优越的狭隘民族主义言论甚嚣尘上。有些人自以为日本了不起，对外表现出一种“财大气粗”、不可一世的派头，似乎暂时还可屈尊美国之后，对其他国家特别是亚洲邻国就根本不放在眼里了。有个叫做长谷川庆太郎的写了一本《再见吧，亚洲》，就是这种思潮的典型代表。他以狂热的民族偏见，把亚洲看成一堆垃圾，而日本则是“建立在垃圾堆上的大厦”，宁肯孤立也要摆脱掉亚洲。奇怪的是，这种人竟然还有一定的市场。傲慢和偏见使他们不愿了解这样的历史常识，即造成绝大多数亚洲国家落后的根本原因之一，是帝国主义的长期侵略和掠夺；日本曾是东亚的主要侵略者，对中国等国家的落后也负有历史的责任。

很明显，这种大国主义倾向如果发展下去，不仅会危害中日友好和亚洲和平，还可能再次把日本民族引入歧途，走上复活军国主义的道路。因此，中日人民及其他亚太地区各国人民，对此必须提高警惕，密切注视。而且历史告诉人们，对有些人不能轻信其一再重复的声明，重要的是看他们的实际行动。

克服消极因素，发展中日友好

妨碍中日友好的消极因素，有产生的土壤和活动的市场，其危害不可低估。但是也应看到，中日友好终究是人心所向，大势所趋。日本人民的绝大多数要求和平，主张中日友好。他们不会允许军国主义复活，让不幸的历史重演。而且更重要的是时代不同了，战后国际形势已发生根本变化。日益强大的社会主义中国和其他走上独立发展道路的亚洲国家，绝对不会让日本军国主义复活，再把侵略战争加在自己的头上。就是美国，大约也不愿看到第二次珍珠港事件。所以就全局而论，中日友好仍将是今后两国关系发展的主要趋势，一些消极因素有可能得到抑制和克服。上述那些少数想使历史倒退的人，也许可以暂时迷惑一部分人，制造一点麻烦，但他们的整个企图是决不会得逞的。过高估计他们的力量不合实际，更不能受他们的挑动而影响和动摇我们发展中日友好的信心和努力。这种努力主要包括以下两个内容。

一方面，两国都应为巩固和发展中日友好而竭尽全力，严格遵守联合公报和和平友好条约规定的原则，不做任何有碍友好合作和伤害对方人民感情的事。对两国关系中出现的问题，也应通过友好协商及时加以合理解决。同时要进一步发扬中日关系形成的一个好传统或特点，这就是以民促官、官民并举。加强双方的友好来往、文化交流和经济合作，增进人民之间的相互理解和友谊，让世代友好下去的思想深入两国人心。

另一方面，对于违反联合公报和和平友好条约的言行，也必须进行坚决的斗争，随时揭露和批判日本少数人歪曲历史的言行，特别是制造“两个中国”和复活军国主义的活动，摆事实，讲道理，把问题的真相公之于众，使他们无所施其伎，使群众免受其骗。有些日本朋友甚至抱怨中国舆论对这些人太宽容大度了。因为只有对损害中日友好的言行进行必要的斗争，才有助于维护中日友好，也不致使两国群众因对某件事的发生感到突然或不解而引起波动。

中日友好是关系两国人民长远的根本利益和亚洲及世界和平的大事。纪念“卢沟桥事件”50周年，就是要吸取教训，引为鉴戒，让不幸的历史永不重演，实现世世代代友好下去这一两国人民的共同愿望和崇高目标。

（《世界知识》1987年第13期）

深厚的友情　永恒的纪念

得知有泽广巳先生不幸逝世的消息，心情极为沉重，痛感中国学术界失去了一位老朋友，中国社会科学院日本研究所失去了一位热忱关怀和积极支持它成长的著名学者，我本人失去了一位难得的异国忘年之交。

去年的今天，日本研究所曾经举行过一次极为隆重的“有泽广巳文库”揭幕仪式。在这之前，我也写过两篇介绍有泽先生和他赠书的文章，分别发表在《人民日报》和《人民中国》上。去年 11 月，我又应有泽先生私人之邀，访问了日本，同先生多次亲切会见、促膝交谈。不期方悬 4 月，先生竟一病不起。噩耗传来，真不能自已，曾想立即飞往东京，向先生作最后告别。奈何云天远隔，几经联系，办手续已来不及，只好致电吊唁。现在再写这篇短文，用以寄托自己的哀思，也作为对先生的追悼和纪念。

有泽广巳先生 1896 年 2 月 14 日出生于日本高知县，善人长寿，到辞世时为止，整整活了 92 岁。他是日本较早研究马克思经济学说的学者之一，在战前日本马克思主义理论界的论战中，他倾向和支持“劳农派”，但也很重视“讲座派”的成就。他反对日本军国主义对外侵略，早在1936年就著文论证，未来的战争将是世界性的，日本由于经济实力薄弱会遭到失败。日本发动侵华战争后，有泽先生即遭受迫害，1938年2月在所谓“劳农派教授集团事件”中被捕入狱。虽然在囚禁14个月后得到保释，1944年9月二审又宣判无罪，但当局还是勒令他停职，所以直到战争结束前始终未能回校执教。

日本战败后，有泽先生重回东大任教，并着重研究战后日本经济的重建问题，提出了著名的“倾斜生产方式”和日本经济“二重结构”理论，在就业、工资、社会保障、能源开发、中小企业振兴、经济结构调整和贸易自由化等方面，都有许多精辟看法和建议，对战后日本经济的恢复和发展起了重要作用，作出了巨大贡献。他的学术成就和政策主张，不但赢得学术界的景仰，而且也受到政府和经济界的高度重视。有泽先生从战后恢复时期起，就受聘参加了政府各种咨询机构，直接参与了各项经济政策和计划的制定工作。他先后担任过政府一些经济、计划部门的顾问和20多个审议会的委员或会长。他还担任日本原子能产业会议会长。一次在同我们闲谈中，提到原子能产业会议的工作，有泽先生曾谦虚地说，他任会长多年并没做什么事，只是有一次起了点作用，即人们提出日本制造核动力潜艇的意见，算是被他反对掉了。有泽先生虽然在战后参加了广泛的社会活动，但他始终矢志于教育和科研事业，甘当一名教授和学者，而不愿出任政府官职。由于他在战后经济、教育和科研上的卓越贡献，曾先后3次受到国家的嘉奖，被授予一等瑞宝勋章、一等旭日大绶勋章和文化功劳奖。

有泽先生对经济学和统计学造诣极深，有许多独到见解。一生勤奋著述，至今仍孜孜不倦撰写有关魏玛共和国兴衰史的续编。他治学严谨，诲人不倦，作风朴素，待人宽厚，在日本学术界威望极高。许多人尊称他为“恩师”，以做他的学生为荣。

有泽先生可算得是中国人民特别是中国学术界的老朋友了。他一贯主张中日友好，晚年更致力于中日学术交流，曾多次向我们表示，要把余生贡献给这一崇高事业。他十分关心中国的学术研究，特别是对中国经济学界寄予厚望，希望中国建立起社会主义经济理论。他说，马克思写了《资本论》，中国的经济学家们应写出相当于《资本论》的社会主义经济理论著作，起码有个基本框架，以便社会主义建设有明确的理论指导。自 1979 年第一次访华后，有泽和他领导的日中人文社会科学交流协会就同中国社会科学院建立了密切联系。鉴于他的学术成就和在日本学界的地位，经国务院学位委员会批准，中国社会科学院于 1985 年授予他名誉博士学位。他是迄今获得这项荣誉的仅有的两位外国学者之一。另一位为英国的李约瑟。

我同有泽先生结识始于 1980 年。那次随宦乡同志一起访问日本，作为对他 1979 年率团第一次访问中国的回访。宦乡向他介绍中国社科院决定由我筹建日本研究所时，他当即表示支持，答应一定给予大力协助，并邀请我于第二年率领日本研究所代表团去日本考察。后来会见当时的首相大平正芳，他又提出日本政府应支持日本研究所的意见，得到大平首相的当场允诺。1980 年后，我每次访问日本，都必定受到他的热情接待。有两次是作为他的客人，他更亲自安排日程，派人陪同，了解每天的活动。有几次同东京学术机构座谈，他还陪我们一起参加。一次我从美国回国路过东京，只停留两天，他得知后也一定要设宴招待。由于他患有腿疾，行动不便，每次接待我，都要坐手轮车由别人推着上下楼。看到这种情形，内心总是深为感动。但是，会见有泽先生，同他促膝恳谈，又是我每次访日期间最感愉快的事。此外，我们之间还时有书信往来，他的信写得比较长，而且总是真挚感情跃然纸上。虽然论年龄，特别是论学问，我至多只能做他的学生，但他却总以朋友相待，态度非常谦虚。我也极为珍视这种忘年之交的深情厚谊。

1981 年有泽夫妇第二次访华，由我陪同去杭州、上海参观。一路上天南海北、谈古论今，那种情感交融、欢欣愉快的情景，令人永世难忘。他游兴极浓，在西子湖畔流连忘返，一再说如果能在这里住上一年半载，读书作文，将是人生一大快事。他对中国感情极深，又喜爱中国的山水风光，曾多次表示还要来华访问，和我结伴穿三峡、游桂林。可惜由于他的腿疾和夫人生病，一直未能成行。1986 年 6 月，我跟胡绳院长访问日本时拜会了有泽先生，邀请他翌年 5 月访华，并参加“有泽广巳文库”揭幕仪式。他答应一定争取成行，以便同中国学术界的老朋友们再度聚会。可是到时却因病被医生禁止不准远行。他遂不得不派他的学生中村隆英教授、秘书滨地一树和石川治良先生代表他出席，并要他们将文库内景和仪式进程录相带回。后来他告诉我，录相他看了多次，每次都给了他以莫大的慰藉；同时他也感到非常后悔，悔不该听从了医生劝阻没去成中国，其实当时坚决去了，也不见得就出什么事。

去年下半年，他先是一再从侧面探询，看我能不能脱出身来作为他私人的客人去一趟日本，随后又直接写信问我。当我表示同意应邀时，他又提出越早越好，并坚持要我的妻子同行。对于他急于要见面的心情，我当时即有一种不祥的预感，是不是他担心再往后可能见不到了。于是我们就紧赶慢赶办完手续，于 11 月 9 日抵达东京。当天，有泽先生即亲临宾馆，和我们共进晚餐。看到他身体不错，我也就放宽了心。在东京呆了 5 天，就恳谈了 3 次，每次都感到时间过得太快。在我们去外地参观访问的头天晚上，他又和夫人特意在学士会馆设宴为我们送行。在宴会上虽然交谈甚欢，但总有点莫名的悲怆之感，而且不只是“悲莫悲兮生别离”，倒是更多地为以后能否再见而感伤。最后，有泽先生果然道出了真心话。他说：“我因为腿疾不见好，身体也越来越不行，今后恐怕是不能再去中国访问了。因此为了见面，就只得麻烦何方先生来日本。不知这次相聚后还有没有机会再见。”听了这些话，所有出席宴会的人都感到难过，但还是强颜欢笑，尽力劝慰。我也表示请他在明年春暖花开的时候再来中国访问，实践以前的相约。不料他的担心竟变成现实，我们的这次离别也成了永诀，今后只能望风遥祭了。

中国社会科学院日本研究所从创办之日起，就一直得到有泽先生的积极支持和多方协助。他非常关心我们所研究工作的进展和研究人员的成长，同我们所保持着经常的联系，建立了深厚的友谊。将近8年来，尽管他年事已高，而且行动不便，还是无微不至地照顾我们所每次去日本的进修人员和访问学者，一定时期总要找他们一起吃饭，询问工作和学习情况，帮助解决一些具体困难。他在日本是桃李满天下，威望高、关系多。为了给我们所搜集资料，他一再提出要一些政府部门或有关团体将他们出的资料寄给我所。我们所的代表团或由我所组织率领的代表团访问日本，他都一定要以个人名义设宴招待。到他家去过的同志都知道，他的居住条件和平日生活简朴得令人吃惊，但接待中国客人却甚为慷慨和周到。他常说，和中国朋友在一起交谈，感到特别愉快，所以每次都超过预定的时间。

还在1983年，有泽先生就向我提出，要把他的全部藏书捐赠给日本研究所，为中日友好和学术交流、为中国的日本研究添砖加瓦。他还一再表示，这都是些旧书，数量也不多，能够收下就很感谢了，希望不要宣扬。后来每次见面都提到赠书的事，但由于无人帮助整理，所以拖了几年，直到1986年暑假，才由他的学生石井和夫、滨地一树、石川治良和我所在日进修人员，经过很长时间的整理，分装成300多箱运到了北京。他对这次赠书非常认真，在上述图书发出后，又将随时找到的书空运补寄了两箱。此后，他继续寻找散藏各处的图书，1987年2月又着人写信给我，说又找到五六千册书，商议托运。仍然是由于他的学生们工作忙，一时找不到人整理，才至今没能装箱启运。

搞学问的人对书都有一种特殊的感情。有泽先生也十分喜欢收藏书籍。在德国留学时就收集到不少马克思、恩格斯著作的早期版本，以及19世纪和20世纪初出版的一些经济学和统计学书籍。但他对书并不是秘藏不宣，而是让书尽其用。他以前也曾将不少书捐赠给了有关机构。例如当年在德国收集到一套完整的马克思主编的《新莱茵报》(据说目前世界上完整的仅有5套)，他特别喜爱并加以珍藏，但为了让其发挥作用，最后还是捐献给了东京大学经济系。

有泽先生这次损赠给日本研究所的书籍非常宝贵，已收到的经清理登记，共有日、英、德文图书13426册。其中包括：日本政府各经济部门历年出的白皮书；战后日本经济的各种统计资料、调查报告、年鉴、年报；有关经济理论和经济史的论著；日本一些著名经济学家的全集或选集；有泽本人的经济和统计著作，以及对战后日本经济各种问题的研究成果和所提建议，等等。特别难得的是，赠书中还有一些珍本书和善本书，例如《资本论》第一卷德文第一版（1867年）和第二版（1872年），《资本论》第二卷（1885年）、第三卷（1894年）和《剩余价值理论》的德文第一版（1905年），马克思和恩格斯其他几种著作的早期版本等。这套书，特别是《资本论》第一卷第一版，据说过去全中国连一本也没有，后来才找到一本，有泽先生这次所赠就是第二本了。

中国社会科学院日本研究所经过将近一年的筹备，于1987年5月22日举行了“有泽广巳文库”揭幕仪式。成立“有泽广巳文库”，就是要使这批珍贵图书得到很好的保存和利用，同时也是作为有泽先生致力于中日学术交流和关心日本研究所的永恒纪念。

现在，有泽先生已经永远离开了我们。但是他同我们日本研究所的浓厚友谊将长存。对象征这一友谊的“有泽广巳文库”，我们一定要倍加爱护，并在可能的条件下加以补充，例如设法收齐有泽先生本人的著作。最近，受他教诲40年的中村隆英先生来信，表示要继承先生的遗志，每月向文库寄赠一箱新出日文杂志。我们相信，作为先生永恒纪念的这一文库，今后还会得到进一步的充实。

有泽广巳先生永垂不朽!

（《日本问题》1988年第4期）

日本面临第三次历史性选择

随着冷战的结束，日本又一次进入历史转折时期，面临近代以来的第三次重大选择。“日本向何处去”的问题也更紧迫地提到了世人面前，不但日本国内在积极进行讨论和探索，而且全世界特别是亚太国家都给予严重关切和密切注视。这既说明日本地位的重要，也说明日本的走向还是一个很大的不确定因素。本文拟从日本的过去、现在以及所处国际环境，对世纪之交的日本进行一点探讨，以纯属个人的管窥之见，就教于各位专家。

一　日本前两次历史性选择

日本的前两次选择，即1868年的明治维新和二次世界大战中遭到惨败后的重新立国，早已尽人皆知，但这里仍需要略加论列。因为，第一，“鉴往知来”，只有了解日本的过去和现在，才便于预测它的未来；第二，弄清上两次选择的得失利弊，也可以从中吸取教训，对日本，今后少走些弯路，对别国，保持必要清醒；第三，何况在对待历史上，日本和别国还有很大分歧。当然日本并非舆论一律，持正确历史观的也大有人在。但不可否认，

“一个社会里占统治地位的意识形态就是统治阶级的意识形态”。在日本，正是这种占统治地位的历史观还存在一些原则性的问题，不能不稍加分辨。

无论是明治维新还是战后立国，都有两个方面，需要全面地看。只强调一面，而忽略甚或抹杀另一面，那就只能是有意或无意违背和歪曲历史，对于接受教训和教育后代都是无益而有害的。

明治维新是日本从封建制的中世纪走向资本主义近代化的伟大转折，开辟了日本历史的新纪元。它的功绩和作用起码可以举出以下几条。第一，扭转了西方列强把日本推向半殖民地的方向，经过多年奋斗，废除了 11 个国家强加给它的不平等条约，建立了统一的现代国家，实现了完全的独立。第二，通过多种改良，在相当程度上解放了生产力，为后来的产业革命和工业化奠定了基础，使日本的经济发展速度一直走在世界的前列。第三，在一贯重视教育的基础上又大力提倡“文明开化”，引进西方先进的科学文化以至某些典章制度，塑造了日本文明，提高了国民素质。第四，以“富国强兵”相号召，全民奋起，追赶西方，很快就已跻身于“列强”之林，以一个后起的小国在国际上占据了一个强国地位。

但是，明治维新的局限和弊端也是很突出的，使日本人民和亚太许多国家为此付出了沉重的代价。第一，明治维新没有实现民主革命的任务，人民仍然处于无权地位，受着封建的剥削和专制的压迫，最后使法西斯统治得以顺利确立。第二，由于没有解决土地问题和进行其他应有的改革，使国内市场狭窄，工业的发展不能不向国外找出路，再加上“富国强兵”的消极面，就在确立近代天皇制的同时，形成了军国主义体制，不断对外进行扩张和侵略。第三，日本资本主义起步晚，原始积累显得更为凶残，一靠对国内农民和其他劳动者的残酷剥削，二靠对外特别是对中国和朝鲜的疯狂掠夺，成为“带军事封建性的军国主义”。第四，在追赶西方的过程中，日本提出“脱亚入欧”，自外于亚洲，行动上也就同西方列强一起，对东亚进行瓜分和占领。正是由于明治维新存在着许多诸如此类的弊端和不足，才使日本发展成一个最富侵略性的军国主义国家。作为列强之一，日本也确实在国际舞台上耀武扬威了几十年，但日本人民却在一直为此受苦，而没有得到过什么好处，到头来，日本军国主义也遭到彻底失败，接受了无条件投降。日本国家和人民为此付出的代价是毋庸赘述的。

日本第二次历史性选择，是在美国占领下进行的。这既是日本的选择，而作为太上皇的美国占领当局则起了更大的作用。按理，为了进行这次选择，首先就应清算一下日本所从事的侵略战争，总结一下明治维新以来走过的道路，以便接受经验教训，避免重蹈覆辙。而且本来一开始盟国也是打算这样做的，例如计划废除天皇制，让日本实行非武装化等。后来由于情况的变化，有些做了，如进行民主改革、颁行和平宪法等；有些则没有做或做得很不彻底，如清算战争罪行和惩办战犯等。战争尚未结束，倾向民主的罗斯福总统逝世，主张反共的杜鲁门接任总统，美国对日政策开始右摆。在接受日本投降时，美国已实际上改“无条件”为有条件，即保留天皇制。这固然也是由于天皇在日本人民中还有很深的影响，但更重要的还是美国认定保留天皇制有利于它对日本的占领和控制。后来美苏矛盾日益激化，中国革命又迅速取得胜利，美国对日政策就逐渐变抑制作为竞争对手的日本为扶植作为反苏反共帮手的日本，对清算日本战争罪行和追捕审判战争罪犯就越来越放松了。及至朝鲜战争爆发，美国的政策更为之大变，改为完全扶植日本反共的统治集团。所以，日本长期以来对侵略战争缺乏正确认识和对待，与德国的态度大不相同，美国是有重大责任的。

战争给日本造成了严重的破坏，饥饿席卷全国，丧失主权，接受占领，一时抬不起头来，一切都得听从占领当局摆布。在这种情况下，日本战后选择的自由是极其有限的。战后日本长期执行的所谓轻军事重经济的吉田路线，固然有日本统治阶级的代表人物如吉田茂等人的高瞻远瞩，接受了以前穷兵黩武终遭惨败的教训，但也还有势所使然的因素，这就是美国只要求日本作为它反苏反共的基地和后勤的供应所，并不想使它再度成为军事强国和威胁自己的对手，所以出自美国人手笔的和平宪法就载明日本国放弃组建海陆空军的权利（后来的建军是以自卫队的名义顶替的）。但不管怎样，在这第二次转折关头，日本选择了一条基本上走和平发展的道路并得到长期坚持，却是历史的真实。

这第二次选择，就是通过一系列改革在美国的保护下集中力量搞经济建设。走这条民主改革与和平建设的道路给日本带来了巨大的好处。第一，经济得到飞速发展，创造了历史上的奇迹。日本经济 1950 年恢复到战前水平（经济规模还不到当时联邦德国的一半），然后只用了 19 年的时间就把除美国外的所有西方国家甩在了后面，成为资本主义世界的第二经济大国。1995 年日本报刊发表了一篇《从 1%到 10%》的文章，是说日本从明治维新到第一次世界大战前夕的 1913 年，经过 45 年的“殖产兴业”和对外扩张，日本工业在世界的比重才占到 1%（美国为 34%，英国为 14%），而 1950 年后只用了 20 年，这一比重就已超过了 10%。第二，民主主义与和平主义思潮深入人心。这就是为什么保守势力喧嚣了 40 多年要修改宪法而至今尚未得逞的一个原因。当然，今后在一定的气候下对宪法可能进行某种修改，但在日本恢复法西斯统治的可能却基本上排除了。此外，走和平发展道路，有助于人民生活的改善、社会秩序的安定、国际地位的提高等，更是不言自明的。

但是在这次选择中，也还存在着消极面、有做得很不够的地方。首先，如上所述，日本对过去的侵略罪行缺乏应有的认识，当然也就不会有对青少年应有的教育了。这就埋下了隐患，不仅无法取信于亚太各国人民，还在某种程度上存在重蹈历史覆辙的危险。其次，长期追随美国、支持它的许多霸权行径，例如直到中美关系开始松动的 1972 年，还充当反对恢复中国在联合国合法席位的急先锋。这当然影响日本在广大发展中国家的声誉。再加上不能正确对待历史，就使日本有“亚洲孤儿”之感，难以在国际上发挥更大的作用。

日本这头两次历史性选择，看来都是有得有失，但还是存在着本质的差别，而且结果也是截然不同的。无论日本统治阶级坚持什么样的看法，除了少数顽固分子外，作为整体，他们总会多少记取一点教训，这对日本当前正在进行的第三次选择总会起某些有益的作用。

二　日本又处于新的历史转折时期

在成为资本主义世界第二经济大国以后，日本就开始有人认为，追赶欧美的任务已经完成，对今后的发展应该制定新的目标了。80 年代初，日本政界和学界一些著名人士已提出所谓第三次远航的问题，亦即进行第三次历史性选择。这次远航的目标，有的讲得隐晦，但有的也讲得很直率，质言之，就是要在经济上超过美国，雄踞世界之首，同时甩掉战败国的包袱，成为国际上与其经济实力相称的政治大国。战后日本的经济发展确实值得称道，但到后来，也还是出现了一些虚假现象。50 和 60 年代，日本经济以年均近10%的速度增长，70和80年代，仍保持了年均4%的中速增长。这期间，两次石油危机和几次日元升值的冲击，都被日本比较顺利地渡过了。特别是80年代下半期，欧美各国的经济都在困难中挣扎，日本却仍以4%的年率在增长。而且地价与股票齐飞，外贸顺差与经常黑字猛增，对外直接投资连年翻番。表面看来，日本又是一派繁荣景象，一些日本人也随之飘飘然起来，出现了是在本世纪还是在下世纪头一二十年超过美国的争论，以及购买美国房地产的高潮。然而好景不长。进入90年代，冷战结束，日本就已不适应，发现流年对它不利了。从“泡沫经济”崩溃开始，日元升值又雪上加霜，日本经济陷入战后时间最长的不景气，长时处于低迷状态，保持着连年的零增长。

按照世界经济发展的长周期理论，1973年以后，发展的高潮已经结束，逐步进入低潮，在这种情况下，各国大多能适应形势，对经济体制和经济结构进行必要的改革与调整。而且应该说，日本做得还是比较好的，比较容易地走出石油危机和此后的滞胀。但是到了80年代，特别是后半期，日本却有点“大意失荆州”，显得落后了。本来，美国经济积重难返，问题最多，在国际竞争中总吃败仗。可是在80年代，为了对付日本的步步进逼，在宏观调控特别是微观改造上作了巨大努力。美国制造商协会主席贾西诺斯基甚至说：“美国企业最近完成了19世纪工业革命以来前所未有的变革。”结果，进入90年代，美国已跑到了前面。日本则感到它的目光有点短浅，因而建立在一时虚假现象上的乐观情绪为之一扫，经济上的悲观气氛占了上风。人们已很难再看到或听到日本很快就要超过美国的议论。争论已变成日本经济是否已走到了顶峰，以后是否只能走下坡路的问题了。美国的布热津斯基就一直持这种看法。奈斯比特在最近出版的《亚洲大趋势》一书中，甚至称日本为没落的帝国，说“日本的经济实力已达到顶峰并开始走向衰落”。“它在亚洲和世界的相对经济地位已呈下滑趋势”。这场新的争论说明，日本经济确已处在一个历史转折点上。

冷战后，日本原有的政治格局和政权结构也显得有些不适应了。细川当选首相后就说：“伴随冷战的结束，日本建立在冷战结构基础上的两极政治已划上了句号。”不论这话是否准确，但也说明日本政治同样走到了转折点。

冷战的结束和经济的不景气，使日本政局乱了套，自民党一党执政的所谓“五五体制”顿形瓦解，长期保持相对稳定的日本政治格局进入了各种力量大分化与大改组的动荡时期，连素称良好的社会治安状况也已今非昔比。由于造成这种混乱局面所由来者渐，因此，就不会很快结束。执政38年的自民党，其实从一开始就是个大杂烩，派系林立、争权夺利，只是由于冷战时期，外有苏联的直接军事威胁，内有强大的“改革派”势力，遂使它还能代表整个统治阶级利益，执行所谓“吉田路线”，从总体上引导日本走和平建设的道路。所谓“改革派”，主要指社会党，但在一定意义上也应把日共计算在内。日本战败初期，改革与革命的浪潮也曾席卷全国，群众运动风起云涌，日本的统治阶级以及美国占领当局都着实被吓了一跳。但是后来运动逐渐进入低潮，美国支持下的日本垄断资产阶级的统治反而趋于稳定和巩固。这是由于两方面的历史原因造成的。一是日本长期处于美国的占领之下，革命和改革的群众性运动一旦高涨，就会遭到美国占领当局的严厉镇压。这一力量对比是很难改变的。二是由于第二次世界大战的性质和战后革命高潮所决定。二战从一开始就具有反法西斯的民主性质，战后兴起的也是民族民主革命的高潮，而不是无产阶级社会主义革命的高潮。当时日本的革命群众运动也正是世界民族民主革命高潮的一个组成部分。在当时的历史条件下，日本这一任务的完成主要是靠自上而下的民主改革，虽然很不彻底，但总算大体上适应了战后的形势和潮流，因此，民族民主运动逐渐走向低潮是历史的必然。但是自民党在长期的执政中所造成的“金权政治”、腐败作风，已使它失信于民，不能“照旧”统治下去了，必须改变形式。结果是自民党的分裂。在这次政局动荡中，最大的输家是社会党。它不但失去许多席位，而且不能不在性质和主张上作出根本性的改变，最后导致“保革”合流，出现了自民党和社会党的联合政权。但这也只是一时的过渡，所有政治力量仍处在急剧的分化组合之中，还没有形成比较稳定的政治格局和政治秩序。

日本今后的外交政策，它在世界上的地位和作用，更是世人关心的问题。在冷战时期，日本在国际政治中的动向是不必太多注意的，因为它总是惟美国的马首是瞻，自主性极其有限。随着美国实力的相对衰落和日本国际地位的提高，日本就已提出要和美国平起平坐（做“平等伙伴”），要当政治大国，要推行大国外交，不甘于总是跟着美国走。但在相当程度上，这还属于愿望成分的多，实际上在重大问题上还不能不同美国保持一致，遵守日本外交的“基轴”——日美同盟关系（保护和被保护的关系）。及至冷战结束，问题就开始发生很大变化。虽然一些提法照旧，但日本争当政治大国的步伐却加紧了。一开始先定了两个目标：一是争当联合国安理会常任理事国，取得和原有五大国相同的地位；二是通过联合国插手各种国际事务，特别是突破原有的一些禁区如向外派兵等。虽然事情进行得并不十分顺利，但它的决心却无丝毫动摇。相反地，即使在经济萧条时期，日本的大国外交和大国主义思潮还是在不断上升，在《外交蓝皮书》中还公然提出要在亚太地区起“中心作用”。在不存在直接军事威胁的情况下，日本却在增加军费，扩充军备，这就使许多人提出了一个好像是规律性的问题，就是经济大国必然要当政治大国，成为政治大国后又必将发展成军事大国。这里第一点已经得到证实，只是第二点还有争论。例如美国就有两派，基辛格等人认为日本到下世纪肯定要成为军事大国。但也有些人认为不会。美国《今日军备控制》1994 年 11 月号就载文说，日本政治和社会生活各方面均未表现出成为军事大国的意愿，虽然它已具备其余四个基本条件：工业、技术、财富、人力。至于日本自己则一再宣布绝不当军事大国，可人们哪里能轻易相信一种空洞的允诺呢。何况日本统治阶级还不肯坦诚承认和悔过以前的侵略事实，更不用说那些为军国主义招魂的极右分子颠倒黑白的言行了。由此可见，日本今后是走和平发展的道路，还是旧态复萌、走当年的老路，这显然还是一个不确定的问题，引起亚太国家的担心是并不奇怪的。

日本走什么道路，作什么选择，这不单决定于它的国内因素，同时也决定于国际因素，特别是在全球化迅速发展、相互依存日益加深的情况下。因此，要讨论日本的走向，就必须看一看国际形势的发展和世界格局的变化。

三 日本面临的国际环境

关于影响日本今后走向的国际形势，主要的可以提到以下几点。

第一，今后一个相当时期，将是一个总体上保持和平与相对稳定的国际环境。首先，世界大战打不起来了。因为一则现代资本主义已发生重大变化，它们之间发展不平衡必然导致战争的论断已失去效用。二则冷战后大国关系出现的一个新的重要特点就是互相不再构成直接的军事威胁，各国军事战略的重点已经是准备局部战争和地区冲突了。它们之间的矛盾和冲突已主要表现为以经济实力为基础的综合国力的竞赛以及主导权的争夺。其次，局部战争和地区冲突仍然在所难免，但呈现数量减少和规格缩小的趋势，且多属内战性质，大国虽在插手，却在尽量避免直接的军事卷入。第三，裁军和军控保持一定势头，安全合作的趋势在加强。虽然许多国家特别是西方大国，转而强调质量建军，坚持国际事务中军事的作用，国际间在安全和军控等问题上进行着激烈的斗争，但不致再恢复冷战时期的扩军备战和军备竞赛，国际形势的总趋势将是在不断反复中继续走向缓和。

第二，有利于维护和平的多极化在加速发展。所谓多极化，主要包括两个内容：一是大国实力的均衡化，世界大事不再由一两个超级大国说了算；二是发展中国家地位和作用的提高，国际事务特别是涉及到发展中国家的问题不能只由几个大国协商决定。均衡从来都是相对的，不可能完全一样。这里所提均衡化是指大国实力差距明显缩小，都成为发挥独立作用的力量，相互制约的作用大为加强。具体说来，就是美国实力相对衰落和内部问题日趋严重，干预国际事务的能力不断下降；欧（主要是德国）日地位的上升和自主倾向加强；中国的快速发展；俄罗斯大国地位的保持和恢复。这里只强调指出一点，就是美国的相对衰落是不可扭转的。在多极格局形成后它仍将是大国中实力最强的，但不再是作为历史现象的超级大国了。至于多极化第二个因素，发展中国家地位和作用的提高，更是有目共睹的了。发展中国家作为整体，早已扭转了南北差距拉大的趋势使之走向缩小。不少研究机构预计，再过二三十年，发展中国家在世界经济中所占比重将超过发达国家，从而结束少数西方大国统治世界经济的历史。南北关系开始发生的另一个重大变化，就是南方对北方的依赖在相对减弱，北方对南方的依赖在相对加强。被一些人喜欢称为“一超”的美国，已越来越依靠发展对外经济关系，甚至说“我国经济增长的大部分潜力在国外”（美贸易谈判代表坎特 1995 年 11 月 9 日演讲），为此制定的新兴大市场战略中就全系发展中国家。在国际事务中，发展中国家的作用也已显著加强，特别是一些地区性大国和国家集团。有的日本报刊在论及亚太经合组织、东盟地区论坛和亚欧领导人会议时，甚至提出现在已是小国领导大国了。不管怎么说，以前那种中小国家或弱国只能听命于大国的现象已经成为历史了。由此可见，所谓多极化中的极也是分层次的，除了人们公认的五大极外，还有属于二三层次的中小极，例如东盟就是亚太地区重要一极；在东北亚，韩国也是敢于和日本抗衡的。这都意味着国际关系的民主化。当然，发展中国家也在加速分化，许多国家将赶上或接近发达国家，但同时属于特别穷的国家又在增多，贫困化和边缘化还在发展。因此，南北差距在缩小，贫富差距却在扩大。冷战的结束使原来意义上的东方和西方的分界不复存在；经济政治的不平衡发展，经过二三十年，也将使现在的南北区别趋于模糊或另行分类划界，现在的第三世界那时也会消失。

第三，世界经济的发展正在酝酿着一个新高潮的到来。主要条件已经或正在成熟。这就是席卷全球的以市场为导向的改革与调整，国际化和全球化的空前发展，方兴未艾的科技革命。这些因素在冷战后更有重大发展，预示着类似本世纪 50 和 60 年代那样的经济大发展将在下世纪初出现。所以人们对市场化、全球化、信息化给予了高度评价。当然，即将到来的这场世界经济发展的新高潮与上次会有很大不同，必然有些新的特点，主要的可能有以下几点。一是角色和结局的变化。上次高潮扮演主角的都是西方发达国家，发展中国家除少数小国和地区还多少赶上了末班车外，绝大多数国家和其中一些大国如中、印、印尼等，都丧失了机遇，连配角也没当上。但是这次高潮中，发展中国家作为整体，或其中许多国家，发展速度都将超过发达国家。单论经济规模，可能多数经济大国将由发展中国家取代，只是经济水平还同发达国家有不小差距。二是发展的内涵和层次不同。发达国家比较重视质量、提高效益，注意全面发展，加速实现信息化。发展中国家还只能把工业化作为重点，重视增长速度，同时在科技上利用后发优势，适当解决信息化等问题。这种情况说明，发展中国家的增长虽将大大快于发达国家，但提高科技和经济水平还面临很大困难，因而不可盲目乐观。三是经济在国际关系中的地位有变。上次高潮处于冷战时期，军备竞赛占了重要地位。这次高潮则是冷战后，国际斗争仍然甚至更加激烈，但其主要内容和表现形式也不在军事领域，而转到了经济领域，各国都更加重视经济安全和经济发展，把意识形态的差异放到了次要地位。四是经济的全球化、集团化有了很大发展，在一定意义上出现了质的区别。冷战后在两个重大的理论问题上已经没有了争论：一是市场为人类社会发展必由之路；一是国际化（包括意义不尽相同的全球化、区域化、集团化）成为世界经济发展的主要动力。冷战后还出现了两个相反相成的趋势，即一方面，世界上的相互依存越来越紧密，全球作为一个完整和统一的市场日益走向一体化；另一方面，民族主义情绪高涨，贸易保护主义抬头，经济关系和政治关系融合，大国特别是美国动辄使用经济制裁手段。正是在这种情况下，全球化（不全等同于国际化）和集团化同时迅速发展。到了真正的全球一体化，大概才会合二而一。此外，还应指出的是，两次高潮也有许多共同点，例如都不是直线上升，都会发生波折，都无法避免从景气到衰退的周期等。

第四，世界并不安宁。虽然在今后长时间内和平与发展将一直是世界主题和时代特征，但由于仍然存在许多不确定和不稳定的因素，所以必然在国际上造成一定的动荡、紧张以至危机，出现激烈的摩擦与斗争，导致各种局部战争与地区冲突。冷战时期被掩盖的一些矛盾突然爆发出来，就使曾是相对稳定的欧洲一时变成世界上最不稳定的地区。日积月累的阶级矛盾趋于尖锐，许多国家特别是大国，内部问题突出，社会治安随之恶化。由于经济地位的上升，使竞争更加激烈，进一步加强了经济关系政治化和政治关系经济化，经常发生制裁和反制裁、干涉和反干涉的斗争，也助长了领土的争端和资源的争夺。国际关系中的主要矛盾转移到了经济领域。经济竞争和摩擦以及主导权的争夺，成为主要矛盾的主要表现形式。此外，还产生越来越多的共同性问题，如国际犯罪、恐怖主义、毒品贩运、环境破坏等。但是，最大的不稳定因素还是强权政治和霸权主义。个别大国，一直自封为世界领导，还要以国际警察和国际法官自居。一切都得听它的，若有违抗，就要施加压力、进行制裁，甚至以军事相威胁，直到使用武力。不过时代终究变了，霸权行径常遭到其他大国的抵制，而且即使中小发展中国家也不再俯首听命了。强权政治引起的各种摩擦和斗争，危及世界和平与稳定，但是人们看到的将是它的逐渐衰落，而不是它的进一步兴起。

第五，与日本关系更直接的亚太地区，也和全世界一样，存在着两种趋势，但主导的一面将是和平与稳定、发展与合作。谈到亚太地区的经济情况，一般更重视亚洲特别是东亚。这里的经济发展早已引起全世界的关注，被称为世界新的经济增长中心。各国都在纷纷制定“新亚洲战略”，生怕失掉在亚洲的机会。看来，相信个别美国人对东亚经济抱悲观态度的人并不多。

亚太地区不同形式和不同层次的经济合作也进展很快。发展中国家的崛起，在亚洲表现得最为明显。除经济因素外，亚太地区的另一个重要特点是形势一直保持相对稳定。原因，可能有以下几点。一是多极化在这里发展比较早，因此，冷战结束带来的冲击要比欧洲小。二是亚太各国和地区都较早重视发展经济，而相互依存与相互渗透又迅速加深，增进了合作，加强了凝聚力。三是冷战后的力量对比的调整比较快地趋于相对均衡，使相互制约的作用大为增强。俄罗斯由于内部问题较多，对外关系的重点又在欧洲，因此一个时期内在亚太地区的作用有限。这里的大国主要是中日美三国，它们的相互关系在本地区形势中起着决定性作用。但这种关系已同冷战时期的中苏美大三角有本质的不同，不但互相不再构成直接的军事威胁，也缺乏两个联合固定对付一个的战略基础。这个新三角虽然不等边，但基本上还是一种相互竞争、相互合作、相互制约、相互促进的关系。此外，东盟作为一个国家集团，也是亚太地区的重要一极。在处理地区经济合作和安全问题上有时起着不亚于大国的作用。根据亚太地区的力量对比和发展趋势，相对稳定的局面还会长时间保持下去。但不能让影响和平与稳定的因素占上风，否则就会被另一种趋势所代替。这是因为亚太形势中不稳定和不确定的因素还很多。这里只择其要者谈以下几点。一是大国关系还没理顺，还没定位，若发生问题影响也比较大。在经济领域的竞争和摩擦，以及地区主导权的争夺上，美日间的矛盾是主要的，且呈发展趋势。但相互依赖和互有所求，使它们的关系可以得到协调，不会走向破裂。由于美国的强权政治，中美关系经常出现险情。但同样互有需要，所以也坏不到哪里去。中国是主张保持和发展对美关系的，如果美国也有此愿望，双方关系会有改善的可能。二是本地区有些原有热点或可能变成热点的问题，处理得好，不致失控；处理不好，就可能酿成大祸。印巴克什米尔之争，会是冲突不断，但不致导向全面战争。朝鲜半岛形势仍不明朗，存在着各种可能性。现在核问题已走向解决，各方关系也稍有缓和，如果能照此方向继续前进，形势也许会逐步稳定下来，避免突然事件的发生。台湾问题一直就是本地区一个不稳定因素。近来由于外部势力的挑动和岛内分离主义的猖獗，台湾问题又被突出起来。但两岸关系纯属中国内政，中国政府又坚持和平统一的方针，因此如无外部势力的进一步插手和制造“两个中国”的活动，台湾形势是可以逐步缓和下来，并通过两岸关系的发展最终实现祖国统一的。南中国海的形势是相对平静的，并不像一些人渲染得那么严重。中国提出的“搁置争端，共同开发”的方针，可以防止事态的恶化，吵嚷“南中国海危机”是缺乏根据的。当然也不能说亚太地区这类问题都不会出现危机。应该承认，发生突然事件的可能性是确实存在的。但可以大致肯定的是，无论哪个问题出现突变，也总是带有地区性和局部性，不会引起亚太地区的全面冲突和对抗。至于是否出问题，则在很大程度上取决于美国，因为它执行的是插手和干涉的政策，例如台湾问题的突出就是由它引起的。同时，日本的作用也不能忽视，因为它也在本地区居于重要地位，又是一个不十分确定的因素。

四　日本向何处去

根据以上的分析，现在我们可以对日本进入 21 世纪的走向作一些探讨了。当然，这种估计不可能看得很准，因为起决定作用的还是要看日本今后的政治演变和最终执行什么样的基本国策。

下面只就几个主要方面谈一下日本今后 15 年发展趋势。

1. 经济可能逐步过渡到中速增长，在世界经济发展中处于“中游”地位

日本经济目前还未走出衰退，相当时期内也不会恢复到 80 年代那样的中速增长。这不只是由于泡沫经济崩溃造成金融秩序

的破坏短期内无法克服，而且由于日本对于经济体制和结构中早已过时的部分进行改革和调整太慢，没能赶上形势的变化。例如关于以内需为主导、减少经常收支顺差，从“前川报告”以来讲了多年，实际改变并不大，自然收效甚微。虽然从这次衰退中得到不少教训，但由于无论宏观还是微观都积累问题太多，又有利益集团和传统势力的阻碍，因此改革和调整将是十分艰巨的，不可能在三五年内完成，显示重大成效起码也得到下世纪。现在日本政界和企业界都认识到改革的重要，虽然还有分歧和斗争，但改革调整已势在必行。而且从各方反应看，大方向也基本一致，即放松管制，实际上就是更充分地利用市场机制，对内大幅度减少或取消各种限制，对外进一步实行开放。随着改革的深入开展，日本经济形势会逐渐好转，到下世纪初可望跟上世界经济发展的新高潮。根据过去的经验，日本的适应能力不可低估，特别是在危机当头的时候，往往能够上下一致，渡过难关。

但是无论从短期看还是从长期看，日本经济还存在许多不利因素，如金融业一时很难恢复健康运转、失业率逐步上升、财政赤字高（财政对国债的依赖程度大大超过欧美）、政府经济对策回旋余地不多、储蓄率有降低趋势、社会的老龄化等。再加上在世界经济发展的新阶段里，重点已逐渐转向提高经济质量和科技水平，不再特别强调增长速度，这当然也适用于日本。因此，日本经济发展速度最近几年大约仍会低迷，进入高潮后也将是3%左右。上次高潮中那种年均10%的增长率再不可能出现了。但即使如此，它的速度也将算得上中速增长。

90年代出现的经济上“美升日降”现象主要是些临时原因造成的，除上述美改革走在了前面外，还有美元贬值、美国较早走出衰退等，但双方的根本态势并未改变。从长远看，美国经济实力相对衰落的趋势不可逆转，因为美国经济生活中存在的某些问题一时无法解决，日本却略占优势。如美国的高赤字、高消费、高债务和低投资率、低储蓄率（1993 年美只占经合组织国家全部储蓄净额的 5%，日本则占 56%）；1993 年美对外债务 6580 亿美元，日本则为债权 6100 亿；美国在日本的直接投资只有日在美的 1/4，等等。因此，今后的总趋势并不是一些人所说的“太阳西沉”和“美升日降”，而是双方差距的继续缩小，只是速度会比以前慢得多。

在新高潮中，发展中国家作为整体（经济总量和人口比重的主要组成部分），增长速度又会超过日本，其中有些国家还要更快。例如东亚发展中国家今后 10 年的发展速度，人们估计就可能高出日本几倍。这样，日本在世界经济发展中就处于“中游”地位。因此，有两种观点是不能同意的，一是认为日本经济已到达山顶，以后只能走下坡路；一是认为日本还会继续创造奇迹，很快就会超过美国，成为世界第一经济大国。

2. 政治趋向保守，一些人想实行美国式的两党制

冷战后，日本政治一个显著特点就是保守倾向加强。还在自民党分裂前，一股被称为“新保守主义”的势力就在兴起。此后在政治力量的分化组合中，被称为“鹰派”的政治人物也纷纷走上前台。日本政治格局中原有的“保革”之争，已被两大保守势力之争所代替，从其领袖人物和主张看，都具有“新保守主义”色彩。原来的革新势力已大为削弱，社会党不但改了名字，而且变了性质。从前一些所谓“中道政党”也大多为保守势力所融合，甚至追随新保守主义。随着形势的变化和“新国家主义”的舆论导向，社会思潮也趋于保守，这就造成相互不良影响的循环。

但是，新保守主义并没有稳操胜券。日本政治格局还处于过渡时期，政局的稳定也不是三两年的事，各派政治力量还在进行

着激烈的分化组合。现在政坛上起主要作用的政党只剩下了两个：自民党和新进党。看来，再经过一个时期的酝酿和斗争，由金丸信设计、经小泽一郎倡导并得到财界支持的美国式两党制也许可能在日本出现。现在的自民党和新进党的骨干都出自前田中军团（后来的竹下派），基本路线上没有什么太大区别，同属两大保守党在进行权力斗争，这和美国相似；但其多党组合、派系林立、分聚不定的状况又与美国不同，例如，自民党和新进党都可能再次分裂，重新组合。因此，日本的两党制不会顺利形成，形成后也不会十分稳定。

由于政治趋向保守和“新国家主义”思潮抬头，修宪的议论将会多起来。而一旦气候适合，例如完全由新保守主义势力当权，修宪的议论就会变成修宪的行动。应该说，随着时代的发展和形势的变化，对宪法作一些相应的修改也是无可非议的。德国的宪法就已修改了 41 次。但日本的修宪从一开始就是右翼思潮的一部分，就包含一些令人不安的因素。1957 年甲级战犯嫌疑犯岸信介任首相时先提出修改宪法第九条。第二年政府又成立了作为常设机构的内阁宪法调查会。在日本政治生活中也一直存在修宪和护宪的斗争，但是修宪派始终没能占上风。现在情况发生了变化，国内外的阻力有所减弱，修改的可能性增大，主要内容将是摆脱战败国地位和反映大国政策。但时代终究不同了，修宪不会太容易，也不会完全按右翼势力的想法，如实行专制和恢复天皇制等。

冷战后，发达国家中一个普遍现象是国内问题突出、矛盾加剧。日本也不例外，不但过渡时期政局混乱，即使实现了保守的两党制，国内形势也不容易做到十分稳定，治安情况更要比以前差。国内问题多，不能不对保守势力的大国主义产生一定的影响和制约。

3. 继续扩充军备，实行质量建军，作为增强综合国力的重要组成部分

冷战后，世界出现了持续裁军的趋势，日本的安全形势也有了根本改善：随着苏联的解体，解除了外来的直接军事威胁；亚太形势进一步保持相对稳定；继续得到美国的军事保护。但日本却与世界潮流背道而驰，坚持增加军费和扩充军备，并本着这种精神于 1995 年相继出台了《防卫计划大纲》和《中期防卫力量建设》，使建军进入了一个新阶段。特别是《大纲》是个重要文件，它规划了 15 年蓝图，提出了新的战略方针，值得注意的有以下几点。一是推进军事力量现代化和高技术化，按照“合理、精干、高效”的原则，实行质量建军，把日本的军力提高到一个新的高度。二是加强同美国的军事合作，还要把合作范围扩大到整个西太平洋。三是调整了假想敌，除朝鲜外，还暗指中国为潜在对手，甚至连韩国（特别是统一后的朝鲜）也隐含在内。四是提出了新的任务，如积极参加联合国维和行动，干预某些地区冲突等。

在和平与发展时代、国际形势整体趋向缓和的条件下，日本加强军备的原因何在呢？它不能和一些发展中国家例如东盟各国相比拟。第一，这些国家原来的军事装备都极其落后，需要更新换代，现在由于经济发展也具备了条件。但日本的装备却很先进，在某些项目上甚至超过美国。第二，这些国家的军费都很少，整个东盟和中国加在一起也没日本多。人们很难相信一个小小的朝鲜会构成对日本安全的威胁，何况还前有韩国和美国给它隔挡着。至于暗示中国是它的潜在威胁，一方面说明日本统治集团中有些人确实不愿看到和害怕中国的强大，另一方面也是在制造借口，以便拉住美国、影响中国的邻国，以提高它的地位。其实它们知道中国不会也没可能威胁到它。

那么，日本扩充军队追求的是什么目标呢？看来，当前主要还是为了达到以下目的。一是作为争当政治大国的一个重要手段。根据海湾战争的经验，光有钱还不行，还得有军事力量，才能在将来世界格局中取得大国地位，成为重要一极。二是以军事力量为基础，争取更多地参加联合国维和行动和干预地区冲突，扩大日本的影响，提高日本的地位。三是把日本造成一个经济、政治、军事都强大的和独立自主的“普通国家”，在国际一些领域和亚太地区争夺主导权。

关于是不是想要当军事大国，这就有争论了。日本政府一再宣布不做“军事大国”，但亚太国家许多人却认为日本下世纪必将发展成军事大国。当然，这也要看对军事大国如何理解。现在日本就已是军费大国了，军事技术也很先进，按照日本现有条件，增添和提高装备以及扩大人员都是不费事的。如果军事大国指拥有庞大的兵力和具有进攻性装备，日本一旦有此意愿和环境允许，那也是很容易做到的。但是，现在还是有不少因素对它有所制约。首先是国内和平主义与民主主义已深入人心，国民普遍反对军事化。其次，国际上仍存在强大压力，除亚洲各国反对外，日美同盟也起所谓“瓶盖”作用（意即不让军事大国这个怪物跑出来）。第三，现在经济是重点，用经济手段向外扩张更有效，而对外用兵则有沉痛教训，又已不合时宜。最后，统治阶级内部存在分歧，还不是都要求现在就做军事大国。因此，在我们所谈的这个时期内，日本还不会成为军事大国，日本政府也不会以此为国策。至于10多年后的情况，那就要看形势的发展变化了。

同样，在相当时期日本也不会制造核武器，虽然它现在就有能力造。这除了上述制约因素外，还因为日本国土狭小，缺乏战略纵深，工业和人口又比较集中，经不起核战争。就是常规导弹击中它现在运转的40多个核反应堆的一部分，它也是受不了的，更不要说核弹头了。

但是现在日本的右翼势力却并未觉悟到这些，还在叫嚷加强军力（在一定程度上政府也在这样做），重温昔日旧梦。其实，复活以前那样的军国主义，即对内实行法西斯专政和统制经济，对外进行无止境的军事侵略，大概永远也不可能了。现在人们提到的防止日本军国主义复活，已经主要是指重建威胁亚太地区和平与稳定的军事力量。这倒确是有现实意义的。

4．摘掉战败国帽子，争当政治大国，在国际事务中发挥更大作用

在外交上，日本一直想摘掉战败国帽子，如删去联合国宪章中的前敌国条款，与其他国家特别是大国处于平等地位等。这些要求，按理也是无可非议的，所以本届联大已对宪章作了相应的修改。至于在大国间的平等地位，也多已不成问题，只是同美国的平起平坐还在继续争取。其实，日本主要的国家战略目标还是争当政治大国。上述这些也都包括在此战略目标内。这一战略酝酿很早，还在70年代初，当时的佐藤首相就提出，日本不仅要做经济大国，也要做政治大国。进入80年代，中曾根更加强调提出，日本“要增加作为政治大国的分量”，“发挥与经济大国相适应的国际作用”。冷战后，日本当局虽然不大提政治大国这个名词，但争当政治大国的步伐却大为加紧。

什么是“政治大国”？和军事大国一样，标准并无定论，但在人们印象中起码应具备三个条件。一是具有一定的经济基础，这在日本已不成问题。二是得有一定的军事实力，日本正在增强军力。三是参与国际事务的能力和实际影响。日本争当政治大国的努力主要集中在这第三方面。所以冷战后日本就一再强调要积极推行“大国外交”，要对国际社会做更大“贡献”。日本定下两个初期步骤是争当联合国安理会常任理事国和派兵出国参加联合

国维和行动。这第二个目的已经得到初步实现，但第一个目的却搁浅了。看来原因有二：一是日本对联合国改革的复杂性估计不足，以为它是经济大国，对联合国可多做经济贡献，加上得到美英法等西方大国的支持，就没什么问题了，却没想到联合国内占绝对多数的是发展中国家，它们强调安理会应照顾地区性和普遍性，并不认为谁钱多谁就有资格参加。二是日本的国际形象并不十分好，特别是对侵略战争的态度一直引起亚太国家的不满。例如韩国和朝鲜就明确表示，由于日本对待历史的态度而坚决反对它当常任理事国；其他亚洲国家在联大发言中也出乎日本意料地没一个表示支持。由此可见，日本要当常任理事国并不容易，做政治大国也有一条漫长的路要走。当然从实际情况看，日本的国际地位已经有显著提高。例如日本为国际事务提供财力较多，已收到一定效果；是惟一列席欧安会和北约会议的亚洲国家；是联合国第二大出资国，当安理会非常任理事国次数最多，在联合国高级官员中任职的也多；介入当前国际热点的面较广，在一些问题上的发言权甚至超过英、法、俄。所以安理会外的政治大国首先要推日本和德国。在我们谈及的这一时期内，不管能不能当常任理事国，日本都有可能成为政治大国。问题是当什么样的政治大国和发挥什么样的作用。如果能致力于世界和平与发展，同大小国家都能平等相处和友好合作，做这样的政治大国有什么不好呢？否则在国际上就不会受欢迎了。

在外交上，日本强调同美国的关系是基轴。由于双方互有需要，估计在今后相当时期日美同盟也还会保持。但有两点变化是不可避免的。一是随着双方实力的相对变化（美降日升），日本的独立自主倾向会不断加强，越来越可以对美国说“不”，两国表现在经济摩擦和争夺亚太地区主导权的矛盾与斗争会日趋尖锐。二是相互依存和相互渗透又在不断加深。美国需要日本的资金和在国际事务中的支持；日本仍离不开美国的市场、安全保护和对当政治大国的支持。因此，两国间的矛盾虽在不断发展，但同盟关系在相当时期也不会破裂。

在日本外交上，日中关系的重要性仅次于日美关系。由于双方得“天时、地利、人和”之便，以友好合作为主的关系有可能得到长期保持，这也完全符合双方的利益和有助于亚太地区的和平与稳定。但双方又相互视为不确定的因素。日本既担心中国的迅速强大以致视为潜在对手，又不忘情于台湾。中国则对日本不断增强军力有疑虑，也不满日本对待历史和在台湾问题上的态度。所以中日关系的发展不会一帆风顺，还会有反复。只要日本和国际上不发生特别变化，中日间以和平共处、友好合作为主的关系将会持续下去，并可能有所发展。这也是中国方面的愿望。

近年来，国际上和中日两国舆论中提出一种所谓日本“脱美入亚”论。这其实是不十分准确的。日本历来就重视亚洲。它的战后发展，在一定程度上就是靠亚洲（特别是东南亚）的市场和资源。冷战后由于亚洲的崛起，全世界都在向亚洲倾斜，日本当然也更加重视亚洲，因此不能说才“入亚”。至于“脱美”，在相当时期还不会，甚至不敢这样讲。例如马来西亚总理提出的东亚经济核心论坛，他原来是要日本参加进来并起主导作用的，但日本怕美国，不敢表态。就是在这次曼谷亚欧会议上，日本的态度也貌似超脱亚洲，说是要“做欧亚间的桥梁”，并一再提及同美国关系的重要。这是由于它还羽毛未丰，存在着对美国的严重依赖，更谈不上“脱美”了。美国和亚洲对日本都很重要，都离不开，所以外相河野 1995 年一篇《日本外交前进的道路》文章中就提了两个基轴，一方面说冷战后“日美关系仍然是日本外交的基轴”，另一方面又说，“我以为，在日本的外交中加强亚太这一基轴仍是当务之急。”虽然日本同美国的矛盾在加深，进一步向亚洲靠拢，因为正如河野所说，美国的经济力量已相对下降，东亚地区却出现显著的经济发展和未来的经济增长前景。但现在两者还可兼顾，无需作出脱此入彼的决定，只是今后碰到两难选择会越来越多就是了。

由于国际地位的提高和政治倾向保守，日本今后在外交上态度可能趋向强硬，但由于多极化的迅速发展，制约因素很多，因而也不会强硬到哪里去，而且越是强硬越会孤立，对它是更不利的。同俄罗斯的北方领土问题很难解决，关系不会有很大改善。同韩国的矛盾可能还要增多。总之，日本外交今后是不会很顺利的。

从所有的这些情况看来，经过几年的过渡，日本的走向会逐渐明朗起来，同冷战时期比会有很大变化。或者仍以发展经济为重点，同时适当增强军力、争取和加强政治大国地位，这一可能性大些。或者实行大国主义，不但要当政治大国，而且进而要当军事大国，以致威胁地区的和平与稳定。这是亚太国家最担心的。日本到底向何处去，就只能看将来的发展了。

（1996 年 3 月“21 世纪中国与日本”国际研讨会主题报告）

对中日关系的一些看法和意见

今年是中日复交 25 周年。可以利用这个机会，来扭转两国关系近年出现的某些消极倾向，设法构筑较为长期稳定的互利合作关系。为此，也需要根据形势的变化，在对日关系的看法和做法上作一些调整。现提出以下几点看法和建议，仅供参考。

一　中日关系正经历转折

中日关系本来就同时存在矛盾竞争和友好合作的两面，现在又在一定程度上面临影响深远的转折：或者保持友好合作的势头，建立新形势下的平等互利关系；或者矛盾上升、摩擦增加、关系下滑，甚至导致对抗。这是双方需要作出的重大抉择。

中日复交是经过长期努力的结果。在缔结和平友好条约和我国实行改革开放后，两国关系更得到迅速和全面发展，一时成为我同发达国家关系的典范。人民间的传统友谊也不断加深。“中日两国人民世世代代友好下去”成为双方上下提得最响的口号。

但是，随着冷战的结束，近两年两国关系又一时出现倒退。原因之一是两国关系的内涵发生变化，虽然经济仍以互补性为主

(竞争也在增加)，但政治和安全上已失去共同防苏的战略基础，反而互相视为日后的潜在对手。二是日本羽毛渐丰，地位提高，加紧了争当政治大国的步伐，要夺取亚太地区的主导权，因而不愿看到中国的强大和统一。加之日本进行了政治换代，新领导人对我了解无多，对日中关系观念淡漠，还具有较强的新国家主义倾向。国会中对华友好人士已所剩无几，亲台势力却明显上升。社会思潮中的民族主义情绪有所增长，对侵略的负罪感日益淡薄。在这种情况下，就接连出现侵犯我主权及其他不友好事件。三是中国的崛起引起越来越大的反响，以致近来西方舆论特别是学术界许多人炒出“忘掉俄罗斯，该注意的是中国”的议论。正是在这种情况下，日本提高了对中国的疑虑和戒心，认为中国大规模纪念抗战胜利 50 周年和进行爱国主义教育是在激发仇日的民族情感；中国的政策是对美宽，对日严，总想敲打日本，不让日本得到平等地位；特别是认为随着中国经济和军力的强大，必然会构成对日威胁，因此就要加以防范，包括加强日美军事合作。在这种政治气氛下，两国人民间原有的友谊也受到影响，民意测验中相互的好感已降到复交以来最低点，而认为对方可能构成威胁的比例却空前上升。

这种趋势发展下去对双方都极为不利，潜伏着很大危险。两国政府都已意识到这点，近来关系也开始走向缓和与改善。但要修复和发展稳定的友好合作关系，双方都还有许多事要做。在中国方面，也须实事求是地评估日本，充分认识中日关系的重要性，并对目前的政策和做法进行某些调整。

二　发展中日关系是重大的战略问题

为了抓住机遇，全力进行经济建设，坚持和发展中日友好合作具有重大的战略意义。

首先，在我国现代化建设中，日本起着很大作用。在我经济对外贸依存度超过40%的情况下，日本是最大的出口市场和第一贸易伙伴。在我引进外资（包括贷款和直接投资）的国家中，日本也居首位。日本虽在技术转让上卡的紧，但我国重要设备和生产线还是以日本进口为最多。由于历史、地理和文化原因，我国更容易从日本吸取建设和管理经验，也得到日本友好人士的许多帮助。在经济合作中同日本的“天时地利人和”之便，是别国很难代替的。

其次，我们要争取和平的国际环境，要立足亚太、稳定周边，也必须搞好中日关系。因为日本是我国邻近的大国，中日关系对亚太地区的和平与稳定有决定性作用。只要中日保持友好，太平洋就不会发生大战。而且恰当处理中日关系，也有利于我搞好同其他周边国家的关系。

最后，需要着重一谈的还有，搞好中日关系便于我国利用大国间特别是日美矛盾，拓宽外交回旋余地。无论从当前还是从长远看，美国都是我国主要对手和威胁，是外来麻烦的主要源头。日本要形成对我威胁还得依靠美国，而日美矛盾则呈日益发展的趋势。在对华关系上，日本也和美国有很大不同，并不完全跟美国走。例如在台湾问题上，美国是公开叫嚣和直接干涉；日本虽有强烈的“台湾情结”，但言行还比较谨慎。在人权、西藏、香港等问题上，日美间的差别就更大。日本朝野和舆论界的反华言论，也不像美国那样放肆。中日人民间的传统友谊又根深蒂固，在日本政治中起着重要作用。日本统治阶级主流派为了本国利益，也希望保持日中友好。1989年风波后打破西方制裁就是以日本为突破口的。相反，如果不搞好对日关系，总想敲打它，那就很难利用日美矛盾，还会促使日本向美靠拢。美国又正想离间和操纵中日关系。一位美国名人就说过，美国最怕的事是一觉醒来发现中日结成同盟。当然，利用矛盾既不是联美压日，也不是联日抗美，从我们的国家利益出发，也需要保持和发展对美关系。实际上，中美日三边关系，除了相互制约的一面外，还有相互促进的一面，改善中日关系，也有利于缓和中美关系。

总之，发展中日友好合作是我对外总体战略的重要一环，是事关全局的大问题，不可因一时一事影响大局，也不能以群众情绪决定政策。日本右翼势力的干扰在所难免，但应照邓小平同志所说："对一小撮不甘心中日友好的人，惟一的办法就是用不断加强友好、发展合作来回答他们。"

三　实事求是地评估日本

当然，搞好中日关系主要还取决于日本。但从中方来说，关键则在于如何看待日本和评估其走向。对此，国内外争论很多，焦点是日本复活军国主义和成为军事大国的问题。

对于军国主义和军事大国，虽没有公认的标准，但总得具备一些基本条件。例如以前的军国主义，就是指实行军事第一和对外不断侵略，对内实行法西斯（军部）专政和统制经济。所谓军事大国，起码也要有一定规模的进攻性战略武器装备和相当数量的兵员和预备役。如果依据这些来衡量，那日本在相当时期不会成为军事大国，至于复活军国主义，恐怕就更难办到。在当前的日本国内外形势中，制约它走军事大国道路的因素明显大于推动它走这条道路的因素。

就国际大气候来说，在和平与发展的时代背景和国际形势总体趋向缓和的情况下，经济是重点，日本也只能把发展经济和提高竞争力放在首位。现在有一种议论，似乎近两年美日等又把军事安全置于经济之上，这是不符合实际的。而且当前国际形势和力量对比也阻碍日本成为军事大国。例如亚太国家就都反对，这是日本不能不小心对待的；美国虽然想让日本适当增强军力为自己分担一些义务，但不会容许它成为军事大国。日美军事同盟有这方面的作用，是日本朝野都心中有数的。

起决定作用的还是日本的国内因素。二战后，和平主义和民主主义思潮在日本人民中已根深蒂固，对内恢复专制和对外进行军事侵略几乎成为不可思议的事。这就是为什么主张恢复军国主义的右翼势力始终属于极少数，修改和平宪法的活动进行了几十年也没能得逞。而且冷战后，日本原有的政治格局解体，经济的结构性危机严重，都亟须进行改革和调整。要把新的格局稳定下来和经济运行大体理顺，看来没有十年八年是不行的。日本统治集团的主流派也希望保持国际上的和平与稳定，便于它以主要力量整顿内部，同时对外继续经济扩张和积极开展大国外交。他们的近期目标还不是要成为军事大国，而是争当甩掉战败国帽子、同其他大国平等（如当安理会常任理事国）、在国际事务中发挥更大作用的政治大国。因此，日本政府不做军事大国的承诺在今后相当一段时期里应是基本可信的。

冷战后，日本面临继明治维新和战后重建的第三次历史性选择。而近几年的情况则显示出日本的走向日渐明朗，最大的可能是适应世界潮流仍以发展经济技术为主，做有一定实力的经济和政治大国，成为世界格局的重要一极。

还有几个问题需做点说明。一是日本军力的国际比较。现在它只在某些方面达到或接近被称为“中等军事国家”的英法水平。从总体上看，日本的兵员（总额24万。陆军一直未满员，编制拟从18万减为14.5万）和装备（技术水平很高，数量也可观，但没有核武器、航母、远程导弹和轰炸机等进攻性战略武器），都比英法差。二是关于军费大国。日本增加军费和扩充军备的最快时期是 80 年代。庞大的军费确实存在潜在危险，但也要做具体分析。除汇率、物价、人事费、支持美驻军（一年 50 亿美元）等因素外，日本也在适应世界军事革命潮流，大搞质量建军，为此还感军费不足，例如不愿立即参加美国的战区导弹防御系统，就有军费的因素。在日本今后的经济和财政状况下，军费增加的幅度将不会很大。三是日本军事化的能力和意愿。日本做军事大国，从经济、技术、财力上讲，都是不成问题的。实际上，这样的基础一二十年前就已具备了。问题的关键在于，日本当局受国内外因素的制约，还不能把做军事大国定为国策。再如日本完全有能力制造核武器，但却不会去制造，这不但由于国内外反对，还因为日本国土狭窄，经不起核战争。

根据以上分析，日本在 15 年内外还不会成为军事大国。对日本加强军备自应密切注视和高度警惕，但要接受以往教训，不可强调过分，更不能影响我们以经济建设为中心和不搞军备竞赛的方针。只要抓住机遇，发展自己，我们在 15 年后就能处于更有利的地位以对付形势的变化。中国的壮大和中日友好，是当前防止日本走军事大国道路的最好办法。

四 以向前看的姿态对待历史

如何看待日本侵略是中日关系中一个原则性问题，也是经常引起两国摩擦和影响民族感情的焦点之一。现在已事过半个世纪，可以总结出以下几点情况。

第一，二战后由于美国的包庇，对日本军国主义没有像对德国纳粹那样进行较为彻底的清算和声势浩大的处理。因此在日本，不但许多政客元老和各种右翼势力拒不承认侵略，不断进行翻案活动，而且多数群众也一直缺乏应有认识，受传统影响很深。对待靖国神社就是明证。他们认为，凡在战争中死去的人都是为国捐躯，即使抛开这点，按他们信奉的神道教或人情世故也应祭祀。加之明治以来历次的战死者遗族甚广，使靖国神社影响极大，所以保守党也常以参拜争取选民。由于日本和受害邻国对战争认识的差异，一些政客又不得不照顾邻国反应，因此就经常表现出前后矛盾、在台上和在台下不同，以及各种“失言”事件。

第二，经过长期斗争，日本主流派对战争有了一个基本看法，并得到大多数国民的认同，就是承认对中朝有过侵略和殖民统治以及某些日军暴行（但不承认太平洋战争是侵略）。日本打算就这样结束过去，在战败 50 周年后，使历史问题告一段落。加之经历过战争的人多已故去或下台，新一代人又以为没自己的责任。所以从官方、舆论界到一般国民，多已对历史问题感到厌烦，对外国的批评发生抵触和反感。在民间来往中，连某些友好人士也有此情绪。所以整个看来，日本对战争的基本认识今后大概不会再有大的改变，要它加深和彻底承认侵略罪行是不可能的了。但仍然要防止它在某些问题上的反复。

第三，国际上对日本侵略的反应更加淡化，已难形成太大压力。美英等对日本的态度并不过分计较。东盟和印缅等国对日本的侵略已多无反感（新加坡因华人多又遭过大屠杀故稍有不同）。马、菲、印尼，特别是马哈蒂尔，还一再表示不赞成日本道歉。连越南在战胜日本 50 周年时都没举行任何纪念活动。只有中、韩（还有朝鲜）常提历史并对日本态度时有批评和交涉。日本政府虽然对此不无顾忌，例如曾为自民党的“大家都来参拜靖国神社议员会”和日本遗族会头目的桥本首相，也被迫承诺在位期间不再参拜，但许多日本人却认为是中韩抓住辫子不放因而感到不满。

第四，中国领导人过去一直主张对待中日关系要向前看。例如周恩来总理早在1961年就说过，“有上万的日本朋友见到毛主席、刘主席和我，表示谢罪。我们说，这已经过去了……我们应该往前看，应该努力促进中日两国的友好关系。”陈毅副总理1964年也说，“中国政府和中国人民对待中日关系，从来是向前看，而不是向后看。”因为过多讲对方过去的过错和罪行，容易引起不快和伤感情。西方列强就从不承认对华侵略。连苏联也否认帝俄掠夺中国领土订过不平等条约，致使中苏边界问题久拖不决，后因我不再坚持才很快解决。因此在中日关系上，固然要坚持原则，保持适当压力，但也要重视效果，做到有利有节，否则反而会妨碍两国关系和人民友好。

五　对宣传报道和舆论导向的几点意见

1. 多做友好工作。近两年由于前面提到的原因，友好讲得少了些，现在应重新加以强调。中日友好的旗帜不但不能丢，还应继续高举。特别是对双方年轻一代，更要多做工作，使传统友谊得到继承和发扬。但由于日本对华存在两面性，我们也必须准备两手，既发展友好，又保持警惕，只是在形势没有发生根本变化前，都把发展友好置于首位。必要时的斗争批判，也是为了维护友好，而不是要把关系搞坏。例如经过斗争，自民党1997年1月的活动方针去掉了1996年9月选举公约关于首相和阁僚须正式参拜靖国神社的规定，这就有利于两国关系。中日都是大国，民族自尊心都很强，宣传舆论要注意互相尊重和平等相待，避免刺激和伤害，以防引起对方群众的反感和损害两国关系。

2. 防止走极端。为促进中日关系的稳定和成熟，舆论宣传照顾全局并保持应有的连续性十分重要。避免那种一时讲友好就全是友好，不能有批评；要批判就大加挞伐，不可提友好。有时由于形势的变化，也需要冷一下或热一点，但要防止片面性和绝对化，让一种倾向掩盖另一种倾向。这也包括在进行爱国主义教育和批判日本军国主义及其他反华言行时要注意全面和适度，否则会激起自己的民族情绪，反过来又影响舆论以至决策，形成某种恶性循环。

3．表达应尽量含蓄和准确。外国非常重视我国报刊言论，从中摸我们的政策和动向。因此舆论导向一定要重视贯彻“韬光养晦”的方针，防止讲过头话和使用过激言词。对一些不太成熟的提法和论断要慎重，以免引起误会和造成混乱，如“正在加速迈向军事大国的日本”、“日本军国主义正在卷土重来”等。此外，新闻报道也应核实。例如各报普遍刊登的一条新闻，说自民党外交调查会作出决定，建议今后外国元首访日要参拜靖国神社。有些还著文批判。后来该会负责人访华时却申明并无此事，说不可轻信《产经新闻》的报道。又如 1997 年 1 月 19 日报上有一很大标题：“日本当局散布‘中国军事威胁’，朝鲜《劳动新闻》载文批判”，而新闻内容则是日本防卫研究所一份报告中提到的。一段时间使用朝鲜传媒的文章批判日本的频率也高了些，2 月 8 日到 3 月 5 日就有七条，致使一些日本友人给我们提意见说，这对中国的影响并不好。

4．加强研究。冷战后，国际形势和日本情况都发生了极大变化，我们的认识也需要提高和调整。当务之急就是在知己知彼的基础上研究出 21 世纪特别是今后 15 年中日关系的框架，供决策参考。但要发挥研究工作的作用，有个老问题仍须引起重视并求得解决，就是要鼓励提出不同意见和善于听取不同意见。应该说，这点至今还做得很不够。

（1997 年 5 月）

关于我们所处的时代

我们所处的时代

如何认识我们所处的时代和区别不同时代的基本特征，是我们制定战略方针的基础，也是了解本国特点的重要前提。如果不能正确认识时代，不能准确把握两个时代的交替，那么在决策上就必然会发生失误，就会给社会主义事业造成损害。这不仅是从理论上得出的结论，而且也是历史所一再证明了的。

我们这里所讨论的时代问题，是根据列宁关于时代的理论，而不是按其他标志划分的各种有关时代的提法。不明确这点，概念就会混淆。

列宁在第一次世界大战期间，曾先后提出“帝国主义时代”和“无产阶级革命时代”。此后，在国际共产主义运动中就一直使用“帝国主义和无产阶级革命的时代”的提法。第二次世界大战以后，这一提法仍然得到公认。只是到了50年代后半期和60年代，在国际共运的大论战中才出现了不同的提法和争论。但是在中国党内却继续坚持上述提法，直到70年代还一再强调：“我们仍然处在帝国主义和无产阶级革命的时代”。从清算极左路线和进行拨乱反正以后，在一些文章和书籍中这一提法还是屡见不鲜，只是增加了一些各自不同的解释。

第二次世界大战以后，世界形势发生了极其重大的变化。“帝国主义和无产阶级革命的时代”的提法，已经不能反映和概括我们所处时代的主要内容和基本特征。党中央在十一届三中全会以后，根据对社会主义的再认识和对国际环境的重新估量，提出了“和平与发展是当代世界的主题”的论断。应该认为，这是对马克思主义时代理论的重要发挥和发展。很明显，当代世界的主题和当今时代的基本特征是不可完全当作两回事的。决定或成为时代基本特征的，只能是世界的主题，而不应是副题或其他。据此，我们所处的时代可以明确定义为“和平与发展的时代”。但是，对这一提法，现在还存在着很大争议。所以，时代问题还有进一步展开讨论的必要。

讨论时代问题不只是学术上的争论，更重要的是，它有着重大的现实意义。只有正确认识我们所处的时代及其基本特征，才能够看清世界发展趋势和我国的国情，才能够正确理解和自觉执行建设有中国特色的社会主义的基本路线，特别是集中发展经济和改革开放的政策，也才能够更好地总结和记取历史的经验教训，避免发生失误和再走弯路。

这样，摆在我们面前的就有以下这些问题：究竟怎样认识我们所处的时代；是不是“仍然处在帝国主义和无产阶级革命的时代”；可否为了维护革命导师的提法而只是进行些新的解释和增添点新的内容就行了；战后世界形势的重大变化是否构成了两个时代的交替；新的时代能不能概括为“和平与发展的时代”；两个时代的分界在什么时候；新时代的跨度及其发展趋势如何；提和平与发展会不会丧失对战争的警惕和忽视全面的激烈竞争；过去我们对时代的认识上有无失误；有些什么经验教训，等等。

本文拟就上述问题以及其他有关问题谈一点个人的看法，供讨论时参考，并希望得到批评指正。

一 讨论时代问题的意义

关于时代问题，近年来在学术界，特别是研究国际问题的同志中间，发生了一些争论，出现了一些不同提法。应当说，这不但是正常的现象，是研究工作得到进一步开展和深入的表现，而且是一件具有重要意义的大事。

讨论时代问题，正确认识我们所处的时代，这是党的第十三次代表大会对思想理论界所发出的号召。

十三大提出马克思主义需要有新的大发展。十三大的政治报告，虽然没有专门谈到世界形势和国际问题，但有一些具有重大理论意义的新提法，是同世界形势和国际问题有关的。例如，报告中提出了两个结合和两个基础。两个结合是："社会主义理论同各国实践和时代发展的结合"。这已经不再是只提同本国实践相结合，而是还要和更大范围的时代发展相结合。但是不弄清我们所处的时代，又怎么谈得上同"时代发展"结合呢？两个基础是："中国共产党人在总结建国三十多年来正反两方面经验的基础上，在研究国际经验和世界形势的基础上，开始找到一条建设有中国特色的社会主义的道路，开辟了社会主义建设的新阶段。"这里提的已经不是一个基础，而是两个基础，把研究国际经验和世界形势提到了和总结本国经验同等重要的地位。这些提法，对国际问题和时代发展的研究，无疑是个重大的启示。可见，讨论时代问题，正是响应十三大的号召，执行十三大的指示。回避时代问题的讨论，不愿听到不同的意见，那就不能说是符合十三大的精神的。时代问题是个理论问题。在理论问题上，只有解放思想、大胆探索、展开讨论、提倡争鸣，使研究工作活跃起来，才能像十三大报告中所要求的那样，做到"开拓新视野，发展新观念，进入新境界”。

认识我们所处的时代，是理论联系实际的根本要求，是使我们的政策、我们的工作不脱离实际的重要条件。

我们经常讲的革命和建设的一条基本经验，就是使马克思主义的普遍真理同发展着的客观实际相结合。结合得好，就取得进展，就胜利；结合得不好，就遭受挫折，就失败。而所谓实际，既包括本国的具体特点，也包括整个世界形势。这世界形势，就属于我们所要讨论的时代问题。同本国实际结合固然重要，而同时代发展结合同样重要，甚至更重要。列宁说，只有“首先估计到区别不同‘时代’的基本特征（而不是个别国家历史上的个别情节），我们才能够正确地制定自己的策略；只有了解了某一时代的基本特征，才能够在这一基础上去考虑这个国家或那个国家更具体的特点”①。这就是说，对时代认识不清，是连本国的特点也很难了解的，当然就谈不上联系实际了。而且事实也的确如此。我们过去工作中的失误，就不但是由于脱离了本国实际，而且还由于不适合世界形势和时代潮流。

过去我们只强调马克思主义理论要和中国实际相结合，我们的政策和工作要从中国国情出发；而不大注意也很少提同时代发展结合，从世界形势出发。其影响所及，一方面造成对世界形势和国际环境的调查研究重视不够。而缺乏研究，自然就了解不深，判断就不会准，决策就容易失误。例如，在一个很长时期，我们对于战后世界范围的新技术革命和世界经济的高速发展，就没有加以充分注意，进行深入研究，提出妥善对策，曾使我们丧失良机，吃亏不小。另一方面，对时代基本特征和世界发展趋势不能很好认识和掌握，也妨碍对本国实际的了解，造成脱离本国

① 《列宁全集》第21卷，第123页。

实际。我们以前只强调和自己的过去比，因而感到不错，以为发展很快，结果被人家拉下了一大截。其实，现在讲的“社会主义初级阶段”理论，就不只是正确认识国情的结果，也是研究整个世界形势得出的结论。因为如果不看整个世界，不作横向比较，怎么会知道我们生产力发展落后呢？又怎么能确定到下个世纪中叶要达到中等发达国家的水平这一战略目标呢？所以，只有了解世界情况，把握时代的基本特征，才能更客观更实际地认识自己，制定出符合实际的政策。

讨论时代问题，认清我们所处的时代，是破除个人迷信、反对教条主义、重新认识社会主义和资本主义的需要。

在时代问题上，过去我们长期受教条主义的束缚和极左思想的干扰，认识始终滞留在革命导师六七十年前所研究和论述的范围内，而且还不断向“左”发展。这最明显地表现在对待世界大战和世界革命的问题上。在时代发展和国际问题研究上，我们往往偏重于唯书和唯上，多是限于对经典著作或上面的提法和论断进行论证和阐释，凡是经典著作上有的或上面讲过的就不可以改，凡是经典著作或上面没讲过的就不可以讲。战后世界形势和国际关系发生了翻天覆地的变化，但在一个很长时期并没有引起我们应有的重视，对社会主义和资本主义还保持着陈旧的观点，谈论的仍然是传统观念上的社会主义和资本主义，缺乏对现实社会主义和现代资本主义的研究和分析。这就使我们的研究工作有些脱离实际，不能为正确的决策起到应有的作用。十一届三中全会以后，党中央恢复了实事求是的思想路线，提倡解放思想，实行拨乱反正，并且不断对世界形势和时代发展进行研究和估量，逐步调整和完善我国的对外关系和对外政策。但就国际问题的研究来说，还没有得到应有的重视，似乎对世界形势的估量不一定要有深入的研究，时代问题弄不清楚也无关大体，可以避而不谈。研究本身也落后于实际，远没有思想界其他领域活跃，在不少问题上还是围绕着陈旧的观念兜圈子。例如，我们对战后世界的变化、对当代国际上的重大问题和世界发展趋势，仍然习惯于用老框子去套新形势，甚至热中于争论无产阶级绝对贫困化、资本主义总危机和垂死性等问题。这都不能说是很正常的。通过对时代的讨论，将有助于进一步解放思想，克服过时的陈旧观念，提高国际问题研究的水平。

讨论时代问题，认清我们所处的时代，还有助于我们总结和记取以往的教训，做到放眼世界，树立“国际意识”，激发人民发愤图强、振兴中华的精神。

建国以后，在一个很长时期，我们没有把工作重点真正转移到经济建设上来，耽误了世界经济大发展的有利时机，一个重要的原因就是由于对时代的判断不确。我们讲求实事求是，无须讳疾忌医，只有对过去的经验进行认真的总结，才能从中吸取应有的教训，变成我们的精神财富，而不致白交了学费。对时代问题的讨论，就有助于总结经验和记取教训，使我们对世界形势和时代特征有一个比较清醒的认识，还可引起全国上下对研究国际问题和了解外国情况的重视。由于长期闭关自守，我国人民对世界形势不大了解，对国际事务很不熟悉，对于实行对外开放和进入世界经济舞台显得极不适应。解决这个问题，已经成为我们的一项迫切任务。现在，世界正处在转折时期，形势发展变化极快，国际上的竞争，特别是经济技术领域的竞争，更加激烈。各国都在进行调整和改革，为迎接可能从 90 年代末开始的又一个世界经济大发展作准备。世界大战和大国之间的战争打不起来，但竞争也是残酷的，优胜劣败的规律仍然在起作用。如果我们不认清形势，急起直追，就还会继续落后，世界上就不会有我国应有的地位。只有放眼世界，敢于和发达国家作横向比较，才能产生紧迫感和危机感，激发起全民族奋发图强的精神，为加速建设有中国特色的社会主义而奋斗。

总之，关于时代问题的讨论，不仅有重大的理论意义，也有重大的实际意义，决不是什么纯学术的名词之争。

二　列宁关于时代的论述

在讨论时代问题时，不能不更多地引证列宁的论述。这是因为，关于时代的理论，是列宁创立的；而我们长期坚持的“帝国主义和无产阶级革命的时代”，又被认为是列宁的经典提法。很明显，如果不谈列宁的有关论述，时代问题就很难说得清，也就无从讨论起了。

马克思和恩格斯在他们的著作中也多次提到时代，但那多半是指人类历史中的不同社会形态，如封建时代、资本主义时代；或者以生产手段、科学文化为标志而划分的，如石器时代、文艺复兴时代等。列宁则明确地把时代同国际形势和革命运动联系了起来，按全世界资本主义发展状态和革命任务的阶段性变化来划分时代。所以，列宁所讲的时代，就是根据阶级斗争的观点确定的历史阶段，其含义包括这个阶段起决定作用的阶级，以及这个阶段的主要内容、基本特征和发展趋势等。列宁还强调时代的世界性，认为不能限于个别国家。他说：“时代之所以称为时代，就是因为它包括所有的各种各样的现象和战争，这些现象和战争既有典型的，也有不典型的，既有大的也有小的，既有先进国家所特有的，也有落后国家所特有的。”①

可见，时代就是整个世界形势发展进程中的不同阶段。不过

① 《列宁全集》第23卷，第28页。

列宁关于时代的确切含义和时代的划分并不十分严格，而是不断有所发展和变化，系统的论述主要是在第一次世界大战期间和战后初期。

列宁最早提到时代问题大约是在1903年《我们纲领中的民族问题》一文里，说19世纪后半期是“最后的资产阶级革命运动的时代”，而现在则是“处在无产阶级革命前夕的，反动派十分猖獗，各方面力量十分紧张的时代”，并说“这两个时代的区别是极其明显的”。[①] 1913年，列宁在《马克思学说的历史命运》一文中，提出马克思主义诞生后的“世界历史三大时代”，即：1848—1871年，1871—1905年，1905年以后。对时代问题作比较系统的论述和第一次提出“帝国主义时代”，是1915年写的《打着别人的旗帜》一文。其中对时代又作了新的划分，说“通常把历史时代划分为：（一）1789—1871年；（二）1871—1914年；（三）1914—?”。1916年出版的《帝国主义是资本主义的最高阶段》中，列宁对帝国主义作了全面分析，更多地提到了“帝国主义时代”。1917年二月革命后，社会主义革命提到了议事日程，列宁第一次提出“无产阶级社会主义革命的时代”，并说明这种革命是“世界无产阶级革命”。但是，列宁并没有使用过“帝国主义和无产阶级革命时代”的提法。这个概念是斯大林1924年在《论列宁主义的基础》的讲演中，给列宁主义下定义时首先使用的，此后就被看成了列宁主义的经典提法。虽然列宁的提法主要是指世界资本主义发展和无产阶级革命运动所处的特定历史阶段，斯大林则在于说明列宁主义产生的时代背景和世界意义，两者并不完全是一回事，但是后来人们在使用时已不加以

---

① 本文对列宁著作或其他文章的引证，凡是文内已交代时间和文章题目的，不再一一注明出处。

区别，含义也就没有什么不同了。

综观列宁有关时代的论述，关于帝国主义时代和无产阶级革命时代的思想，主要是在 1915 年至 1920 年形成和发展起来的。基本内容大体可以归纳为以下几点：

(1) 帝国主义是资本主义发展的最高阶段，是垄断的资本主义，是腐朽的垂死的资本主义，是无产阶级革命的前夜；

(2) 由于帝国主义经济政治发展不平衡，争夺市场和原料、争夺投资场所和势力范围、争夺世界霸权和扼杀各弱小民族的帝国主义战争是不可避免的，而且会接连发生；

(3) 战争必然引起革命，引起整个资本主义世界崩溃。帝国主义战争造成的恐惧、灾难和破产，使现阶段的资本主义成为无产阶级共产主义革命的时代。这个时代已经开始；

(4) 这种革命是世界性的，要求各国工人阶级结成紧密的联盟，采取尽可能一致的革命行动。已经取得胜利的国家，要为推翻国际资本承担最大的民族牺牲，否则一个国家的革命是不可能巩固的；

(5) 世界革命不是一天天地，而是一小时一小时地成熟起来，胜利已经为期不远，参加共产国际成立大会的代表们也会看到世界苏维埃联邦共和国的成立。

根据列宁关于帝国主义时代和无产阶级革命时代论述的精神，后来有时干脆把这个时代简称为“战争与革命的时代”，看来也是合乎列宁的思想的。

列宁关于时代的许多原理，诸如时代是整个世界形势发展的一个特定的历史阶段；必须注意时代的交替变化和区别不同时代的基本特征；只有认清时代的基本特征，才能估计个别国家的特点，才能正确制定政策，等等，都已经过实践的检验，证明是完全正确和一直适用的。至于对时代的划分和对某个时代的具体提法，则属于个别论断，列宁自己的说法也是前后不尽相同的。因此，对列宁所提帝国主义时代和无产阶级革命时代，就应当进行具体分析。一方面，这是在革命高潮时期的提法，以当时一些欧洲国家特别是俄国的形势而论是确有根据的，并且为十月革命的胜利所证实。但另一方面，也毋庸讳言，这种提法显然不够准确，特别表现在对帝国主义战争和战争与革命的关系看得有些绝对，对资本主义的生命力、自我调节能力和发展潜力估计不足；对无产阶级革命力量和无产阶级在时代发展中的作用估计过高；对世界革命的进程和取得胜利过分乐观；只是强调国际阶级斗争，而对民族国家的作用重视不够，认为资产阶级民族国家已经成为生产力进一步发展的障碍，等等。应当承认，正像一切伟大人物都不能不受到历史条件的限制一样，列宁对帝国主义的分析和对世界形势的估计，在当时就有很大的局限性，现在就更需要重新认识了。

当然，希望革命早日胜利，有时对形势估计发生失误，这对革命者来说曾是普遍的现象。而马克思主义的生命力就在于不断发展，能够随着客观形势的发展变化，及时修正不准确的或过时的论断，提出新的看法。马克思、恩格斯、列宁这些革命导师之所以伟大，不但在于他们创立和发展了科学社会主义，积极参加和领导了无产阶级革命运动，而且也在于他们始终坚持实事求是，发现错误就立即改正，因而思想得到不断发展，总是能跟上形势。马克思和恩格斯曾几次估计到欧洲主要资本主义国家的无产阶级革命就要爆发并取得胜利，认为 19 世纪将是社会主义的新纪元。但后来都作了修正。恩格斯在他临终前的 1895 年就承认：“历史表明，我们以及和我们有同样认识的人，都是不对的。”“1871 年的轻易胜利，也和 1848 年的突然袭击一样，都是没有什么成果的。”[①] 列宁对于帝国主义和世界革命的看法，在1920年以后也发生了重大变化。他认为，帝国主义在从垄断资本主义向国家垄断资本主义发展，世界革命也不是很快就会胜利的，“这些国家（指西欧资本主义国家——引者注）完成这一发展过程，不会像我们以前所期待的那样”[②]。

1920年以后，德国和匈牙利的革命失败了，资本主义世界走向了相对稳定，苏维埃俄国打败了14国武装干涉，取得了国内战争的胜利，世界形势出现了一定的均势。列宁虽然始终寄希望于世界革命，但随着形势的变化，他已认识到第一次世界性的战争与革命周期已经结束，因而最后完成了社会主义制度能够在一个国家首先胜利的理论。其要点为：世界革命推迟了，但帝国主义也消灭不了苏俄，两种制度有可能长期共存；苏俄可以同资本主义国家建立经济贸易关系；苏俄一国也能够巩固无产阶级政权，并且具备了建设社会主义的经济条件；苏俄应当全力进行经济建设。很明显，这些思想同以前关于战争引起帝国主义的总崩溃和主要国家无产阶级革命的胜利为期不远的思想，已经有了很大的不同。正是根据这些新的认识，列宁才作出两项重大决策，即对外实行和平共处，对内实行新经济政策。共产国际和多数党在斯大林的影响下，长期犯严重的“左”倾错误，总是认为资本主义即将灭亡，害革命的急性病，就是由于对时代发展缺乏具体分析，机械搬用列宁在革命高潮时期的一些论断，而忽视了列宁的上述思想变化。

第二次世界大战结束迄今，世界形势发生了根本性的变化。在这种情况下，如果还拘泥于列宁在第一次战争与革命周期时的

---

① 《“法兰西阶级斗争”导言》，《马克思恩格斯全集》第22卷。

② 《列宁全集》第43卷，第389页。

一些具体论断和提法，就不但脱离实际和时代发展，而且首先就不符合马克思主义。

三　时代的变化和我们的教训

根据列宁关于时代的理论，必须重视时代的变化和区别不同时代的基本特征。列宁在六七十年前提出的那个时代的基本特征，早已不复存在或发生了重大变化，以这些基本特征定性的“帝国主义和无产阶级革命时代”的提法自然也就失去效用。而且更重要的是，历史证明，不注意时代变化，不适应时代潮流，在新的情况下，仍坚持上述过时的提法，并据此决定政策，曾使我们，而且不只我们，付出了沉重的代价。

第二次世界大战以后，世界形势出现了新的特征和新的趋势，人类历史也就逐步过渡到了一个新的时代。这种转变并不是偶然的。因此，为了说明这次时代的交替，还应从第二次世界大战讲起。

第二次世界大战和第一次世界大战的性质不同，引起的后果也是两样。第二次大战从一开始就属于反法西斯的民主的性质，而不是单纯的帝国主义战争。所以参加反法西斯战争各国的无产阶级及其政党，对战争的态度和采取的策略，就不是反对战争，进行革命，而是支持政府的战争政策，实行劳资合作，积极参加战争，并且因此赢得了各阶层人民的拥护，力量迅速壮大，政治地位大为提高。由于战争性质造成的这样一种历史背景，无论是战争期间还是战争结束后，包括主要资本主义国家在内的世界各国，都没有爆发无产阶级社会主义革命。这次世界范围的战争与革命周期，出现的不是社会主义革命高潮，而是民族民主革命高潮。在这次高潮中，占人类大多数的殖民地和附属国获得了独立，殖民主义体系彻底崩溃；资本主义各国人民也争取到了一些政治上和经济上的民主权利，迫使资产阶级作出一定的让步；还有一些国家走上了社会主义道路。这就大大改变了人类历史发展的进程。

既然战后各国都没有爆发无产阶级社会主义革命，为什么会有一批国家走上了社会主义道路？这是需要稍加说明的。新诞生的社会主义国家前身并不是主要的资本主义国家，而且经济和文化大多比较落后。它们走上社会主义道路，是由于特定的历史条件造成的。经过战争，世界力量对比发生了重大变化，帝国主义势力遭到了极大削弱。在这种情况下，一些国家在被苏军解放后和苏联支持下走上了社会主义道路，所以德国和朝鲜就发生分裂并长期存在两种社会制度；一些国家则是国内共产党领导下的人民力量发展得十分强大，取得了民族民主革命的彻底胜利，经过社会主义改造，变成了社会主义国家，例如中国。正是由于经济文化发展水平高的主要资本主义国家没有爆发革命，社会主义反而在比较落后的国家取得了胜利，所以现在还有人说，这些国家不应超越历史阶段去搞社会主义，而应在民族民主革命后发展资本主义。其实这种论调，列宁老早就批判过了。1923 年列宁写的《论我国革命（评尼·苏汉诺夫的札记）》一文，就是针对这种论调的。他说："我们为什么不能首先用革命手段取得达到这个一定水平的前提，然后在工农政权和苏维埃制度的基础上追上别国的人民呢?"①

由此可见，第二次世界大战及其后果和第一次世界大战及其后果已有很大不同，更不用说战后 40 多年来发生的许多带有根本性的变化了。在这种情况下，当然不能再机械搬用 70 年前列

① 《列宁全集》第 43 卷，第 371—372 页。

宁关于帝国主义的一些论断。何况列宁对帝国主义的分析还是根据本世纪初的材料。1920 年他在给《帝国主义是资本主义的最高阶段》一书所写的《德文版和法文版序言》中说，“本书的主要任务”，是“来说明 20 世纪初，即第一次世界帝国主义大战前夜，全世界资本主义经济在其国际相互关系上的总的情况”。

第二次世界大战以后，资本主义已发生了深刻的变化，从传统的资本主义演变为现代的资本主义。这就使列宁在不同历史进程中所形成的某些关于帝国主义的概念和作出的结论，不能再成为观察现代资本主义的理论根据。不加区别地使用完全不同时代的提法，是不科学的，本身就违背列宁关于时代的理论。

关于战后世界形势发生的重大变化，我们只谈同时代问题有关的以下几点。

首先，帝国主义之间的战争不再是不可避免的，而且实际上已经成为不可能，更不要说恢复殖民主义统治了。二次大战后，出现了一系列社会主义国家，在殖民体系彻底瓦解的基础上有 100 多个国家取得了独立，帝国主义阵地大为缩小，使它们不能也不敢再进行相互残杀。经济上的互相依赖和国际化的空前发展，使资本主义国家间的关系也发生了深刻的变化。资本主义发展不平衡依然存在并在加剧，但是，在战后世界经济和国际政治的条件下，这种发展不平衡所引起的矛盾和斗争，已无须用战争的手段来解决，而是主要用和平的方法来解决。主要资本主义国家间的矛盾，也不再表现在军事领域，而是集中在经济领域。它们之间已不像战前那样进行军备竞赛，而是主要从事经济和技术方面的竞争。它们倒是在军事和防务上实行联合，以对付执行霸权主义政策但却是社会主义国家的苏联。因此，世界大战的危险，已经不是由于帝国主义之间的矛盾，而是由于美苏两个超级大国的对抗。美苏之间爆发战争（也就是世界大战）的危险依然存在。但是由于和平因素的增长超过了战争因素，大战在过去40多年没有发生，今后相当长的时期，发生的可能性也很小。这样，战争引起革命的论断，就失去了前提。而且核武器的出现，已经大大改变了战争的性质。如果爆发一场核大战，那已经不是帝国主义的死亡和社会主义在全世界取得胜利的问题，而可能是整个人类文明的毁灭。所以，把战争和革命联系在一起的论点，也已经不能再成立了。

其次，资本主义还有比较强大的生命力，在一定意义上可以说正处于鼎盛的发展时期。列宁看到第一次世界大战前列强的疯狂备战和资本主义的腐朽，特别是战争的严重破坏，因而提出“帝国主义是垂死的资本主义”，认为资本主义正在全面崩溃。现在看来，这在当时就不够十分准确。因为列宁讲的垂死，原意是正在死亡。从列宁提出这一论点后，资本主义又活了70多年，看来今后的寿命还当以百年计，因此说它正在死亡，显然是不大妥当的。事实上，资本主义在生产力发展上还有很大潜力，战后世界经济的高速发展和今后继续发展的趋势，就是证明。对人类社会发展具有深远意义的新技术革命，主要的也不是诞生在社会主义国家，而是诞生在资本主义国家，今后相当时期科技进步的中心还会在那里。现代资本主义对生产关系的调整、改良和完善，也和列宁的估计相反，证明是可能的。资本主义的生产关系和生产力之间，并非只有处处对抗，也还有相互适应和可能协调的一面。生产关系并没有完全变成生产力发展的桎梏，还能容纳生产力的发展。既然“无论哪一个社会形态，在它们所能容纳的全部生产力发挥出来以前，是决不会灭亡的”[①]，那么就不能说资本主义正在死亡，当然也就谈不到无产阶级社会主义革命的前

① 《马克思恩格斯全集》第13卷，第9页。

夜了。

第三，世界革命的形势和进程发生了重大变化，并不是列宁所预言的那样，世界革命已提上了日程并将很快取得胜利，“人类已在摆脱最后一种奴隶制”。不但战后40多年来没有出现世界社会主义革命的形势，主要资本主义国家也没有发生无产阶级革命，而且在今后相当长的时期，世界革命也不会提到日程上来。现代资本主义的发展水平和作为恩格斯所说的“理想的集体资本家”或“总资本家”的资产阶级政府执行的社会政策，在国内造成了长期的相对稳定局面，阶级矛盾呈缓和状态，今后也还会长期继续下去。资产阶级改良主义和社会改良主义政策的实施，在相当程度上阻止了劳动人民的贫困化，从而限制了相对说来并不多的社会集团的不满和反抗的增长。即使在危机时期，也是如此。科学技术的发展和经济结构的变化，改变了工人阶级的结构，使工人阶级的队伍扩大了，但是作为统一的社会群体，比以往任何时候都更松散了。而随着经济、社会、文化和意识形态的进化，群众的思想观念也发生很大变化，社会行为的动因减弱了，对于解决所关心的具体问题的认识和寻求解决方法的兴趣增强了，不是积极致力于变革现有的社会制度，而是更多地要求社会关系和生活方式的民主化和人道主义化。加之社会主义国家在经济发展和社会民主化上走了弯路，削弱了社会主义的影响和吸引力。所有这些，都给国际共运和工运造成极大的困难。许多发达资本主义国家和第三世界国家的共产主义政党，缺乏群众的广泛支持，对劳动人民的影响不大，甚至还在下降。这当然也与它们的政策落后于形势的发展，认识上不一致，组织上不团结，致使工人运动一直处于四分五裂状态的革命主观条件有关。这都使世界革命长期处于低潮。另外，资本主义经济的高度国际化和政治力量均势的稳定，也限制了社会主义革命在个别发达国家和在一个短时间内取得胜利的可能。

形势的变化，还要求对革命形势和发生革命危机的传统观念进行重新认识。过去那种认为革命形势就是群众自身状况的极端恶化和对有损于他们切身利益的政策的日益增长的愤怒，即所谓统治者不能再照旧统治下去了，被统治者不能再照旧生活下去了等，这种观念对发达资本主义国家也已经不适用了。而且从历史上看，社会革命的发生，也并不是由于新兴阶级生活水平下降，“穷则思变”。新兴地主阶级推翻奴隶制度也不是由于他们生活过不下去，而资本家更不见得比地主穷。虽然社会主义革命的性质和以往的一切革命完全不同，但是在现代资本主义的条件下，工人阶级的经济和文化生活都在得到不断改善，却是不可否认的事实。至于革命形式，已变得异常多样化，也不再只能是以暴力手段，彻底打碎旧的国家机器。其实，国际共运在某种程度上从50年代起就已考虑到了上述各种变化，反映在策略上，有些党提出了走和平、民主的社会主义改造道路，在时代问题上有了不同的提法。

最后，对时代发展具有重大影响的社会主义国家正在经历着意义深远的全面改革。过去对社会主义的理解，只是片面强调同资本主义的彻底决裂，因此往往只注意两种制度的本质差别和完全对立，而忽视它们之间的同一和相互影响。其实，社会主义制度本来就是脱胎于资本主义制度的，对后者具有诸多方面的继承性，不可能一刀两断，泾渭分明。特别是由于社会主义多半诞生在比较落后的国家，在发展工业文明和商品经济上，不但要进行历史的补课，还要更多地从现代资本主义取得借鉴。社会主义国家从50年代起就逐渐认识到商品、货币和市场作用的重要，先后开展了对经济体制的改革。但由于各种原因，其中也包括在时代认识上的失误，多数改革收效不大，甚至遭到失败。只是70

年代末以来，才相继开始了全面和深刻的改革。而资本主义的生存和发展，在严重的危机面前，从 30 年代起，特别是二次大战后，也不得不持续进行增进自我调节能力的改革和调整。这固然主要是出于它本身的发展规律，但在一定程度上也是受到社会主义理论和制度的影响以及对世界力量对比新格局作出的反应。这样，两种社会制度就出现了某些接近和交错，被某些人称为“趋同现象”。例如，在国家功能上，现代资本主义的主要特征就是加强国家对经济的干预，社会主义却在改变高度集中的经济体制；在所有制上，现代资本主义国家直接控制着相当大比重的国民经济，社会主义则在实行以公有制为主体的多种所有制；在计划和市场的结合上，许多资本主义国家制定和执行了经济发展和科技发展计划，社会主义国家也日益重视发展商品经济和运用市场机制；在社会政策上，现代资本主义进行了一些进步的社会改革和建立了各种福利制度，社会主义则要克服分配上的平均主义和消灭“大锅饭”；在民主化上，资本主义国家的民主有一定程度的扩大，社会主义国家更把民主化放在改革中的重要地位，等等。两种社会制度正在出现的这些现象，性质是完全不同的，一方面是社会主义制度的不断完善，另一方面则是资本主义越来越接近“社会主义的入口”，只是这一接近过程比列宁原来的预计要长得多。社会主义要创造出高于资本主义的劳动生产率，在科技和经济上赶上并超过资本主义，充分发挥出自己的优越性，还需经过相当长的时间。现代资本主义由于形成了一定的自我调节机制，今后一个长时期还会继续得到发展。在这个时期里，社会主义国家的主要任务，不是推进世界革命，而是维护和平和促进发展，特别是加速本身经济、政治、社会、文化的发展，成为高度文明和高度民主的榜样。社会主义和资本主义作为不同的两种社会形态，将长期和平共处，既相互联系又相互竞争，和平竞赛是两种社会形态之间矛盾的主要表现形式。在这方面，社会主义本身的全面改革和不断完善有着世界历史性的意义。这也是一个重要的时代特征。

从上述分析应当得出的认识是，“帝国主义和无产阶级革命时代”的提法已经不再适用了，新的时代已经开始；我们必须“区别不同的时代特征”，并据此制定自己的策略。

但是，在80年代以前，我们却一直坚持“帝国主义和无产阶级革命时代”的提法，作为认识世界形势和战争与革命问题的理论依据。而且这种认识由来已久，既有列宁特别是斯大林的影响，也有我们自己的发挥。毛泽东的伟大著作《新民主主义论》，作为中国民主革命的理论和纲领，历史已经证明了它的正确，但在世界形势和时代发展的分析和估计上，有两点却有必要重新认识。一是说，“现在的世界，是处在革命和战争的新时代，是资本主义决然死灭和社会主义决然兴盛的时代。”资本主义“快进博物馆了”，“它快要死了”。二是根据斯大林关于民族问题的理论，即十月革命后殖民地半殖民地的民族民主革命已经是世界无产阶级社会主义革命的一部分，认为这种革命一般不能再由资产阶级领导和建立资产阶级政权，而只能由无产阶级领导，走新民主主义道路。1948年在《目前形势和我们的任务》中，谈到国际形势时又说：“优势是在我们方面，不是在敌人方面……没有危机的、向上发展的、受到全世界广大人民群众爱护的社会主义苏联，它的力量，现在就已经超过了被危机严重威胁着的、向下衰落的、受到全世界广大人民群众反对的帝国主义的美国。”“现在是全世界资本主义和帝国主义走向灭亡，全世界社会主义和人民民主主义走向胜利的历史时代。”全国解放以后，对时代的这种看法并未改变，而且一直发挥着重大作用。40年来，我们对世界形势和战争与革命问题的判断出现这样那样的偏差，是同对时代发展的这种看法直接有关的。

当然，我们对世界形势和战争与革命问题的看法，同国际局势的变化和国内工作的指导思想也有密切联系。从新中国成立到党的第八次代表大会，这个时期，我们对国际形势和战争等问题的估计，基本上还是比较清醒的。但是，从1957年起，“左”的指导思想占了上风，与国内开展反右斗争的同时，在国际上提出了“东风压倒西风”的论断，当然就很不切合实际了。到了60年代，随着中苏关系的破裂和美国侵越战争的升级，我国安全受到严重威胁，于是就更过分地估计了战争的危险，把备战放在了第一位，在国内也提出了“以阶级斗争为纲”。“文化大革命”期间，我们对形势估计的偏差就更大了，认为世界大战不但不可避免，而且可能很快爆发，因此要加紧备战，立足于“早打、大打、打核战争”，使国防长期处于临战状态。同时认为世界革命也正在临近，特别寄希望于亚、非、拉的新民主主义革命，甚至提出世界范围的“农村包围城市”的战略。

总之，在一个长时期内，我们从“帝国主义和无产阶级革命时代”的认识出发，一方面在战争与和平的估计上发生失误，另一方面不切实际地把战争与革命联系在一起。因此曾先后提出：“美苏的激烈争夺，总有一天要导致世界大战”，“战争迫在眉睫”，“敌人一天天烂下去，我们一天天好起来”，“当前世界的主要倾向是革命”，“战争与革命因素都在增长”等论断，以及“战争引起革命，还是革命制止战争”的问题。由于认识上脱离实际，行动上就自然不免出现偏差了。

形势的发展跟我们的估计和论断相反：世界大战不但没有发生，而且有可能避免；革命不仅没有成为发达资本主义国家的“主要倾向”，就是亚、非、拉新独立的近百个国家，绝大多数也没有走新民主主义道路和向社会主义转变，都还留在世界资本主义体系中。

如果说，世界革命的进程只是使我们的期待未能实现，那么对战争估计的失误，就使我们遭受到巨大损失。例如，“从打仗出发，急急忙忙搞三线建设。前后花了10多年时间，投入两千多亿元。并已按‘山、散、洞’原则布局，难以正常运转，经济效益甚低，许多已变成包袱。”①

但这还只是能算得出来的有形损失的一部分，而更重要的则是使我们丧失了战后世界经济高速发展的大好时机。这从以下比较中就可以看得很明显。

据1988年4月6日《人民日报》所引资料，“1955年，我国国民生产总值占世界份额是4.7%，而1980年下降到2.5%；1960年，我国的国内生产总值与日本相当，而1980年只占日本的1/4。”“1960年，美国的国内生产总值超过我国4600亿美元，而1985年超出额达到36800亿美元。”另据估计，50年代上半期，按美元计算的人均产值，日本约超过我国1倍，但1987年，日本已达到约2万美元，我国按外汇折合只有300美元左右。南朝鲜1961年的人均产值为83美元，不比我国高，1987年却已达到2826美元。

这些严酷的事实不能不引起我们的深思。我国是社会主义国家，虽然起点比较低，国际环境和某些条件不如人家，但我们的制度先进，按理不应比资本主义发展慢。然而，实际上却不但大大落后于发达国家，而且落后于一部分发展中国家和地区，原因就是邓小平所指出的：“从1957年下半年开始，我们就犯了‘左’的错误，‘左’的错误持续了20年。这20年中，中国处于停滞状态，主要表现在生产不发展，人民生活没有改善。”又说：

① 《科学决策知识讲座》，人民出版社出版，第153页。

“中国过去的教训是对外搞了闭关自守，对内搞了‘以阶级斗争为纲’，忽视了发展生产。”①

这种“左”的错误，既包括国内工作的指导思想，也包括对世界形势和时代发展的认识，两者又是密切相连的。这就使我国的经济、社会、文化的发展，耽误了 20 多年的黄金时期，对以后也发生了不利影响。这个教训是够沉痛的了。

十一届三中全会以后，党中央纠正了长期的“左”倾错误，把工作重点彻底转移到经济建设上来，确定了改革、开放政策，这才使中国发生了转折性的大变化。10 年来的进步，胜过了以往的 30 年。列宁说：“我以为实践比世界上任何理论上的争论更重要。”② 历史的教训和 40 年的实践，已经为我们作出了明确的结论：我们所处的时代不再是“帝国主义和无产阶级革命的时代”了，人类历史已进入了一个和平与发展的新时代。在时代问题上用高昂代价换取来的教训，绝对不容许再忽略了。

四 和平与发展的时代

党中央提出，“和平与发展是当代世界的主题”。邓小平也说：“现在世界上真正大的问题，带全球性的战略问题，一个是和平问题，一个是经济问题。”③ 这里所讲的经济问题，指的就是发展问题。这是对时代基本特征和世界发展趋势的高度概括，完全符合当今世界的时代潮流，因此应当看作是对我们所处时代的定性。

① 邓小平会见门格斯图时的谈话，见 1988 年 6 月 23 日《人民日报》。
② 《列宁选集》第 4 卷，第 663 页。
③ 《建设有中国特色的社会主义》，第 96 页。

和平与发展两大主题或两大潮流是密切相连不可分割的。没有一个和平的环境，在战乱不息、动荡不安的情况下，任何国家都是无法进行经济建设和实现社会进步的。相反，战争只能造成经济文化的停滞和破坏。如果爆发核大战，那就连人类的生存都成了问题，更谈不上发展。反过来，如果没有发展，和平就没有基础，也就很难保持。不能想像，世界能够在经济萧条、到处饥荒、灾祸频仍、人民生活恶化的条件下维持真正的和平。要维持和平，就必须求得不断发展。所以，和平与发展是关系到人类命运和前途的两大根本问题，是全世界人民的共同理想和奋斗目标。

关于作为新时代基本特征的和平与发展，它们的含义和质的规定性、形成和保持的原因，以及发展趋势，需要分别加以说明。

我们所说的和平，是指全世界范围的和平，也就是没有发生世界大战。邓小平说："因为我们讲的战争不是小打小闹，是世界战争。打世界大战别人没有资格，只有两个超级大国有资格。"① 这和西方和平研究者的认识在一定意义上也是吻合的。他们认为，"和平就是没有战争"。那么，世界和平也就是没有世界战争。50年代以来，美国的科学学派进而认为，核时代的和平，"就是没有大规模的战争"，没有发生核战争。② 因为世界大战只能在大国之间进行，而战后至今，又只有两个超级大国有资格打世界大战，它们之间的大规模战争又不可避免地会动用核武器。所以，一般理解的和平，也是看作当代世界主题的和平，是指整个世界的和平，是指不打世界大战，不打核战争，而不包括

① 《建设有中国特色的社会主义》，第95页。

② 参阅蔡鹏鸿：《和平研究理论评介》，《世界经济与政治内参》1986年第8期。

某些局部战争和地区冲突。正是在这种意义上，我们才说，战后人类已享受了 40 多年的和平。

40 多年来，没有发生大国之间的战争，没有发生世界大战，这是战后世界形势发生了重大变化的结果。前面已经谈到，帝国主义之间的战争已经成为不可能。对此，还需要进一步作点说明。

从历史上看，在只有一个国家称霸和居于支配地位的情况下，是不会发生世界大战的，但是由于资本主义经济政治发展不平衡，这种状态终究会被打破，出现大国实力的均衡化。这时，根据新的力量对比，就要求重新瓜分世界。这种情况第一次发生在 19 世纪末和 20 世纪初。所以列宁在当时提出帝国主义战争不可避免的结论，已被历史证明是完全正确的。但是在战后的头二三十年，资本主义世界占支配地位的只剩下一个美国，其他主要资本主义国家在军事上都要依靠美国的保护。70 年代以后，主要资本主义国家间又一次出现了实力均衡化的趋势，美国的霸主地位发生动摇，资本主义世界形成了三个经济中心。它们之间的矛盾确实加剧了，但却仍然不会引起战争。这是因为，第一，它们需要继续联合起来对付苏联；第二，现代资本主义国家对经济的调节，在一定程度上抑制了垄断资本以军事手段实行对外扩张的倾向；第三，经济国际化的高度发展，相互依赖和相互渗透，再加上主要资本主义国家间的国际调节，使它们只能长期处于又合作又竞争的关系中；第四，主要资本主义国家经济、科技、政治、文化的发展，和世界殖民体系的彻底瓦解，使它们没有可能也不必要再为争夺殖民地而战。事实上，世界商品、劳务贸易和国际资本流动已经主要是在发达国家之间进行的。这些，就是为什么 40 多年来“西线无战事”的原因。因此，世界大战危险的根源，就只有美苏之间的争夺了，但它们也是小心翼翼地避免军事上的直接相撞，防止冲突失去控制。

美苏间没有爆发全面战争，世界大战能够得到制止，这当然不是由于某些人的善良愿望，而是客观形势发展变化的结果。首先是和平力量的发展超过了战争力量。包括中国在内的第三世界国家一直是维护世界和平的主力，在国际事务中发挥着越来越大的作用，成为超级大国战争政策的严重障碍。战后的另一个重大变化是人民的觉醒和民主化的发展。各大国人民的经济和政治地位有了很大提高，他们反对战争的态度对统治阶级的政策起了重要的制约作用。在民主化进程中形成的各种制衡机制，也使战争势力不能为所欲为。美国侵越战争的惨遭失败，人民的反对起了决定性的作用。越来越多的国家，包括参加两大军事集团的东西欧国家，都成了维护世界和平的力量。所有这些，汇合在一起，就使战争势力处于极端孤立的境地。其次，核武器的出现和迅速膨胀，增加了战争的破坏程度，改变了战争的性质，可以使交战双方相互毁灭若干次，因此反而成了制约核战争的因素。里根和戈尔巴乔夫在联合声明中也确认，在核战争中不可能有胜利者。这就使拥有世界 95%以上核武器的两个超级大国，不敢轻举妄动，向对方发动核攻击。第三，战后的历史表明，要取得国民经济的发展，不一定要走战争和军事化的道路。相反，进行战争和积极从事扩军备战，只能阻碍经济发展，使国家落后。美国从盛到衰，朝鲜战争是开端，越南战争成为重大转折。两个超级大国的衰落都是由于疯狂的军备竞赛和超过承受能力的对外军事负担。

可见，情况发生了很大的变化。在以前，列强可以指望从战争中获得巨大的经济好处。日本当年就是在发动甲午战争和日俄战争的对外侵略中，促进了资本主义的发展，取得了大国的地位。现在对于大国来说，要从战争中得到经济好处，已经是没有什么可能了。这也是西欧主要资本主义国家成为和平力量，两个超级大国近来也在军备竞赛和地区争夺上降温的一个重要原因。

无论制止战争的因素有多少，上面列举的也可能极不完全，但是40多年来没有发生世界大战却是无可争辩的事实。那么，将来的情况如何呢？世界大战能不能避免？这才是人们所真正关心的问题，也是我们所处的这个和平与发展的时代能持续多久的问题。当然，形势的发展存在着两种可能。但是总的看来，从现在起的50年内外，爆发大战的可能性是比较小的。这是因为，不但上述制约世界大战和大国之间战争的因素继续存在，今后还会不断加强，而且还出现了一些具有长期影响的有利于世界和平的趋势。

80年代中期以来，世界形势发生了转折性的重大变化。这主要表现在两个方面。

第一，随着美苏关系的较大松动，整个国际形势开始趋向缓和。美苏关系从激烈的对抗为主变为全面竞争和对话为主；军备竞赛的步伐在放慢；军备控制和进一步裁军的势头有所增强；一些局部战争和地区冲突有可能逐步得到和平解决，等等。造成这一变化的根本原因，是美苏的衰落和世界多极化发生了质的变化。美国在两三年内就从世界最大的债权国变成了最大的债务国，一举失去了在金融、工业和技术上的绝对优势和领先地位。苏联的处境更加不妙，经济上长期处于停滞状态，国民生产总值已被日本超过，从世界第二位降为第三位，除军事力量外，其他方面已够不上超级大国。正是在这种情况下，美苏不能不缓和它们之间的关系，压缩军费开支，减少地区争夺，而着力于解决国内问题，特别是经济技术的发展问题。世界多极化的发展，已使美苏认识到它们在国际事务中不再处于支配地位了。

1988年8月，美国国务卿舒尔茨访问亚太九国之后在檀香山发表讲演说：“当今的世界不再是由一两个超级大国来主宰的。”“今天的世界是由许多经济强国支配的。”

第二，国际竞争的重点转向经济技术方面，相形之下，军备竞赛、军事安全、军事同盟和核战略的地位有所减弱和下降。各国更加重视综合国力的加强，其核心就是经济实力，因而经济安全就被提到了首位。经济和科技在国际政治、军事和外交等方面发挥着重要甚至是关键性的作用。因此，国际上经济和技术方面的竞争更趋激烈，与世界经济一体化的同时，地区一体化或集团化也在迅猛发展，而两大军事集团——北大西洋公约和华沙条约组织却出现松散迹象，内部矛盾有加剧趋势。

上述两方面的情况说明，整个国际关系趋向缓和，是有着深刻的原因的。因此，这种缓和的趋势将不是一时的现象，起码会延续到下个世纪初，甚至更久。缓和成为今后国际形势发展的主要趋势或主流，这本身就是世界和平的进一步巩固。

当然，事物的发展从来不是直线的。即以美苏关系的缓和而论，也还要看到其脆弱的一面。这除了社会制度和意识形态的不同外，还由于双方互为主要对手的格局并无变化，加上利益冲突、历史积怨、互不信任以及可能的偶发事件，都会造成反复和曲折，甚至发生逆转。其次，一些局部战争和地区冲突正在得到和平解决，但有些热点还依然存在；有些国际性的局部战争解决了，却可能转化为国内战争；而且也很难避免出现新的局部战争和冲突。这些即使不是因大国插手造成，也会把大国牵连进去，所以同样孕育着一定的危机。另外，在形势趋向缓和、多数大国都在压缩军费的情况下，仍有个别大国却较大幅度地增加军费，这也可能影响有关地区的安全和稳定。最后，更重要的还是超级大国间的军备竞赛并未停止，而且在向太空和高技术领域发展。因此，世界战争的危险依然存在，对战争失去警惕是毫无根据的。世界和平只有靠各国人民的努力才能得到维护。

但是，根据上面对和平因素和战争因素的分析，和平趋势显然占据主导地位。所以我们常说，如果本世纪世界大战打不起来，到下世纪就更难打起来了。起码在今后50年内外，也就是到下个世纪中叶，世界和平是可以维护住的，爆发世界战争的可能不大。如果结合对当今时代另一主要特征——发展的分析，这一前景就更加明显了。

作为当今世界两大主题之一的发展，自然是指世界范围的发展，既包括社会主义制度下的发展，也包括资本主义制度下的发展；发展中国家迫切需要发展，发达国家同样也要求发展。而且这种发展的含义比较广泛，包括经济、政治、社会、科技、文化诸多方面，也就是说，涉及生产力、生产关系以及上层建筑。但这里谈的发展，一般不包括社会制度的更替，否则，世界主题就不是发展，而是革命了。另外，经济是基础，因此发展就主要指经济的发展。这也是下面所要着重谈的方面。

第二次世界大战以后，世界经济出现了惊人的大发展，其规模和速度在人类历史上都是空前的。有人计算，单是战后头30年，世界工业总产值累计额就是人类历史全部工业总产值累计额的两倍左右。以发达资本主义国家为例，它们战后头20多年生产的产品，就超过了过去200多年产品的总和。以不变美元价格计算，从1950年到1980年，世界经济年平均增长4.7%，而1913年到1938年平均不到2%。虽然战后各国经济的发展极不平衡，但无论是社会主义国家、发达资本主义国家还是发展中国家，都取得了各自历史上罕见的发展。战后短短几十年的发展，已经大大改变了各国和整个世界的面貌，使人类文明进入了一个全新的阶段。

促成战后世界经济大发展的原因是多方面的，这里只指出以下几点。

首先是由于长期保持着一个和平的国际环境，这是发展所必须具备的根本条件，尽管战后的局部战争和地区冲突连绵不断，国际形势也经常处于紧张和动荡的状态中，但却一直没有爆发世界大战，国际关系特别是经济关系就整体而论，始终还是比较稳定的。这就使世界范围的经济大发展成为可能。所以我们才说，没有和平就没有发展，和平与发展这当代世界两大主题是不可分割的。

其次是新技术革命的蓬勃兴起和迅猛发展。据统计，战后40年科技知识的积累，已占人类有史以来积累的全部科技知识的90%以上。正是科技的飞速进步，推动了战后世界经济的高速发展。现代生产力的发展主要是靠劳动生产率的提高来实现的，而劳动生产率的提高又主要靠技术的进步。新技术革命使发展生产有了廉价的原料和能源。石油的大规模开采和利用，原子能、合成材料及其他原材料的迅速发展，都为扩大生产开辟了广阔的前景。同时，技术进步又为原料和能源的节约提供了可能。

据国际货币基金组织的资料，几十年来，世界经济的增长，是在世界对原料的需求平均每年下降1.25%的条件下实现的。现在这种需求就下降得更快了。新技术革命增加了越来越多的新产业部门，促进了产业结构和经济结构的变化和调整，提高了经济的微观和宏观管理水平及合理化程度。总之，新技术革命几乎在改变着一切，是推动经济发展的重要动力。所以说，科技发展水平已经成为判断一个国家先进还是落后的主要标准。

第三是各国对生产关系以及上层建筑所进行的改造和调整。虽然不同类型国家所作的改造和调整，性质根本不同，有的是社会制度的彻底改变，有的则只是局部的改良和调整，但都不同程度地促进了生产力的发展。社会主义国家，经过社会主义革命或社会主义改造，解放了生产力，使经济得到迅速发展。如果不是由于体制上的弊端和政策上的失误，那么它们的发展速度还会快得多。绝大多数发展中国家，在挣脱殖民主义的枷锁后，虽然还留在世界资本主义体系，但其生产关系和上层建筑的发展变化，却要超过以往的几百年。这就为经济的发展创造了有利的条件。因此，作为一个整体，发展中国家的经济增长速度，在大部分时间高于发达国家。在世界经济比重中占70%左右的发达资本主义国家，战后也对生产关系和上层建筑进行了一系列的改良和调整，使资本主义增强了自我调节的能力。当然，调节的成功只能是相对的，并不能解决社会的根本矛盾和避免腐朽的趋势，但却使生产力和生产关系的矛盾得到缓和，不致发展到尖锐冲突和必须实行社会变革的程度。资本主义的改良和调整，还使一些固有矛盾发生变形和缓解。如恩格斯所说的“个别工厂中的生产的组织性和整个社会的生产的无政府状态的对立”①，就由于政府的宏观管理和企业的自主结合，以及信息化的高度发展，而有所缓和。又如资本主义生产能力的无限扩大的趋势和人民群众有支付能力的需求相对缩小之间的矛盾，也由于国家对经济的干预和某种计划调节，国民收入趋于一定程度的公平的再分配；社会保险和福利政策的执行等，也得到一定控制，使危机受到限制，周期有所变形。甚至作为资本主义基本矛盾的“生产的社会化和资本主义私人占有形式之间的矛盾”，由于现代资本主义生产关系的改良和调整，如国营经济的发展，特别是国家直接控制的经济比重的提高（西欧各国均在30%以上，瑞典高达61%；美国36%；日本较少，也是28%）、股票分散化和股份职工化、反垄断法和高额累进税、职工参与制、所有权和经营权的分离，等

① 《马克思恩格斯选集》第3卷，第313页。

等，已经不只是生产资料和社会财富越来越集中在少数人手里(这种趋势也还存在)，而是同时出现分散化的趋势，这就使这一基本矛盾发生某种变形和得到一定缓和。对于这些问题，这里只是顺便提一下，即使粗略的说明，也需要另外进行专门分析。但是有一点却是清楚的，就是现代资本主义还有较强的生命力，还能够容纳生产力的发展，推动科学技术的进步。因此，不但战后几十年来，而且今后相当时期，发达资本主义国家在世界经济和科技上，都还占着绝对优势和领先地位。

第四是世界市场的扩大和经济国际化的高度发展。战后世界经济的一个显著特点，就是国际贸易的增长大大超过了生产的增长，1913 年到 1938 年，全世界出口贸易量年平均只增长 0.7%，约为工业生产增长的 1/3。但 1948—1976 年出口贸易量却平均每年增长 7.7%。在促进战后贸易和经济国际化发展上，西方国家推行的自由贸易制度和固定汇率制，以及关税贸易总协定和国际货币基金等国际组织的建立，起了重要的作用。70 年代以来，以美元为中心的资本主义货币体系崩溃了，贸易上的保护主义也日益抬头，但是世界贸易和经济国际化仍然得到继续甚至更快的发展。跨国公司的兴起，生产国际分工的扩大，对外投资迅速增长，资本国际流动的急剧膨胀，加上经济上国际协调的加强，国际经济一体化有了空前发展，各国经济都变成了世界经济的一部分。一个国家经济的得失成败，在很大程度上决定于对国际经济形势发展变化的适应。列宁说："有一种力量胜过任何一个跟我们敌对的政府或阶级的愿望、意志和决定，这种力量就是世界共同的经济关系。"① 社会主义国家过去一个重大失误，就在于忽视了这种关系，实行闭关自守，或者人为地搞"两个平行的市

① 《列宁全集》第 42 卷，第 332 页。

场”，在相当程度上脱离了世界经济的发展。

正是上述这些基本因素，造成了人类历史上无与伦比的经济、政治、科技、文化的大发展。50 和 60 年代，曾经是这一发展的黄金时代，但即使在 70 年代以后，包括经济在内的多方面的发展，仍然超过了以往的任何时期。今后随着这些因素的进一步加强，人类还会迎来一个更大发展的新时期。

和平力量和和平因素的进一步增长，国际形势出现长期缓和的趋势，国际竞争的重点向经济技术领域的转移，避免新的世界大战的可能更大了，世界范围的持久和平有可能成为现实。而在和平的条件下，各国对外开放的程度会越来越高，经济国际化将有更迅速的发展。不但是西方发达国家之间和它们同发展中国家之间，而且社会之间，国际联系和相互依存的关系都在不断加深。这已成了国际社会发展的必然趋势和基本规律。80 年代以来，新技术革命又在迅速发展，特别是微电子、新材料、新能源、生物工程，以及太空和海洋开发等领域，或者已取得巨大进步，或者酝酿着新的突破。为了促进经济技术的发展和适应进一步的国际化，提高竞争力和避免落后，几乎所有国家都在对经济、社会进行不同性质和不同程度的改革和调整。改革和调整的潮流席卷全世界，对今后的发展必将产生意义深远的重大影响。所有这些，都预示着世界经济一次新的更大发展的时期即将到来。这也完全符合康德拉季耶夫所创立并经熊彼德发展和补充的长波理论。根据这个理论，世界经济的发展存在着一个 50 到 60 年的长周期，其中上升期和下降期各为 20 到 30 年。上一个周期的上升期为 50 和 60 年代，70 年代后进入下降期。预计 90 年代将发生转折，下世纪头 20 多年又是一个上升期。不管是否承认这一理论，各国都在积极准备（包括改革和调整）迎接世界经济发展高潮的到来，却是确凿的事实。

正像和平不会自行到来，必须努力争取一样，发展的道路也是极不平坦的。发展本身就是斗争，就是优胜劣汰的大竞争。在未来的半个多世纪内，世界大战有可能避免，但是一场世界范围的经济技术竞争却会愈演愈烈，将决定各国在世界上的经济政治地位。就其结局而言，也许比世界大战更复杂、更残酷，失败了就会被淘汰。而且世界经济政治的发展从来都是极不平衡的。当前世界经济就经历着几个严重失衡，包括发达国家内部（如美国的外贸、财政和国债三大赤字）及其相互关系的失衡和南北关系的失衡。由于历史的原因、旧的国际经济秩序以及国内体制和政策上的弊端，发展中国家处境极为困难。据勃兰特委员会的研究报告，包括中国在内的“南方”，占世界人口的 3/4，却只占世界总收入的 1/5。发达国家的人均收入 1952 年高于穷国 20 倍，1980 年已达 48 倍。发展中国家的出口占世界出口份额 1980 年为 28%，只过了 5 年，到 1984 年竟下降到 19%。不少发展中国家还有沉重的外债负担。所以发展问题，更重要的是发展中国家的发展问题。如果发展中国家长期处于落后状态，不但全人类的发展会遇到困难，发达国家的发展也会受到限制。全世界都要重视南北问题，努力制止南北差距的继续拉大，并进而缩短这种差距。对社会主义国家来说，必须迎接时代的严峻挑战，加速改革和开放，尽快解决至今尚未解决好的经济发展和政治民主的问题，更好地体现出社会主义的优越性。

和平与发展的时代，并不是意味着天下太平、万事大吉，人们可以坐享其成。它只是说明这样一个历史阶段客观上存在的基本特征和主要趋势，就是没有世界大战，世界经济、政治、科技、文化将会得到迅速发展。

那么，我们所处的这个和平与发展的时代，应从什么时候算起，又可能延续到什么时候，也就是说，它的纵向跨度会有多长？根据我们前面的分析，第二次世界大战以后，经过若干年的过渡，大约到50年代中期，世界就进入了和平与发展的时代。至于什么时候结束，从理论上讲，这是很难甚至不宜作出估计的。所以列宁在划分法国大革命以后的第三个时代的时候，就用了“1914—?”的办法，表示到何时为止，无法判断。不过我们从世界形势的发展趋势看，大体上可以初步认为，今后半个世纪发生世界大战的可能很小，世界还会得到较大的发展。再往后的情况就很难说了，也许世界大战永远不会爆发，但其他足以改变时代基本特征的重大变化却可能发生，从而导致时代的交替。这样看来，和平与发展的时代有可能延续百儿八十年。

认定我们所处的这个时代起始于50年代中期，是因为第二次世界性的战争与革命周期基本上是在这时候结束的，世界主题已经为和平与发展所代替。这一交替的标志和表现主要是：

第一，在中国革命和朝鲜战争之后，战后世界格局最后形成并巩固了下来，力量对比出现了稳定的均势，用武力或武力威胁改变雅尔塔体制的企图证明行不通，尖锐对立的两大军事集团都以防御为主，尽管“冷战”时有起伏，形势动荡不已，但到50年代中期，世界发展的主要趋势和基本特征已经不是战争而是和平了。

第二，战后兴起的民族民主革命高潮所导致的一系列社会主义国家的出现和一批重要的民族主义国家取得政治独立，也是在1950年前后就已基本完成了。例如，在世界上具有重大影响的中国和东欧各国，就是在这个时期成为社会主义国家的；世界上重要的殖民地国家如印度、巴基斯坦、印尼、缅甸、斯里兰卡以及叙利亚、约旦等，也是在这期间获得独立的。如果再加上50年代独立的国家如摩洛哥、突尼斯、利比亚、苏丹、马来西亚等，殖民主义体系就已经基本上瓦解了。

第三，到50年代中，各国经济都已完成了战后恢复阶段，开始了高速增长。无论是社会主义国家还是资本主义国家，50年代的经济发展速度都是史无前例的。朝鲜战争的刺激，在某种程度上可以说对资本主义世界经济起了转折的作用，促进了国际贸易的急剧扩大，从而推动了生产的迅速增长。埃德温·哈特里奇在《第四帝国的崛起》中引用《经济学家》杂志的话说："正是在这个时候，奇迹出现了，1950年6月，朝鲜战争使整个世界贸易突然呈现出一派繁荣景象。"哈特里奇接着说："随着朝鲜战争的爆发，购买德国机器、机床和重工业设备等的订货单像雪片般飞来，这种意想不到的形势为西德经济的恢复奠定了牢固的基础。"[①] 朝鲜战争更是战后日本经济的重要转机。

第四，对人类历史影响深远，对战后世界经济高速发展具有决定性作用的新技术革命也发生在50年代。新技术革命改变了整个生产的面貌，还建立了一大批新兴工业部门如原子能、电子计算机、高分子合成、半导体、宇航工业等，使经济结构发生了重大变化，并且影响到人类生活的各个方面。新技术革命成了新时代的一个重要标志。

不能否认，50年代后期以来，国际紧张局势和冷战还时有起伏，局部战争和地区冲突一直连绵不断，民族独立运动的浪潮持续到了60年代，世界经济发展也出现过一些波动。但是就总的过程看，就全局看，这些都没能构成时代发展的主流。列宁说："这里谈的是大的历史时代。每个时代都有而且总会有个别的、局部的、有时前进、有时后退的运动，都有而且总会有各种偏离运动的一般型式和一般速度的情形。"[②] 因此，上述那些有

① 《第四帝国的崛起》中译本，第164页。

② 《列宁全集》第26卷，第143页。

的属于前进有的属于后退的运动，并不能改变和平与发展的时代的根本性质。

进入和平与发展时代的三四十年中，没有发生无产阶级社会主义革命，传统资本主义完成了向现代资本主义的演变。从阶级立场和革命观点看，这究竟是好事还是坏事？应当说这是大好事。马克思主义历来认为，无产阶级的利益和全人类的利益是一致的，只有解放全人类，无产阶级才能解放自己。在我们这个时代，无产阶级和全人类的最高利益就是和平与发展。如果爆发核战争，整个人类就有毁灭的危险。所以1957年社会主义国家共产党和工人党代表会议的宣言说："各国共产党认为争取和平是自己的首要任务。"

在无产阶级革命时代，列宁特别强调时代的阶级内容，说区分时代应当首先弄清"哪一个阶级是这个或那个时代的中心，决定着时代的主要内容、时代发展的主要方向、时代的历史背景的主要特点等等"。[①] 那么在和平与发展的时代，就应更加强调无产阶级和人类利益的一致。而且也不能说只有无产阶级在时代发展中起决定作用。不完全属于无产阶级的其他阶级和阶层，例如所谓的中产阶级，特别是知识分子，以至广大发展中国家的资产阶级，也都起着不可忽视的作用。另外，三四十年来，人类社会的进步，工人阶级得到的经济政治权益和生活水平的提高，都超过了资本主义诞生以来的任何时代。列宁说："任何一个马克思主义者都不会忘记，资本主义比封建主义进步，而帝国主义又比垄断前的资本主义进步。"[②] 我们也有充足的理由认为，现代资本主义无疑要比列宁时代的帝国主义进步。

---

① 《列宁全集》第26卷，第143页。
② 《列宁全集》第28卷，第156页。

根据我们前面的分析，和平与发展的时代可能一直持续到下个世纪中叶。在这个期间，大约仍然不会发生传统意义上的世界无产阶级社会主义革命，资本主义还将通过不断的自我调节而生存和发展下去。全世界工人阶级和社会主义力量的任务，就在于继续为争取和平与发展而斗争。在资本主义国家，积极推动社会的进步，如同列宁说的使资本主义更加接近社会主义，在时机成熟时再进行社会主义改造。在社会主义国家，主要是进行全面、深刻的改革，使社会主义的优越性在经济政治等所有方面得到充分发挥。社会主义和资本主义斗争的主要形式，将是和平竞赛和全面的竞争。这种竞赛和竞争，具有世界范围的“谁战胜谁”的性质，是人类历史面临的重大课题。

社会主义必然要在全世界代替资本主义，这是不以人们意志为转移的社会发展规律。我们的崇高目的，就是根据马克思主义的基本原理，在中国共产党的领导下，建设有中国特色的社会主义。当然，作为一个崭新的社会制度，社会主义还在探索中。过去曾走过弯路，今后也还会遇到困难，因为正如车尔尼雪夫斯基所说，“历史的道路不是涅瓦大街上的人行道”，但是顺着历史的道路走下去，就一定会到达目的地。

如果只看到社会主义在实践中出了一些问题，现代资本主义得到较快的发展，于是就认为社会主义没有希望，马克思主义也不灵了，那就是否定人类社会的发展规律，甚至变成了“资本主义万岁”论者。还在资本主义诞生之初，许多先进的人们，例如各种空想社会主义者，就已看到了资本主义的不合理，提出了社会主义的崇高理想。马克思、恩格斯，也是在资本主义上升时期，吸取前人的思想精华，通过科学的分析研究，得出了社会主义必然代替资本主义的结论。那么，现在还对马克思主义发生怀疑，对社会主义丧失信心，就更显得肤浅和荒谬了。

不过也应注意到问题的另一方面，即现实社会主义都是诞生在比较落后的和资本主义发展极不成熟的国家，实践中又发生不少失误，远没有赶上发达资本主义国家的发展水平。因此，我们这里所提的“代替论”，并不是指由传统模式的现实社会主义，去代替仍有很大发展潜力的现代资本主义，而是指在资本主义之后，必然会有一个更高级的社会形态，也就是体现人类崇高理想的社会主义或叫共产主义社会。对于这个社会，千百年来许多先进的人们就一直在憧憬并作了各种描绘，最后由马克思、恩格斯进行了科学论证，至于如何实现这种代替，未来的社会主义究竟是个什么样子，马克思、恩格斯并没有也不可能给我们提供具体的蓝图。但是可以肯定的是，社会主义最终必将摆脱资本主义的固有矛盾和各种弊端，做到没有阶级，没有剥削和特权，没有等级和压迫，没有战争和恐怖，没有贫穷和饥饿，社会的物质和文化生活极为丰富，人们真正成为马克思所说的全面发展的自由的人。

当社会主义完成革命性的改革，得到不断完善，在经济政治文化等领域赶上和超过资本主义，它的榜样力量和吸引力显著表现出来；当资本主义的生产关系再也不能容纳生产力的发展，工人阶级和全体人民真正觉悟到资本主义制度必须改变，那时资本主义的丧钟就最后敲响了。总之，无论将来会采取什么样的形式，经过什么样的过程，需要多长的时间，社会主义在全世界的胜利都是肯定无疑的，和平与发展的时代，将为这种前景奠定可靠的基础。

五　在时代问题上的一些不同意见

对于我们所处的时代，近年来出现了一些不同提法和意见。

在讨论时代问题时，对此谈点个人看法，也许不算是蛇足。当然，这不是说自己的意见就对，别人的意见都不对。事实上，下面提到的有些提法也是我过去的认识。因此，谈点个人现在的看法，目的只是为了引起进一步的讨论。根据我所看到的材料和听到的发言，以及自己现在的认识，有以下几个问题需要进行探讨。

1．大时代的小阶段论

迄今为止，在我所看到的有关国际关系理论的书籍（应当声明，第一，我看到的并不多，只是一部分；第二，这些书籍多写于一两年前或者更早）中，大多仍然坚持“帝国主义和无产阶级革命时代”的提法，只是近年来看到有些文章对于这些提法作了新的解释。根据这种解释，“帝国主义和无产阶级革命时代”是个大时代，并没有变化，而且从帝国主义诞生直到其死亡即无产阶级社会主义革命在全世界取得胜利为止，都不会改变，只是在这个大时代里根据形势的变化还可分为若干小的阶段，例如当前就属于“和平与发展阶段”。至于有人提出的所谓“大小时代结合论”，实际上意思也是一样的。

首先，这种解释已经离开了列宁的原意。因为列宁所提帝国主义时代和无产阶级革命时代，是指资本主义正在全面崩溃，世界革命危机日益成熟并即将取得胜利。除了我们前面已引证和叙述过的以外，为了进一步说明列宁的原意，这里再引列宁的几段话。“暴力将是一个世界性的历史时期，是充满着各式各样战争……的整个时代。”① “现在，在战争的第五年，帝国主义的总崩溃已是有目共睹的事实；现在大家都很清楚，各交战国的革命是不可避免的。”② 70年来，特别是二次大战后40多年来，形势

① 《列宁选集》第3卷，第479页。

② 《列宁全集》第35卷，第115页。

的发展并非如此。因此，对“帝国主义和无产阶级革命时代”的这种新加的解释，是缺乏理论和事实根据的。

其次，大时代的小阶段论，没有区分时代和阶段的质的区别，没有说明它们各自的基本特征。实际上，这里讲的大时代是指的社会发展规律，反正社会主义必然要代替资本主义，不管要经过多少阶段和这个或那个阶段的性质如何。而这里讲的小阶段，实际含义反而是列宁所讲的时代。因为把时代的主要内容、发展方向、基本特征的变化，如战争与革命变成和平与发展，只是当做阶段的更迭，而不是时代的交替，显然是概念的混淆。

最后，不管形势的变化，把时代拉得这么长，绵亘几百年，怎么能“区别不同时代的基本特征”，“正确地制定自己的策略”呢？又怎么能“认清这个时代的基本特征”，“来估计这国或那国的更详细的特点”呢？这样的时代研究，无论从理论上还是实际上看，都是没有意义的。

2.“从资本主义向社会主义过渡的时代”

这是苏联很早以来的提法。现在，我国报刊上也出现这种提法，并且引用列宁在1918年所写《无产阶级革命与叛徒考茨基》一书中说的“从资本主义过渡到共产主义是一整个历史时代”的话来证明。其实这种提法只是对“帝国主义和无产阶级革命时代”换了一种说法，并且还是对列宁原话的误解。

列宁这里所说的“历史时代”，是指无产阶级社会主义革命取得胜利到消灭阶级这一过渡时期，特别是强调过渡时期的阶级斗争。所以他的原话是：“从资本主义过渡到共产主义是一整个历史时代。只要这个时代没有结束，剥削者就必然存在着复辟希望，并把这种希望变为复辟行动。”我们说过，列宁对“时代”这个字眼的使用并不十分严格。如果不完整地理解列宁关于时代的理论，不分列宁在不同场合和不同意义上讲的时代，那就只能造成混乱。其实不只是列宁，所有的人直到现在使用时代这个名词也是不作严格区分的。例如时常见到的新石器时代、封建时代、文艺复兴时代、青年时代、毛泽东时代等，这些“时代”的含义同我们所说的帝国主义和无产阶级革命时代中的这个“时代”显然是不同的。所以我们在讨论时代问题时不能把不同的含义相混淆，引证列宁的话也要看他使用的场合。

而且列宁这里所用的共产主义，也指经典作家常说的共产主义第一阶段，现在看来，还只是社会主义建设的开始时期，否则就不会再发生资产阶级的复辟问题。如果把这里用的共产主义理解为共产主义的高级阶段，那么这个“时代”就从十月革命一直延续到共产主义在全世界完全确立，看来这至少也得二三百年，当然不是列宁讲的过渡时期了。

说从十月革命到共产主义在全世界的确立还得二三百年，是否把时间估计得太长了？也不是。从十月革命到现在已 70 多年，社会主义还大多处于初级发展阶段，完全进入共产主义社会，恐怕还得二三百年，甚至更长些。拿资本主义世界来说，很可能也还会继续 200 多年。一国两制都准备以百年计，何况全球两制。资本主义即使再活 200 多年，在人类历史上也还是时间最短的社会形态。资本主义生产方式的基础是机械化的工厂大工业，这顶多只能从 18 世纪中叶的产业革命算起。资本主义经济占据统治地位和进入周期运行，大约还得从 19 世纪算起。因为 1825 年英国才发生了第一次资本主义经济危机，而第一次世界性的同步危机则出现在 1857 年。1848 年的《共产党宣言》中说：“资产阶级在它的不到 100 年的阶级统治中所创造的生产力，比过去一切世代创造的生产力还要多，还要大。”可见，马克思、恩格斯对资产阶级的统治，也是从产业革命算起，而不是从尼德兰或英国的资产阶级革命算起。现在资本主义才活了 200 多年，如果再活

200 年，也不过 400 多年。但封建主义在欧洲却活了 1000 多年，在中国活了 2000 多年。

3.“激烈竞争”的时代

一些同志痛感我们时代的竞争激烈，淘汰无情，关系到国家民族的生死存亡，因而为了唤起民族的危机感和紧迫感，认为提激烈竞争比和平发展更切实际。这种想法无疑是崇高的。但这不是我们所讨论的时代问题。因为“时代”有它比较确切的含义，而不只是一个宣传鼓动的口号。

激烈竞争或者每个国家民族求生存和发展的竞争，并不是我们时代专有的特征，可以说是古已有之。在资本主义原始积累时期，竞争的激烈程度决不亚于现代，甚至还要厉害得多。在那个时期，硬是有许多国家被消灭了，还有一些民族或部族、种族被淘汰了。我们中华民族，也就是在长期竞争中沦为半殖民地，受尽了侵略和凌辱，而且这也成为我们至今仍然落后的一个重要原因。事实上，激烈竞争贯穿着整个资本主义的始终，从来没有平息过，今后也不会平息。没有竞争就没有资本主义。如果对求生存的竞争作达尔文主义的了解，那范围就更大了。所以，不能用激烈竞争概括我们时代的主要内容和基本特征。而且在我们这个时代，发展既要求合作，更离不开竞争，只有竞争才能促进发展，激烈竞争不但和发展不矛盾，反倒是发展的应有之义。

至于说到两种制度之间的竞争或者叫做竞赛，那是从十月革命后就已开始了的，并不是我们这个时代的主要现象和基本特征。列宁把和平共处看做阶级斗争的一种形式，现在苏联已经正式修正了这一提法。姑不论在核时代对此应如何看待，单是两个制度的共存本身就包含着全面的激烈竞争和竞赛。这种竞争和竞赛，从十月革命起还将一直延续到共产主义在全世界的胜利。因此，我们所处的时代也不能定义为两种制度竞争的时代。何况现在世界上存在的还不能简单地以两种制度来概括。

4."争取和平与发展的时代"

这一提法是要强调，和平与发展不会自动到来，也不会自动保持下去，必须通过主观的努力去争取。而且还担心不提"争取"，人们有可能产生麻痹大意、坐享其成的思想，放弃努力，松懈斗志。这种用意当然也是好的。但是它不够科学，减弱了时代的科学含义。有的文章走得更远，连"当代世界主题"的"和平与发展"也要修改为"维护和平与争取发展"，其实并没什么新意。

时代是一种客观存在，是由人类历史一定阶段的主要内容和基本特征决定的，并不以人们的意志为转移，而历史又是人所创造的，没有人的努力，也就谈不上历史的发展。人类历史中几乎每一项发展，都离不开主观的努力，但没有人给每一项都加上"争取"。和平就一直是人类争取的一个目标。远的不说，第一次世界大战前，第二国际和各国工人阶级就曾为反对战争、争取和平尽了最大的努力。从 1907 年的斯图加特会议、1910 年的哥本哈根会议，到 1912 年的巴塞尔会议，都着重讨论了反战问题，发表了反战宣言或决议。第二次世界大战前，反对法西斯和保卫世界和平的运动更是汹涌澎湃。但这两次都没能阻止得了大战的爆发。第二次大战后，也并不是不存在战争势力，但大战终于没有打起来。这当然是客观形势发展变化的结果。例如作为战争手段的核武器就有两重性，其中一面竟成了防止世界大战的重大因素。这已是人们公认的客观事实，与"争取"的关系并不大。

"和平与发展的时代"用不着加上"争取"二字，正像列宁所提"无产阶级革命的时代"不加"争取"一样，后者也并不意味着无产阶级革命不用争取，不要主观努力，就会自行到来。我们说社会主义必然要代替资本主义，但这种代替也得靠争取，靠主观努力。不提争取，不见得就会使人发生错觉，放松努力。世界范围的和平也是客观存在的，不管我们主观上曾经怎样估计和做了什么准备，过去没有发生世界大战却是事实。至于我们的主观努力应该如何，是以极端警惕、积极备战来争取和保卫和平呢，还是利用和平这一客观存在的现实和趋势，集中发展我国的生产力呢？这是历史已经作了明确结论的。

总之，称做时代的和平与发展，前面不必要也不宜于加上“争取”二字。

5. 和平与发展时代从 80 年代算起

有的文章说，和平与发展时代的“纵向时间跨度，大约 50 年到 70 年，即从 20 世纪的 80 年代起到下一世纪的中期”。这就产生了两个问题：第一，时代的交替有没有一定的客观标志，也就是列宁所说“如何估计到区别不同时代的基本特征”；第二，和平与发展的时代起于 80 年代，那么 80 年代以前的一段时间又算做什么时代呢？

时代的划分必须有重要的客观标志。列宁就是以法国大革命、巴黎公社、资本主义进入帝国主义阶段特别是第一次世界战争，来划分不同的时代的。时代的交替，并不是由于人们主观上认识到了和正式提出了时代的主题，才有了不同的时代。列宁是在 1915 年才第一次提出帝国主义时代的，但他并不认为这个时代就是从 1915 年开始。这有他的话为证：“马克思、恩格斯两人都没有活到全世界资本主义进入帝国主义的时代，因为这个时代最早也只能说是在 1898—1900 年间开始的。”① 因此，我们也不能说，因为我们在 80 年代才认识到和提出了“和平与发展是当代世界的主题”，这个时代只能从 80 年代算起。诚然，近年来国

---

① 《列宁全集》第 25 卷，第 229 页。

际形势发生了转折性变化，出现了缓和的趋势，但这也不足以成为和平与发展的主要标志，何况这还是80年代中叶以后的事。至于改革调整的潮流以及新技术革命的进一步发展，同样构不成时代交替的标志。

另外，如果从80年代才开始和平与发展的时代，那么在这之前是否还是战争与革命的时代，也就是帝国主义和无产阶级革命的时代？或者是另外一个什么时代？在那段时间里，没有发生大的战争，没有发生世界无产阶级社会主义革命，当然不能再算做战争与革命时代了。拿发展来说，头30年，特别是50和60年代，世界范围的经济与科技得到空前发展。总不能说高速发展不算，只有80年代的低速发展才算做时代基本特征的“发展”。所以说，把新时代的起点定到80年代，是缺乏科学根据的。

当然，讨论时代问题并不只是为了向后看，更重要的还是为了向前看。现在，和平与发展的时代已过去了30多年，如果再持续五六十年，整个时代的纵向跨度就当以百年计。

过去的三四十年，世界在没有全面战争和在激烈竞争的条件下得到了巨大发展，我们却有所耽误。今后的五六十年，世界大战的可能性仍然很小，各国面临的将是竞争更加激烈的经济和科技“大战”。在这个严酷的现实面前，我们中华民族必须认清所处的时代，勇敢地迎接挑战，抓紧时机，全力以赴，打一场翻身仗。在和平与发展的时代里，一定要实现中华民族的振兴，把我们伟大的祖国建设成高度文明和高度民主的社会主义现代化强国。

（载《当代世界政治经济基本问题》，世界知识出版社 1989 年 4 月版）

国际问题研究中的几个观念问题

学习邓小平理论，贯彻党的思想路线，要求在国际问题研究中进一步解放思想、更新观念。我们批评西方一些政治家和学者坚持冷战思维，自己更不能保留任何过时的旧观念。但一些基本原则和观点又必须坚持，不可随风摇摆。下面对几个观念问题谈点个人意见，希望得到批评指正。

一　和平与发展问题

这个问题已经谈论很多，但仍有争论，而且国际问题研究中不少分歧也来源于此，所以仍然值得进一步讨论。

根据列宁关于时代的学说，20 世纪大致可以分为两个时代。前半期为战争与革命时代，即帝国主义与无产阶级革命时代。后半期是和平与发展时代。50 年代中期以后，民族民主革命运动走出高潮，再没有爆发世界大战，世界经济和科技得到空前发展。这就标志着世界性战争与革命周期的基本结束和新时代的到来。但是由于我们仍然坚持战争与革命时代的观念，对内以阶级斗争为纲搞“继续革命”，对外推行世界革命路线，并在很长时间处于临战状态，结果吃了大亏，经济发展落在了许多资本主义国家之后。例如同日本比，它的经济总量1955年只有我国的1/2多一点，到1980年却已是我国的4倍。

和平与发展时代在冷战后进入了一个新阶段，跨度可能延续到下世纪中叶甚至更长。这期间由于发展不平衡的加剧，各国的兴衰分化和世界形势的变化将会更快，但作为时代特征的和平与发展却会保持总体上的稳定。这就使我们对今后（起码15—20年）的国际形势可以有以下一些大致的看法。

1．世界大战打不起来。局部战争仍难避免但它影响有限，而且规模和数量还在缩减。像中国解放战争那样的内战和朝鲜、越南那样的国际战争，今后大概不会再有了。近来一些地区的动荡与冲突有所加剧，但不会改变世界和平的大局和国际形势总体缓和的基本趋势。

2．包括大国在内的世界多数国家，都把维护和平与发展经济作为主要政策取向。寻求利益共同点和避免发生对抗成为国际关系的主流。相互关系已基本摆脱“零和游戏”规则，反而往往认为别国以至对手国内政治经济稳定才符合本国利益。霸权主义依然存在，控制和反控制的斗争不可避免，但不会引起世界范围的紧张局势，更不可能恢复冷战。

3．世界经济继续得到较快发展。只是重点从数量增长转为质量提高，更重视知识经济和可持续发展。技术的日新月异、市场化和全球化的加速发展，正在推动着一场深刻的产业革命，把人类文明带进一个新阶段。但发展这一时代特征并不改变基本经济规律，因而动荡和危机仍难避免。

4．以经济为基础的综合国力竞争成为国际斗争的主要形式。各国实际上都已把经济安全置于首位。外交的主要任务已从争取和平的国际环境转为争取对发展更有利的条件和维护经济安全。

激烈的竞争加剧着国家间的不平衡发展，改变着各国的排名位次。发展中国家虽然在经济和技术上处于不利地位，但作为整体的发展速度仍将超过发达国家。

二　现代资本主义问题

现在人们已很少使用帝国主义这个概念，这并不是偶然的。第二次世界大战后，资本主义本身发生了阶段性的部分质变，由传统资本主义转化为现代资本主义，有了一些带有本质性的新特点，成为形成和平与发展时代的重要因素。

两次世界大战和30年代的危机，使资本主义矛盾空前尖锐，大有不能再照旧统治下去之势。摆在它面前有两条路：进行自我扬弃或者走向死亡。国际共运的重大失误就在于一直坚持后一种可能，没有看到资本主义的内外因素会推动它用改良和改革的手段达到自我扬弃。这里说的外部因素主要有二。一是社会主义制度先后在一些国家的确立，对资本主义既形成压力（如盛行一时的多米诺理论），也提供了启示（如福利制度和计划经济）。二是民族独立运动胜利和第三世界兴起，堵塞了它们瓜分殖民地和进行武力扩张之路。当然，起决定作用的还是内因。资本主义本身的发展使它必须进行改革和调整。历史还证明，原有的矛盾除了具有破坏作用的一面外，还是推动社会发展的动力。最明显的像自由竞争推动了生产和科技的迅速发展；劳资矛盾迫使统治阶级改良分配和福利制度，等等。传统资本主义转化为现代资本主义带来了一系列重要变化，可以举出以下几点。

1. 以前称为帝国主义的主要资本主义国家间发展的不平衡不再必然引起战争，它们之间爆发战争反而不可思议。这是因为：现代资本主义国家对经济和政治的改革和改良，抑制了以军事手段对外扩张的倾向；经济国际化的高度发展，相互依存和一体化的加深，使它们处于俱损俱荣的格局中；经济成为国家战略和国际关系的重点，本国人民的觉悟和殖民地的独立，使它们不必要也没有可能再为争夺领地而战；科学技术的进步特别是毁灭性武器的发展，对大国间战争也起了制约作用，等等。当然，主要资本主义国家间的矛盾仍然尖锐，经济竞争和主导权的争夺仍很激烈，但是相互关系已经变为以协调为主。

2．现代资本主义对生产关系和上层建筑的改革与改良，使一些妨碍发展的因素得以消除或减弱。一些基本矛盾趋于缓和，一些原有规律发生变形，因而起到了一定意义上解放生产力的社会革命的作用，使资本主义的发展进入一个新阶段，不能再说是“垂死的”了。虽然资本主义的固有矛盾依然存在，有时还会激化，造成经济与社会的动荡和危机，但总的看来，不断的改革和调整还会使它长期存在和发展下去，并在世界经济与科技中继续居于统治地位。

3．人民群众的觉醒和抗争，迫使统治阶级作出让步，进行一定社会改良。其结果又使人民群众的社会地位得到提高，民主权利有所加强，对国家政策走向起着越来越大的作用。二战后，和平主义与民主主义精神更加深入人心，使法西斯和军国主义的复活再无可能。而且随着市场化的急剧扩大和全球化的迅速发展，世界范围的民主潮流还将进一步高涨，而这又有利于和平与发展两大主题的巩固。

4．在和平与发展时代，两种制度将长期处于相互依存与竞争共处状态。在相互关系中，起决定作用的已不再是意识形态，而是国力的增强和政策的正确。由于现代资本主义的生产关系还能够适应生产力的发展，这一社会制度还有强大的生命力，发达国家在相当时期内大概也不会出现无产阶级革命形势，更不可能发生暴力革命。历史证明，社会主义国家推行的“世界革命”路线，在理论上带有很大的主观成分和局限性，实践上也是失败的。当然，社会制度更替，资本主义退出历史舞台，这是改变不了的客观规律，但在世界范围可能还是很遥远的事。社会主义国家长时间的中心任务只能是集中力量推进经济现代化和政治民主化，不断增强在竞争共处中的地位。

三 全球化与多极化问题

东南亚金融风暴的扩散，使一些人动摇以至丧失了对全球化的信念；又加上美国经济形势持续看好，也影响到不少人对多极化的看法。由于对这两个问题的谈论已经很多，下面只就几个争论较大的问题谈点看法。

1. 关于全球化

全球化的积极作用是主要的。它和多极化一起构成当今世界两大潮流，是维护和平与促进发展，推动人类历史进步的重要因素。全球化由来已久，只是二战后出现飞跃，成为世界经济得到空前发展的一个主要推动力量。但是由于全球化的基础是市场化，所以具有很大的盲目性和一定的破坏性。冷战后全球化又发展到一个新阶段，有关体制和规则一时很难适应，因而更容易造成冲击。尤其金融全球化，发展更快，风险更大。但这些冲击反过来又会推动国际金融和世界经济进行自我调节。这次风暴就已迫使人们进行金融体制的改革，以逐渐稳定国际金融市场，恢复世界经济的较快发展。恢复也不会拖延太久，顶多 3—5 年。因此不可把这次金融危机看得过分严重，不可抹杀全球化的积极面只夸大其消极面。

全球化对发展中国家利大于弊。它对一切国家都是机遇与挑战并存。机遇的大小固然与国家的经济实力成正比，但更重要的还是决定于政策，证之以亚洲“四小龙”的崛起和中国改革开放前后的对照。全球化对发达国家有利，也为发展中国家提供了实现现代化和追赶发达国家的难得机遇，这里不存在“零和”关系。事实是，在全球化进入高潮的1979—1997年的20年间，发展中国家经济的增长率就高出发达国家一倍。这种趋势今后还会持续下去。

全球化隐含着市场与国家的根本矛盾。随着全球化的发展，民族国家的作用也在加强（表现为多极化趋势。而全球化和多极化也是世界市场和民族国家一对古老矛盾的发展）。经济上的控制与反控制、霸权与反霸权斗争会长期持续下去。美国等发达国家不但要维护旧秩序，还要制定新的不平等规则，强迫别国开放市场、实行自由化。发展中国家由于处于相对不利地位，所以更要发挥国家的作用，但不是消极回避，而是在积极参与全球化的过程中坚持独立自主，维护经济安全。要既善于斗争，又善于妥协，无论如何也不能被排除在国际合作之外。

中国只能积极参与全球化，特别是早日加入世贸组织。从这次金融危机中吸取教训，对参与全球化固然要更慎重些，例如开放金融市场要有步骤，不可过早过急，但总的精神仍应是进一步扩大开放，加快同国际接轨的进程。当务之急则是对争取2000年前加入世贸组织作出政治决断。因为一则美国的要价在不断加码（还要注意随着它的经济渐趋疲软和外贸逆差增大近期可能增加对我限制）；二则2000年将开始新回合的服务贸易多边谈判，制定我们也必须遵守的经贸规则，不参加进去就没有发言权；三则还得防止台湾先进去。参加世贸组织一开始势必对我国一些部门和企业带来不小冲击，但是长疼不如短疼，而且更要看到会带来的好处，即有助于引进竞争机制，提高国际竞争力，避免保护落后。

2. 关于多极化

在对世界格局的看法上，当前一个值得注意的现象就是过分突出美国和低估发展中国家的作用。例如颇为流行的“一超多强”提法，实际上就是日本人说的美国主导下的大国协调体制，发展中国家被完全排除在外。这同多极化是有原则区别的。因为多极化是世界政治经济不平衡发展的结果，其主要表现正是发展中国家的崛起和大国实力均衡化，及其反衬出的美国实力和影响相对衰落。由于多极化是建立在多种力量相互依存又相互制约的基础上，有利于世界和平与国际关系民主化，因而得到绝大多数国家的支持。江泽民主席在肯定多极化和发展中国家的作用时就说过：“以广大发展中国家崛起为重要特征的多极化趋势，犹如滚滚洪流，势不可挡。”

对发展中国家的地位和作用估计不足，有悖于我们的外交思想和政策。发展中国家不但是维护世界和平的重要力量，而且经济上的崛起也不可逆转。这次金融危机虽会造成一时挫折，但不可能改变发展中国家崛起的基本趋势。说危机“使东南亚有的国家几十年努力奋斗所积累起来的财产几乎顷刻消解”，是过度的夸张，因为基础建设等物质财产是不可能一下消失的。绝不能因这次危机就对发展中国家丧失信心。我们是一贯重视发展中国家的地位和作用的，从来都把加强同它们的团结看成对外政策的立足点。邓小平也一再强调“中国永远属于第三世界”。现在连美国等西方国家都在加强对“新兴市场国家”的工作，我们更不能轻视发展中国家，放松对它们的团结工作。不能让发展中国家以为我们只搞大国外交，忘记了在国际斗争中曾经患难与共的穷朋友。

对美国和其他大国也应有恰当的估计。在当代国际事务中，大国关系起着决定作用。包括我国在内的发展中国家的现代化也离不开西方大国的合作。因此，搞好大国关系极为重要。美国在相当时期都将是多极中最强的一极，更是打交道的主要对手。但也不可对一些基本原则发生动摇。例如把资本主义固有矛盾的一时缓解或变形看作完全消失，跟着宣扬所谓摆脱了周期和通胀的美国“新经济”。又如无视发展不平衡规律日益加剧的作用，认为美国的一超地位会越来越稳，发展中国家同发达国家间的经济技术差距只能不断扩大，等等。对美国当然不应低估，但近年来更多的是有点高估，以至否认美国相对衰落的历史趋势。美国坚持单极和推行强权政治，是遭到多数国家反对的。因此，要积极发展中美关系，但不能模糊反霸的旗帜。

对中国在多极化中地位的看法有两种偏向。一种是怀疑中国能同美欧日并列为一极，认为中国的综合国力和国际影响有限，特别是经济和科技上同发达国家的差距还在继续扩大。这实际上也是对中国赶上中等发达国家的战略目标缺乏信心。但更值得注意的是对中国地位和影响估计偏高，强调中国的大国作用，醉心于一些外国舆论对中国的赞扬，对发展中国家和除美国外的其他大国都有点看不大起。邓小平说：“中国不要贬低自己，怎么样也算一极。”但也更强调中国既是大国又是小国和永远属于第三世界，提倡埋头苦干和韬光养晦。

四　国家利益原则

我们常说，观察国际问题和处理对外关系必须坚持原则。这个原则主要就是国家利益。邓小平说：“考虑国与国之间的关系主要应该从国家本身的战略利益出发。着眼于自己的长远利益，同时也尊重对方的利益，而不去计较历史恩怨，不去计较社会制度与意识形态的差别。”国家利益的概念涵盖很广，从最根本的主权独立和领土完整到民族感情和国家尊严，表现在许多方面。但当前主要的战略利益则是国家的经济建设，因此同样适用以“三个有利于”作判断标准。

不计较社会制度和意识形态的差别，这是容易理解的。因为在这方面的教训太多了。不计较历史恩怨也不是要在历史问题上放弃原则，而是说处理历史问题要服从经济建设这一国家最高战略利益。因为不同国家对历史的看法存在分歧是常事，要以统一认识、正确对待作为改善关系的前提从来都是行不通的。如果一定要苏联承认俄国夺走我国150万平方公里领土，大概从开头就不会有中苏友好，边界问题也难解决。要以美英法等列强承认侵华为改善关系的前提同样也不现实。日本特殊一些。对日本少数人歪曲历史的言行必须批判，属于政治行为还应进行政治斗争，但应以服从国家战略利益即有利于我经济建设为度，并且注意效果。因此周恩来等过去的中国领导人就一再强调中日关系要向前看。邓小平明确提出：“对一小撮不甘心中日友好的人，惟一的办法就是用不断加强友好、发展合作来回答他们。”

以国家利益为最高原则，还应防止用情绪代替政策。列宁提出，不能以群众情绪决定政策。这是因为，情绪是非理性的东西，容易被激发和鼓动起来而失之偏颇，当然也不难在正确舆论引导下得到改变和提高。对群众情绪的看法尚且如此，少数人或个人情绪就更不用说了。以国家利益为最高原则，自然也包含着对群众的相应教育和引导，防止某些狭隘民族主义情绪滋长。

以经济建设为国家利益主要原则，并不是轻视或否认维护主权独立和领土完整的重要。主权和领土是一切国家利益以及国家存在的前提，应该是不言而喻的。但在当前的时代背景和国际条件下，严重威胁独立和侵占领土的危险并不存在，因此国家的主要任务还不是维护主权和保卫国土，而是集中力量从事现代化建设。而且随着时代的变化，也不能再把主权观念绝对化，而应使主权政策服从国家最高利益。就是说，只要对国家总体战略有利，部分主权是可以让渡的（其实这本身也是行使主权的表现）。这也是参与全球化特别是参加一些国际组织必须做到的。欧盟各国就让出了作为主权一个重要象征的货币发行权。随着全球和区域一体化的不断加深和加速发展，主权的部分让渡还会越来越普遍。这也有个观念更新问题。

（《理论前沿》1999 年第 3 期）

论邓小平理论的时代背景和历史地位

党的十五大报告，在提出和论证邓小平理论时，也阐明了它的时代背景和历史地位，指出它是在和平与发展成为时代主题的条件下逐步形成起来的，是马克思主义在中国发展的新阶段。学习邓小平理论，当然应该了解它的时代背景和历史地位。这也就是江泽民同志在十五届二中全会上说的，要把“学习理论同了解历史实践和总结历史经验结合起来”。

下面就邓小平理论的时代背景和历史地位所谈的意见，只是个人学习中的一些心得和体会，而且又是第一次谈这类理论问题（我是一直在研究国际问题的），错误和疏漏在所不免，恳切期望得到批评指正。

一　两大世界主题和邓小平理论的时代背景

十五大报告中多处提到与时代相连的概念和词组，如时代特征、时代主题、时代潮流、时代精神等。那么什么是时代呢？根据对列宁主义的理解，可以作这样的表述：时代是世界总体形势和人类历史发展的一个特定阶段，也就是由某些基本特征决定的一个较长的历史时期。例如马克思主义后来的发展阶段就经历了两个不同的时代，列宁主义和毛泽东思想产生于战争与革命时代(或称帝国主义和无产阶级革命时代)，邓小平理论则产生于和平与发展时代。

十五大报告指出，邓小平理论是马克思主义同当代中国实践和时代特征相结合的产物。同中国实践相结合，这是延安整风以来就一直强调的。同时代特征结合，则是十四大以来的新提法(十三大提“和时代发展的结合”，意思已很接近)。十四大和十五大还都把当今的时代特征明确界定为和平与发展。这就表明，我们所处的时代是和平与发展时代，因为时代性质只能由时代特征决定。由此可见，提出和平与发展两大问题并作出科学判断，是邓小平对列宁主义时代学说的重大发展和突出贡献。这两大问题既是邓小平理论的时代背景，又是它的重要组成部分，因此有必要就这个时代问题进行一些专门讨论。

关于时代的学说，主要是由列宁创立的（列宁关于时代的论述，详见 1989 年世界知识出版社《当代世界政治经济基本问题》中《我们所处的时代》一章)。马克思、恩格斯提到的时代，多半是指人类历史上不同的社会形态或生产手段以及科学文化发展的不同阶段。列宁则把时代同世界形势和革命运动联系起来，按照国际阶级斗争的内容、世界形势的基本特征和发展趋势以及革命的主要任务来划分时代。所以列宁强调，只有首先估计到区别不同时代的基本特征，才能认清世界总的形势和各国的具体特点，也才能正确决定我们的策略。由于时代问题在革命实践中极为重要，所以近百年来一直受到国际共运的高度重视，成为每次争论的首要问题，也是长期以来革命队伍政治学习的第一课。

根据列宁关于时代的学说，20 世纪大致可以分为两个时代。前半期的基本特征是战争与革命，故称为战争与革命时代。后半期的基本特征是和平与发展，自然是和平与发展时代。是否正确估计到区别这两个不同时代的基本特征，并根据这种估计制定自己的路线和政策，曾经是导致革命成败得失的一个重要原因。这已经为半个世纪以来国际共运和中国的实践所证明。

列宁把进入 20 世纪的时代称为帝国主义时代或者无产阶级革命时代（是斯大林后来把两者连接在一起的），认为帝国主义发展不平衡的绝对规律必然导致战争，而战争又必然引起革命，所以 20 世纪也常被简称为战争与革命时代。历史证明，列宁当时的估计是正确的。20 世纪上半期，单是世界大战和世界范围的革命高潮（战争与革命周期）就有两次。第一次世界大战属于帝国主义战争性质，在欧洲引起无产阶级革命高潮，最大的结果就是列宁领导的十月社会主义革命取得胜利。第二个周期已与列宁设想有所不同，战争是反法西斯民主性质，引起的不再是无产阶级革命，而是民族民主革命高潮，其结果则是殖民主义体系的瓦解和第三世界的兴起。也有一些国家走上了社会主义道路，那是由于或者在共产党领导下取得民族民主革命胜利后随即进行了社会主义改造，如中国；或者是在苏联解放和扶持下建立起社会主义制度，如东欧几国。随着这次战争与革命周期的结束，时代也完成了新旧交替，从战争与革命时代过渡到和平与发展时代。这个转变大约完成于二战结束 10 多年后的 50 年代中期，其标志和体现主要有以下几点。

一是在东西两个军事集团成立和有关朝鲜和印支问题的日内瓦会议后，两极格局最后形成，力量对比出现稳定的均势，东西方都以防御为主，谁也改变不了雅尔塔体制。尽管冷战形势时有起伏，但终究避免了世界大战，而且局部战争也呈数量减少和规模缩小之势。例如以参战兵力、人员死亡等可比口径计算，1945—1970年有局部战争126次，年均4次；1970—1990年有49次，年均2.5次。以规模论，像中国解放战争（双方投入兵力1337万人）那样的内战和朝鲜战争（参战17国，兵力300余万）那样的国际战争，此后也再没有了。这都说明，世界的全局和主要趋势已不再是战争而是和平了。

二是民族民主革命取得决定性胜利，殖民主义体系趋于瓦解。50年代中期，已有约占殖民地半殖民地4/5的人口的国家实现政治独立，进而要求经济独立，进行国家经济建设。资本主义国家的民主运动除个别国家外也大都进入低潮，资产阶级统治已趋于稳定，并致力于发展经济。虽然亚非还有不少国家正在争取独立，但由于经济和人口所占比重较小，绝大多数又都是采取和平的方式，因而已不足以影响全局。所以就世界范围讲，民族民主革命运动已走出高潮，时代的第二个基本特征已从革命变为发展了。下面两点更能说明问题。

三是从50年代起，世界经济开始了持续高速增长，超过历史上任何时期。这从世界经济形成后的发展即可看出。据法国《世界报》1994年5月24日报道的一批获得诺贝尔奖金的经济学家在芝加哥开会时的资料，18世纪世界经济年均增长0.5%，19世纪1%，20世纪上半期2%，1950—1985年4.5%。特别是50和60年代，可说是世界经济的黄金时期，作为时代特征的发展也体现得最为充分。有些人把和平与发展时代的上限定为70年代，起码是与发展的高潮相悖。

四是对人类历史影响深远、对世界经济高速增长起到决定性作用的新技术革命也发端于50年代。新技术革命促进了经济体制改革和经济结构调整，建立了一大批新产业部门，改变了生产和消费以至整个社会的面貌，也把经济国际化推到一个历史新阶段，还成为世界大战一个重要制约因素。新技术革命本身就是新时代的一个重要标志。

怎样理解作为时代特征的和平与发展的含义呢？我们所说的和平，主要指不打世界大战。邓小平说："因为我们讲的战争不是小打小闹，是世界战争。"① 局部战争破坏局部和平，规模大的还会引起整个国际形势的紧张和动荡，但终究影响不了世界和平的全局，也改变不了世界发展的趋势。例如朝鲜战争的刺激，就曾经对战后资本主义世界经济加速发展起到助产作用，越战期间还造成美国经济战后最长一次景气。而作为时代特征的发展，则是指整个人类社会的发展，包括经济、政治、科技、文化等诸多方面，但主要还是经济。邓小平就常把经济问题和发展问题当作一个问题，例如他说："现在世界上真正大的问题，带全球性的战略问题，一个是和平问题，一个是经济问题或者说发展问题。"②

还应说明，作为时代特征的和平与发展，包含着两层意思。一是说它们反映世界历史一定阶段的主要内容、基本特征和发展趋势，是不以人们意志为转移的客观存在。二是说它们符合世界人民和各国的共同利益，因而是全世界进步力量和人民群众以至多数国家为之奋斗和努力争取的目标。例如，和平从来都是世界人民的愿望，两次大战前都曾掀起过轰轰烈烈的反战运动，但并没能阻止战争的爆发，就是由于维护和平的客观条件不具备。

但是另一方面，历史又是人创造的，客观条件的形成和维护必须有人的努力。所以邓小平一直强调，要保卫世界和平就必须反对霸权主义。至于发展，则更需人的主观努力。正像没有革命

① 《邓小平文选》第 3 卷，第 104 页。
② 同上书，第 105 页。

形势就不会有革命，而没有革命力量的主观努力，革命形势也会白白丧失一样。在这里，政策的正确与否起着关键作用。所以同处于和平与发展时代，有些国家抓住了机遇，发展很快；有些国家却失去机遇，落在了后面。

为什么会发生这次新旧时代的交替，也就是和平与发展时代得以形成和存在下去的根本原因是什么？一句话，这是由于第二次世界大战后世界形势和人类历史发生了重大变化。

首先，也是最重要的，资本主义本身发生了一定的质变（即哲学上所说的“部分质变”）。由传统资本主义转化成现代资本主义，获得了一些带有本质性的新特点。这主要表现在两方面：一是以前称为帝国主义的主要资本主义国家间发展的不平衡不再必然引起战争，它们相互打仗反而变成不可思议。简单说来，这是因为：现代资本主义国家对政治和经济的改良与改革，抑制了垄断资本以军事手段对外扩张的倾向；经济国际化的发展，相互依存与一体化的加深，使它们在相当程度上处于俱损俱荣的格局中；经济成为国家发展和国际关系的重点，本国的民主化和殖民地独立，使它们不必要也不可能为争夺领地而战；科技的进步和毁灭性武器的发展，对大国间的战争也起到制约作用，等等。当然，主要资本主义国家间的矛盾依然尖锐，经济竞争和主导权争夺仍很激烈，但相互关系已经变为以协调为主。二是现代资本主义对生产关系与上层建筑的改革与改良，使一些妨碍发展的因素得以消除或减弱，一些固有矛盾趋于缓和，因而起到了一定意义上解放生产力的社会革命的作用，使资本主义发展进入一个新阶段，不再是“垂死的”了，国家对经济的参与和管理、资本的更加社会化、所有权与经营权的分离、收入与分配的调节、全球化与区域化的发展等，大大缓和了生产社会化和私人占有制这一基本矛盾。作为这一矛盾的反映、为马克思揭示的“个别工厂生产的组织性和整个社会生产的无政府状态的对立”、“资本主义生产能力无限扩大的趋势和人民群众有支付能力的需求相对缩小之间的矛盾”，也由于国家的宏观调控、企业的改革与调整、信息化的发展、国民收入一定程度上趋于公平的再分配等，得到一定的缓解和控制，使危机受到限制，周期有所变形。虽然资本主义的固有矛盾依然存在，有时还会激化，造成经济与社会的危机与动荡，但总的看来，不断的改革和调整还会使它长期存在和发展下去，并在世界经济与科技中继续居于统治地位。由于资本主义还有比较强大和持久的生命力，所以战后没有，今后相当时期也不会有无产阶级革命形势和足以影响全局的社会主义革命。

其次，殖民体系的崩溃和第三世界的兴起，大大改变了世界政治面貌和人类历史进程，占人类大多数的殖民地半殖民地从帝国主义的后备军变成了维护和平与促进发展的主要力量。二战后，一方面是国际帝国主义势力严重削弱，对殖民地半殖民地不能再照旧统治下去了；另一方面是民族民主革命高潮遍布全球，百余个国家先后取得政治独立。万隆会议和不结盟运动，标志着第三世界作为一支独立力量登上了国际政治舞台，对世界形势的发展变化有不可忽视的重大影响，在两极格局中既是美苏争夺的对象，又对它们的对抗起到一定的平衡和制约作用。正像党的十二大报告所说，“第三世界在战后国际舞台上的崛起是我们时代的头等大事”。它“大大改变了超级大国可以任意摆布世界命运的局面”，例如联合国作为美国表决机器的情况就一去不复返了。70 年代，第三世界国家在大力发展民族经济的同时，还掀起了争取建立国际经济新秩序的斗争高潮。进入 90 年代，西方大国又在惊呼发展中国家在经济上的崛起。据国家统计局数字，1979—1997 年，发展中国家经济增长率高出发达国家一倍。虽然现在发生严重的金融危机，使发展中国家受到巨大冲击，但这只是短期的事。从长远看，南北差距缩小的趋势还将持续下去。正是在金融危机席卷亚洲并向拉美蔓延时，克林顿却在访华前夕讲："据预测，在未来20年，发展中国家经济增长率将是发达国家经济增长率的三倍。"而且一般估计，再过20年，发展中国家在经济总量上将会超过发达国家，那时在国际政治和世界经济中的地位将会更高一些，也更有利于维护和平与促进发展。对发展中国家的崛起估计不足，轻视它们的地位和作用，对它们的前景持悲观态度，对"永远属于第三世界"的中国赶上中等发达国家的第三步战略缺乏信心，都是没有根据的。

第三，二战后，经济全球化（以前称为国际化）进入一个新阶段，成为世界经济发展的重要推动力量。无论什么国家，都只有实行对外开放、积极参与全球化，才能跟上世界潮流，取得经济快速增长。而闭关自守最终必然导致落后。全球化虽然伴有一些弊端，带来很大风险，但它加速了世界统一大市场的形成和技术的扩散普及，为发展中国家提供了实现现代化的难得机遇，积极面是主要的。同时，全球化把世界连成一体，加强和加深了相互依存，扩大和增加了各国间的共同点和共同利益，使协调与合作成为国际关系中的主流。全球化还促进世界多极化的发展，其主要表现就是发展中国家的崛起和发展不平衡导致的大国实力均衡化。由于多极化是建立在多种力量相互依存又相互制约的基础上，因而有利于世界和平和国际关系民主化。经济全球化和世界多极化，成为当代世界两大潮流，是维护和平与促进发展、推动人类历史进步的重要因素。

第四，随着战争与革命周期在50年代的结束，世界社会主义力量和国际共产主义运动也发生重大变化，走上曲折道路，逐渐进入低潮。战后初期，苏联由于对战胜法西斯作出重大贡献，综合国力和国际威望得到空前提高。同时又有十来个社会主义国家相继出现，特别是中国革命胜利，不但改变了国际力量对比，更进一步扩大了社会主义影响。资本主义国家共产党也因坚持反法西斯和争取民主而享有崇高威信，受到人民群众的拥戴。所有这些，都使社会主义的力量和影响达到空前的高度，有力地支持了民族民主革命运动，成为迫使资本主义进行改革和改良的重要因素。但是，情况很快就发生了变化，由于苏联对外推行霸权主义，搞扩军备战，对内坚持日趋僵化的计划经济体制和压制民主的专制政治，造成国力衰落和民怨四起。其他社会主义国家在经济政治建设上又照搬苏联的模式，遭受挫折在所难免。许多资本主义国家共产党也多追随苏联或在政策上犯错误，导致脱离群众和陷于孤立。所有这些的结果，都使社会主义的威信和影响受到极大损害，社会主义实践走了下坡路。紧接着就是中苏关系的破裂和社会主义阵营的瓦解。一方面是资本主义的改良和改革，一方面是社会主义走上曲折道路，两种制度的竞赛出现了不利于社会主义的形势。这一转折发生在两个时代交替之后，决不是偶然的。

列宁说，只有“首先估计到区别不同‘时代’的基本特征(而不是个别国家历史上的个别情节)，我们才能够正确地制定自己的策略；只有了解了某一时代的基本特征，才能够在这一基础上去考虑这个国家或那个国家更具体的特点”①。这就是说，对时代特征认识不清，不但无法判断世界形势及其发展趋势，而且也很难了解具体国家的详细情况，当然就谈不上马克思主义和本国实际结合，制定的路线和政策也不可避免地要犯错误了。事实也确实如此。进入和平与发展时代后，社会主义国家不仅没有认清时代特征、跟上世界潮流，进行深刻的改革与调整，反而变本

① 《列宁全集》第26卷，第143页。

加厉，在歧路上走得更远。这在中国，就是邓小平说的，“对外搞闭关自守，对内搞了以‘阶级斗争为纲’”，特别是发动大跃进和“文化大革命”，严重妨碍和破坏了经济建设。由于对时代判断失误和没有适应世界潮流进行市场化和民主化的改革，社会主义实践在苏联和它直接控制下的国家遭到了失败，在中国也经受严重挫折，经济到了崩溃的边沿，如同邓小平所说，不改革也是要垮台的。(有关情况，第二部分还要作进一步论述。)

邓小平理论就是在这种时代背景下产生的。也就是十五大报告所说，“它是在和平与发展成为时代主题的历史条件下，在我国改革开放和现代化建设的实践中，在总结我国社会主义胜利和挫折的历史经验并借鉴其他社会主义国家兴衰成败历史经验的基础上，逐步形成和发展起来的。”

二　马克思主义的几个发展阶段和邓小平理论的历史地位

十五大报告将邓小平理论定位为“马克思主义在中国发展的新阶段”，是十分准确的。至于如何理解新阶段，却要从头说起。

马克思主义是马克思和恩格斯共同创立的关于社会发展规律的科学的思想体系，给无产阶级及其政党提供了完整的世界观和方法论，成为世界各国共产主义运动总的指导思想和理论基础。他们对社会主义还作了许多天才的预测和设想。但也毋庸讳言，由于时代的限制，他们有些原理和论断、预测和设想不免带有主观和空想成分。他们更没可能为社会主义提出现成方案和具体蓝图。就是后来继承和发展起来的列宁主义和毛泽东思想，也都没有解决什么是社会主义和如何建设社会主义的问题。这是不可苛求于前人的。但也说明马克思主义确实是科学，所以它总要随着时代变迁、科技进步和实践检验而不断发展和完善。而且这种发展，除正常的因时因地的变化外，还会在时代更迭和客观形势发生重大变化的情况下，出现历史性的飞跃，形成发展的一个新阶段。以国际共运和中国革命实践为依据来划分，马克思主义诞生后，不算别的流派，我们认为它的发展已经历三个阶段，这就是列宁主义、毛泽东思想和邓小平理论。它们都是马克思主义基本原理同时代特征和具体国情相结合的产物，都是从马克思主义这个总根子上生长出来和在不同条件下的丰富与发展，都是马克思主义发展历程的不同阶段。

关于马克思主义发展的阶段问题，还要说明以下几点。

第一，所有发展阶段都必须具备一个共同特点，有它们的共性，就是都要一脉相承地坚持马克思主义的科学体系和基本原理，同时又要根据时代特征和具体国情大胆创新、实现突破，使马克思主义始终保持旺盛的生命力。由于马克思主义是完整的思想体系和总的理论基础，而每个发展阶段只是它与特定历史条件的结合与运用，因此按理二者不能相提并论，更不可合二为一。但斯大林从 30 年代起就一直把马克思主义和它的一个发展阶段的列宁主义连接成一个词组，称为“马克思主义—列宁主义”，中国则译为马克思列宁主义或者简称马列主义。这一用法在国际上和中国虽已经流行多年，实际上并不确切。因为二者不是一个概念，包括斯大林本人在给它们下定义时也是分开的。在一些场合使用时也是如此，如马克思主义哲学、马克思主义经济学，就比马克思列宁主义哲学、马列主义经济学更准确。而且后来还常把马克思主义和马列主义当做同义词相混用，如《人民日报》纪念十一届三中全会 20 周年一篇专论文章，其中用马克思主义有

18 处，用马克思列宁主义或马列主义有 7 处，前后意思都是一样的。后一种用法虽已成习惯，但分开可能更好些。至于再后面的发展阶段，也只提马克思主义这个总根子即可，而不必缀上前面几个阶段。例如说邓小平理论是当代中国的马克思主义，是马克思主义在中国发展的新阶段，就既准确，也不烦琐。

第二，要称得上一个发展的新阶段，就必须对马克思主义和以前各阶段的理论有重大发展和突破，在马克思主义发展史中形成一个相对完整的理论体系，对这个阶段的形势判断和实践指导起到决定性的作用。当然，一个阶段的理论体系即使基本上是正确的，也会有局部不成熟和不正确的地方，因而也会遭受挫折，所以强调要掌握它的精神和实质。它的代表人物也会犯错误，但正如列宁所说，不能犯重大错误。邓小平也说："今后我们可能还会犯错误。但是，第一不能犯大错误，第二发现不对就赶快改。"① 所谓大错误，就是背离马克思主义基本原则的错误。如果犯了这样的错误，这个发展阶段也就从此中断了。

第三，每个阶段都有一个代表人物，也就是对马克思主义作出重大发展和实现突破的人。他的思想多来源于人民群众的实践，包括其他领导成员和领导集体的贡献，但主要还是由他集中起来并上升为理论的。所以斯大林说："叙述列宁主义就是叙述列宁在他的著作中加进马克思主义总宝库的、因而自然和列宁的名字分不开的那些特别的新的贡献。"② 这就是说，以其名字命名的理论是不可同本人分开的，否则就变成了笑话。马克思就曾对当时法国流行的所谓"马克思主义"嘲讽说，"有一点可以肯定，我不是马克思主义者"③。

---

① 《邓小平文选》第 3 卷，第 95 页。
② 《斯大林选集》上卷，第 184 页。
③ 《马克思恩格斯全集》第 34 卷，第 385 页。

第四，马克思主义不同发展阶段之间的关系，一方面是一脉相承，前阶段加进马克思主义总宝库中的贡献的精神实质也会为后阶段所继承，例如毛泽东思想中关于党的建设的学说就是基本上继承列宁和斯大林的；另一方面，每个阶段又都有自己的特征，并自成体系，具有不同的质的规定性，因此各阶段又不能混同。由于形势的变化，一个阶段的理论和政策一般的都不再适用于另一个阶段，就是说不必讳言过时，否则也谈不上发展的新阶段了。如果列宁主义还完全适用于后来的中国革命，那就不会出现毛泽东思想。如果毛泽东思想确实是“被实践证明了的中国社会主义建设的正确的理论原则和经验总结”，那也不必再要邓小平理论。总之，在对待马克思主义发展的不同阶段上，不能只重视它们的继承关系而忽视质的区别，不能以反对割裂为由在新阶段还抱住旧阶段过时的一套不放。

第五，马克思主义发展的一个带有规律性的东西，就是每要进到一个新阶段，都必然要经过一番破除迷信和解放思想的扬弃过程，都必须反对教条主义和习惯势力，否则就不会有发展，更谈不上新阶段。所以邓小平特别强调解放思想，把解放思想和实事求是合在一起定为党的思想路线。其实这也是马克思主义及前两个发展阶段共有的灵魂。马克思和恩格斯就一再强调他们的理论不是教条而是行动的指南。列宁如果对马克思和恩格斯持“两个凡是”的态度，也不敢冲破第二国际的各种条条框框，那就不会有十月革命和第一个社会主义国家。由此可见，所谓解放思想，首先就是要实事求是地对待马克思主义及其发展阶段，要破除教条主义和个人迷信。

根据以上理解，现在就来看马克思主义发展的几个不同阶段。

首先是马克思主义同战争与革命的时代特征和当时俄国国情

相结合的列宁主义阶段。

对于列宁主义，斯大林下了这样一个定义："列宁主义是帝国主义和无产阶级革命时代的马克思主义。确切地说，列宁主义一般是无产阶级革命的理论和策略，特别是无产阶级专政的理论和策略。"[①] 应该说这个定义现在看来仍然是比较准确的。它的第一句话说明了列宁主义的时代背景和历史根源，第二句话概括了这一思想体系的特征和重点。（列宁始终使农民问题服从于无产阶级革命和专政，更未解决怎样建设社会主义的问题。）苏共二十大后，特别是苏联剧变后，对这个定义的某些批判，多少有点为了破除对斯大林的个人迷信而美化以至拔高列宁，这也是不大实事求是的。

列宁主义的形成，首先是不断解放思想的结果。正是由于列宁坚持马克思主义的基本原理，摒弃了一些过时的或不切实际的论断，打破了教条主义（修正主义实为右的教条主义）和习惯势力的束缚，所以才能抓住当时的有利时机，领导布尔什维克党夺取政权，取得伟大的十月社会主义革命的胜利。执政后，列宁和布尔什维克党又在社会主义实践中进行了有益的探索，也走了些曲折道路。先是依据马克思主义的传统观念，对外推行世界革命战略（包括以武力向波兰输出革命），对内实施后来称为战时共产主义的政策。（这虽与内战和外国干涉有关，但主要还是按照《哥达纲领批判》、《反杜林论》等著作中的一些预测和设想而主动采取的。所以事后列宁承认："我们犯了错误：决定直接过渡到共产主义的生产和分配。""到1921年我们就遭到了严重的失败。"[②]）后来随着形势变化，列宁的思想也有所升华，采取了两

① 《斯大林选集》上卷，第185页。

② 《列宁全集》第42卷，第182、184页。

项重大决策。一是鉴于那次战争与革命周期已基本结束，资本主义走向相对稳定，国际环境出现某种均势，因此提出了和平共处的对外政策。二是看到战时共产主义带来灾难性后果，把国民经济带到了崩溃的边沿，因此改行新经济政策。这两大决策挽救了苏俄和社会主义，并为建立苏联奠定了基础。

列宁的新经济政策，类似毛泽东的新民主主义。两人也都把它们同社会主义区别开来。列宁曾一再使用“从新经济政策到社会主义”的提法。毛泽东也把新民主主义定为党的最低纲领。因为俄国和中国都有一个起决定作用的农民问题。只是新经济政策实行不久列宁就病逝，没来得及系统总结经验和制定明确方案，没有留下完整的一套理论和政策，列宁的一些话又可作各种不同的解释。而新民主主义虽有明确目标和完整纲领，却在取得全国政权后没有贯彻执行。现在有些说法把新经济政策过分理想化和加以拔高，似乎它已解决了走向社会主义的道路问题，只可惜被斯大林所中断执行。其实，列宁从来都把新经济政策说成是不得已的让步和后退，过了一年就一再说退得够了，需要重新部署。因此很难说是斯大林完全违背了列宁的遗愿。

社会主义实践中的苏联模式，主要是斯大林创立的，但也不能说与列宁奠定的基础无关。把斯大林完全从列宁主义脱离开来，或把斯大林完全和列宁对立起来，都是不够实事求是的。问题只是在后来的苏联模式中，列宁时期提出来的一些原则和建立的制度被推向了极端。例如，从依靠政权建设社会主义、强调国家监督、排斥市场经济（是列宁首先提出市场经济和计划经济两个概念并将二者对立起来的），到建成完全由国家垄断和高度集中的计划经济体制；从强调阶级斗争和无产阶级专政，强调集中和暴力的作用，到完全不讲民主和法制（更不用说法治了），进行不断的斗争与镇压；从强调一党执政、排斥和镇压其他政治势力，到实行党管一切以至个人独裁；从对一般知识分子政治上的不信任和排斥（连高尔基都团结不了），到培养驯服工具和进行大规模迫害；如此等等。斯大林的苏联模式，是以国家所有制为基础，对经济、政治、文化一概实行国家计划和行政管理，使人民完全依附于国家的国家社会主义制度。这同马克思提出的“自由人联合体”，相去不啻天壤。

社会主义实践中的苏联模式终于失败了。原因是多方面的。主要的还是没有走人类历史不可逾越的市场化和民主化道路。市场化是经济发展的动力。民主化是社会文明的保证。社会主义和资本主义性质不同，但都必须实现现代化，而市场化和民主化则是现代化不可或缺和密切相连的两根支柱。

苏联模式在 10 多个国家实行了几十年，是一次有伟大历史意义的实验，留下了许多有益的经验和教训，已经成为全人类的宝贵财富。就是对苏联或俄罗斯来说，虽然过去宣布的发展指标水分极大（例如经济规模就成倍夸大，最后公布的 1976 年国民收入相当于美国的 67%，经济比重居世界第二位。而 1990 年世界银行等 4 个权威机构的专门调查报告则提出，直到 1989 年，苏联的国民生产总值也只有 5120 亿美元，占世界第 8 位，约为美国的 1/10)，但社会主义建设仍然取得巨大成就，例如：以经济为基础的综合国力有显著提高；实现了由农业国向工业国的转变；促进了文化教育科学技术和城市化的发展；取得了反法西斯战争的伟大胜利和成为同美国相抗衡的超级大国，等等。到了本世纪下半期，也就是世界进入和平与发展时代，苏联模式原来的潜力已逐渐枯竭，而苏联领导却没能认请时代特征和顺应世界潮流，不进行重大改革，还是沿着老的路子走，结果进一步陷入经济停滞与政治腐败，最后不但葬送了社会主义，还导致苏联解体。历史表明，作为马克思主义一个发展阶段的列宁主义，解决了在俄国进行无产阶级革命和建立无产阶级专政的问题，却并没有解决什么是社会主义和怎样建设社会主义的问题。

但是，列宁主义的诞生和十月革命的胜利，终究是20世纪改变人类历史的重大事件，不仅使社会主义在俄国从理论变成了实际，而且对全世界产生了深远影响。中国的新民主主义革命，就是在十月革命和列宁的号召下启动和进行的，所以孙中山提出“以俄为师”，毛泽东总结为“走俄国人的路”。在学习和运用列宁主义与俄国经验中，进行艰苦探索和出现生吞活剥现象应该说是很难避免，何况还有共产国际和联共（布）中央的直接指导和干预。这就在一个时期的中国革命中造成了两个洋“凡是”：把列宁主义和俄国经验教条化，把共产国际决议和苏共中央意见神圣化，结果曾使中国革命遭到巨大损失。由于中国的国情和俄国迥异，进行的又是资产阶级性质的反帝反封建的民族民主革命，当然不能照搬俄国经验和硬套作为无产阶级革命和专政的理论与策略的列宁主义。因此要把中国革命顺利推向前进，首先就必须解放思想、破除对两个洋“凡是”的迷信。中国共产党正是这样做的，并在总结长期斗争经验的基础上，形成了适合中国国情的革命理论与政策，这就是马克思主义普遍原理和中国革命具体实践相结合的产物——体现在雄文四卷中的毛泽东思想。

毛泽东思想是党的七大正式提出并确立为全党指导思想的。由七大通过的刘少奇关于修改党章的报告，对毛泽东思想作了全面、系统和最具有权威的论述，指明了它的历史根源、时代背景和基本特征。报告中的提法包括：“毛泽东思想，这就是马克思主义在目前时代的殖民地、半殖民地、半封建国家民族民主革命中的继续发展”，“就是毛泽东同志关于中国历史、社会与中国革命的理论与政策”，“关于现代世界情况及中国国情的分析，关于新民主主义的理论与政策，关于解放农民的理论与政策”，“关于战争的理论与政策……关于建设新民主主义共和国的理论与政策"等。[①] 根据这些论述和毛泽东思想的历史地位，似可作出这样的概括：毛泽东思想就是战争与革命时代中国化的马克思主义，是关于新民主主义革命的理论和政策，特别是关于农村包围城市、武装夺取政权的理论和政策。

在毛泽东思想的指引下，中国人民的革命力量在抗日战争中得到飞速发展，并在国内外反法西斯力量的配合下取得最后胜利。特别是解放战争，仅经过三年多的斗争，就结束了20多年的国民党统治和百余年的帝国主义侵略，建立了中华人民共和国，更显示了毛泽东思想的巨大威力和毛泽东旷古少有的军事天才。这就确定了毛泽东思想是马克思主义在中国发展的新阶段和毛泽东成为中国人民伟大领袖的历史地位。

七大和七届二中全会都曾设想，"在革命胜利以后一个相当长的时期"建设新民主主义共和国，然后再向社会主义过渡。但是在全国胜利后还没来得及建设和"巩固新民主主义秩序"，就又进行了社会主义改造，并在短期内完成，还在"一辆汽车、一架飞机、一辆坦克、一辆拖拉机都不能造"[②]、或如邓小平所说"工业几乎等于零"的情况下开始了社会主义建设。事实证明，过渡时期总路线的提出和提前实现，是显得过急了，留下了不少隐患。加之建国后运动不断，每次运动中都有不少冤假错案，到反右派和反右倾后，中国已被推到了"万马齐喑"的境地。

50年代下半期，世界逐步过渡到和平与发展时代，国际环境出现相对均势和稳定，世界经济与科技进入空前大发展时期，但我们却继续坚持帝国主义与无产阶级革命时代的过时观念，并

---

① 《刘少奇选集》上卷，第333、335页。

② 《毛泽东著作选读》下册，第712页。

开始执行全面“左”的政策。邓小平说：“从1957年下半年开始，我们犯了‘左’的错误，‘左’的错误持续了二十年。这二十年中，中国处于停滞状态，主要表现在生产不发展，人民生活没有改善。”[①] 又说，我们“耽误了二十年，而这二十年又是世界蓬勃发展的时期，这是非常可惜的”[②]。本来1956年八大就批评了个人迷信，并且不再提毛泽东思想，无论是对形势的估计还是制定的路线基本上也是正确的。但是所有这些，不久被毛泽东推翻了。从此，“以阶级斗争为纲”，“一大二公三纯”和一整套“左”的方针占了上风，开始了一连串背离马克思主义的运动，例如反“反冒进”、反右派、大跃进、公社化、反右倾、四清，直到“文化大革命”，把中国经济推向了崩溃的边沿。二十多年的耽误使我国被世界发展甩下了一大截，同周边的资本主义国家和地区间的差距也急剧拉大，今后要想赶上它们就得用好几倍的时间。例如据1988年4月6日《人民日报》所引资料，1955年我国经济总量占世界比重为4.7%，超过日本将近1倍；1980年占世界比重降到2.5%，变成日本的1/4。又如60年代初韩国经济起飞前，人均产值不到80美元，不比我国多，但到1997年，韩国已超过1万美元，我国只有733美元，这主要还是靠近20年增长的（因为80年代初只有300美元[③]）。对于这二十年得失成败的评估，当然也适用邓小平提出的“三个有利于”的判断标准。在此要附带提出的是，改革开放前的近30年里，我国发表的经济统计，水分之大可与苏联媲美。但现在还常看到一些文章引证这些数据，用来表明这个时期的建设成就和路线正确。这就太不实事求是了。看来很有必要重新审定建国以来社会经济方面

---

① 邓小平会见门格斯图时的谈话，《人民日报》1988年6月23日。

② 《邓小平文选》第3卷，第266页。

③ 同上书，第57页。

的各项统计数据，包括每年经济增长指数，以至历次运动特别是因大跃进和反右倾造成的物质损失和非正常死亡，还历史一个真面目。

实事求是是毛泽东思想的精髓。对待毛泽东和毛泽东思想当然也必须实事求是。因此，实事求是地讲，建国后由于提前进入社会主义，作为新民主主义理论和政策的毛泽东思想自然就显得不适用了。曾经搬用过革命时期的一些论据和做法，如群众运动、平均主义、游击作风、军事化、供给制等，也都证明是失败的。这就是说，民族民主革命的胜利，标志着毛泽东思想历史使命的完成，后来犯"左"的错误则表明马克思主义在中国一个发展阶段的结束或第一次理论飞跃历史的中断。当然，毛泽东思想中属于马克思主义基本原理的东西如实事求是和群众路线等，和毛泽东在立场、观点、方法方面作出的某些新贡献，是应当尊重和必须加以继承的，但是绝不可坚持不适合社会主义现代化建设的理论和政策。毛泽东思想发生这一转折，就是因为毛泽东在社会主义建设上离开了马克思主义的基本原则。邓小平说："马克思主义的基本原则就是要发展生产力。""毛泽东同志是伟大的领袖，中国革命是在他的领导下取得成功的。然而他有一个重大的缺点，就是忽视发展社会生产力。"①

对于在党内和国家统治了二十多年的"左"倾错误绝不可低估，也再无必要掩饰，在整个党的历史上，这次错误延续的时间最长，造成的损失也最大。正像邓小平所说："我们从 1957 年以后，耽误了二十年。"这主要表现在：延误我国经济社会发展，例如大跃进和"文化大革命"就对生产力造成严重破坏；给人民带来各种苦难，如历次运动制造的大批冤假错案，"人民生活没

① 《邓小平文选》第 3 卷，第 116 页。

有改善”，一些地方还有所下降，以及因人祸酿成千百万人的死亡等；文化的落后和知识分子的遭遇就不用说了。因此，不能说在这20多年里作为马克思主义一个发展阶段的毛泽东思想还在正常起作用，那不但贬低了毛泽东思想，也贬低了马克思主义。因此提到这个时期的毛泽东思想，总是同“以阶级斗争为纲”和“无产阶级专政下继续革命的理论”分不开的。这是一直得到毛泽东本人和全党肯定的，并且在实际中得到了贯彻执行。因为总不能说毛泽东在犯错误（20多年用“晚年”二字表述，恐怕也不大合适），但正确的毛泽东思想仍然在起作用。对于这20多年的问题，只有明确毛泽东思想是关于新民主主义革命的理论与政策，并将民主革命和社会主义建设时期区分开来，才能说清楚。其实，邓小平是把两个不同时期分开来的。例如他说：“过去搞民主革命，要适合中国情况，走毛泽东同志开辟的农村包围城市的道路。现在搞建设，也要适合中国情况，走出一条中国式的现代化道路。”① 就是说，搞建设，毛泽东的道路已不适合，需要另走出一条道路来。

当然，这都绝不是说，在这20多年里一切都错了，没什么成绩可言。事实上，只有新中国建立后，中国才真正独立、统一和强大了起来。就是在极左猖獗的十年动乱期间，也还有过一些正确的决策，如打通与美国的关系、同日本复交等。特别是不能抹杀20多年来广大干部和群众对经济建设作出的伟大贡献，包括为工业化打下一定基础和在某些科技项目上的突破如两弹一星。毛泽东这期间具有代表性的著作和言论也还有些发光的东西，例如1954年4月25日讲的《论十大关系》就很有新意，可惜当时并未发表（后经别人多次修改，才于本人逝世后的1976

① 《邓小平文选》第2卷，第163页。

年 12 月 24 日发表)，更重要的是根本没有执行，因为不久后的大跃进，就把一切关系都弄得失调和混乱了。另一篇可称社会主义时期的代表作是 1957 年 2 月 27 日讲的《关于正确处理人民内部矛盾的问题》，同年 6 月 19 日就发表了。修改后的文章“左”的因素本已很明显，但紧接着的反右派就使人很难领会“人民内部矛盾”的精神了。

对于社会主义时期毛泽东的错误恐怕不能一概视为好心做了错事的“悲剧”。例如 1959 年从反“左”一下转为反右，就既不是形势所迫，也不是为人民利益着想，更谈不上实事求是，可说是完全出于个人情绪，并因此造成世界上都罕见的“惨剧”。这一从反“左”向反右的转变，是全党都跟了上去的，足见延安整风时起于青蘋之末而在社会主义时期恶性膨胀的个人迷信严重到了何种程度。在这种背景下，“文化大革命”就成了历史发展的必然。这是不能用形势促使或把责任推给几个犯罪的执行者所能解释得了的。

总起来看，作为马克思主义和半殖民地半封建中国实际相结合的毛泽东思想，在民族民主革命中发挥了伟大的作用，成为引导中国革命走向胜利的指南；毛泽东也成为新中国的缔造者、中国人民的伟大领袖和空前的民族英雄。但是进入社会主义时期，由于毛泽东犯了重大错误，毛泽东思想的运用和发展即行中断。中国最后也被推到了崩溃的边沿，若不进行改革，不但社会主义事业会被葬送，连中国的命运也都大成问题。苏联就是前车之鉴。

正是在这种历史背景下，以十一届三中全会为转折点，逐渐形成了邓小平理论。江泽民同志《在纪念党的十一届三中全会召开 20 周年大会上的讲话》中说：“十一届三中全会，是建国以来我党历史上具有深远意义的伟大转折。”“十一届三中全会冲破长期‘左’的错误的束缚……重新确立马克思主义思想路线、政治路线和组织路线。”这就是说，如果不实事求是地看待毛泽东“长期‘左’的错误”，就无法理解邓小平理论的时代背景和领会它的精神实质，也无法解释三中全会前20多年的历史，还会继续造成是非不分和自相矛盾。如果说拨乱反正之初，在对待毛泽东和毛泽东思想的问题上，还需要强调照顾大局，提出“宜粗不宜细”，那么在要求高举邓小平理论旗帜时，就应进一步贯彻解放思想、实事求是的思想路线。“当代中国的马克思主义”，按理也只能有一个，那就是邓小平理论，不能再是毛泽东思想了。

邓小平理论的形成，始于1978年的三中全会，完成于1992年的南巡讲话。在它与毛泽东思想之间，隔了一段20多年的“左”倾错误时期，即从毛泽东思想发展中断之后。列宁主义和马克思主义之间，有个斯大林说的第二国际统治时期。在毛泽东思想和列宁主义之间，也有个共产国际和中国的“左”倾错误时期。马克思主义发展的各阶段之间，有一个错误路线的间隔，看来是正常的。否则如前所述，如果前一阶段的理论和政策完全正确又得到贯彻执行，那就不会有后一阶段；没有进行拨乱反正和创新突破，也谈不上新的飞跃。所不同的是，邓小平理论前的间隔期较为长一些。这是当时的历史条件造成的。一个重要因素是，列宁和毛泽东遇到的障碍和压力主要来自国外，相对说来比较好对付，因为终究“鞭长莫及”。邓小平的处境则完全不同。毛泽东在世时，中国是绝对不允许对“左”倾错误进行原则性全面批判的。从反右派和大跃进起，就已经是浮夸造假者奖，敢说真话者罚。庐山会议证明，连党中央也是如此。十年动乱期间，反对“文化大革命”就是现行反革命。邓小平本人就被打倒了两次，哪里谈得上拨乱反正和创新突破呢。

另一个更重要因素是邓小平本人的经历。建国后他就是毛泽东领导集体中一个重要成员。他自己就多次提到,"文化大革命"前的"左"倾错误,他也有一份责任。因此,在那个时期还不具备纠正"左"倾错误的思想基础。至于"文化大革命"中,他的大部分时间失去自由,一度恢复工作后虽然也曾进行了一系列纠"左"活动,但并未起来反对"文化大革命"就又被打倒了。"文革"中的经历和体会,不但促使邓小平进行反思和考虑更多问题,而且客观上也有助于他同"左"倾错误实行决裂。当然,邓小平的个人因素也很重要。第一,邓小平具有大无畏的理论勇气。还在1956年八大会议上作修改党章的报告中,他就公开提出反对个人崇拜。"文化大革命"甫告结束,他又挺身而出,起来纠正毛泽东的错误,批判"两个凡是",破除个人迷信。这的确不容易。有的老同志就说,我们以前连想都不敢想毛主席还有错误。第二,对社会主义建设,邓小平原来的思想中就有些不同的看法。如果说,毛泽东更重视生产关系和上层建筑的变革,邓小平则一贯重视生产力的发展,例如1962年敢于两次提出著名的"猫论",1961年在北京顺义农村进行调查时提出"归根到底是把生产发展起来,用经济办法,而不用政治办法"①。

正是由于具有这样一些主客观条件,邓小平才能以80高龄的老人,冲破旧的束缚,站在时代最前列,在望九之年建立起有中国特色社会主义理论体系。这不但在国际共运中绝无仅有,在中国历史上也堪称奇迹。

邓小平理论是在拨乱反正和不断实践中逐渐形成的,有一个由浅入深的发展过程,其中有些观点还在实践检验后发生了根本变化。例如对战争与和平的看法,很长时间还坚持列宁关于战争

① 《邓小平的历程》下册,第98页。

不可避免的论断，直到十二大才得出“世界和平有可能维护”的结论，1985年才实际上作为世界主题和时代特征提出和平与发展两大问题。对市场经济认识的深化就更明显了。另外对一些历史问题，对毛泽东和毛泽东思想，前后提法也在变化，或者出于形势的需要，前头很强调，后来就不大提了。以邓小平先后两篇代表作为例。1978年底的《解放思想，实事求是，团结一致向前看》中，提到毛泽东同志和毛泽东思想有19处。1992年的《在武昌、深圳、珠海、上海等地的谈话要点》中，只有3处提到毛主席，毛泽东思想则一次未提（有8处提到马克思主义）。这种随着事物发展和观念更新而发生的变化，是自然的正常的事。它要求我们学习邓小平理论时，第一，一定要领会它的精神实质，万不可摘章断句、咬文嚼字，遇到争论问题时只抓有利于自己论点的话；第二，对一些问题应该更重视后来的提法，而不是抓住前期的某些话不放，因为邓小平理论形成后期的论断更准确些。

邓小平理论继承和发展了马克思主义及其发展阶段的列宁主义和毛泽东思想。这里说的继承和发展是统一的，不能截然分开，因为要继承就必须发展，而发展只能以继承为基础，但两者终究不是一回事，无论在内容还是时间上都各有侧重。邓小平理论的形成，大体上可分为以继承为主和以发展为主的两个阶段。当然，继承得先恢复，就是恢复被破坏和被歪曲的马克思主义基本原理的本来面目，并通过实践检验抛弃前人思想中因历史局限而带有的空想因素和过时论断，破除各种教条主义和后来附加到马克思主义名义下的错误观念。从十一届三中全会到十二大这个期间，更多地表现在继承方面，例如，批判“两个凡是”，提出实践标准；强调解放思想和实事求是；确定以经济建设为中心；坚持四项基本原则，等等。邓小平理论首先是马克思主义，继承是它的基础，这方面包括的内容当然更多些，无须一一列举。十三大提出“第二次飞跃”，说明已经出现马克思主义在中国发展的新阶段，所以十二大后邓小平理论也就更多地表现在发展方面，包括先后提出的：关于社会主义的本质和根本任务的理论，关于和平与发展两个问题的判断；关于以生产力为中心的“三个有利于”标准和多种所有制并存的理论；关于改革开放的理论和政策，关于“一国两制”的理论和政策，等等。

邓小平理论的内容是极其丰富的，十四大曾概括为 9 条，1995 年中央批准的《学习纲要》中又展开说成 16 个方面。这都是归纳得很好的。但是正如列宁主义发展和继承了马克思主义三大组成部分，而其主要精神和基本特征只被归纳为关于无产阶级革命特别是专政的理论和策略一样，邓小平理论则可归纳为关于建设社会主义的理论和政策，也就是十五大以前提的建设有中国特色社会主义理论。这样，邓小平理论似可作如下表述：邓小平理论是和平与发展时代中国化了的马克思主义，是关于社会主义现代化的理论和政策，特别是关于社会主义改革开放的理论和政策。

一切国家都要实现以工业化为基础的现代化，这是人类社会发展的必然趋势。中国选择的是社会主义现代化。邓小平提出的社会主义本质论，解决了什么是社会主义和怎样建设社会主义的问题，就是明确在中国实现社会主义现代化的道路和目标。邓小平认为，不但贫穷落后不是社会主义，连发展太慢也不是社会主义。因此不能只在改变生产关系和上层建筑上做文章。而必须以经济建设为中心，集中力量发展生产力，走改革开放的路，实行“三个有利于”标准，消灭剥削，消除两极分化，最终达到共同富裕。可以说，离开现代化，社会主义就还是空想的，也无法长期生存下去。

不同的社会制度，现代化会有不同的特征，但必定有共同的手段和标志，这就是前面提到的经济市场化和政治民主化。过去长期以来，都把计划经济看成社会主义的基本属性，对市场采取排斥态度，当然，计划经济在一个短时间和一定条件下还有很大优越性，例如可以在经济建设中集中使用力量和避免或减缓周期性危机等。但整个来说，它不利于资源的合理配置，妨碍生产社会化进程，抑制竞争，促进垄断，最后必然导致体制僵化、发展停滞。这正是苏联东欧发生巨变的一个重要原因。中国能够从崩溃的边沿上奋起，实现经济的持续快速增长，就是由于实行了改革。这里说的改革，主要是指以市场为导向的经济体制改革。而所谓开放，也是市场化的延伸，即进入国际市场，积极参与全球化。可见，改革开放的核心就是市场化。但不应把市场看成万能，还必须同政府管理即宏观调控相结合。中国现在的问题，主要不是市场（或自由化）过了头，而是还相差很远。理想的市场化程度应在80%以上，现在中国只有50%。因此还必须进一步和较快地进行市场化，也就是深化改革和扩大开放。这方面还有巨大潜力，可以保证今后长时期的持续快速发展。这一切都说明，市场化是社会主义条件下解放生产力和发展生产力的重要手段。邓小平理论解决了社会主义和市场以及多种所有制并存的关系。这是对马克思主义划时代的发展和最大贡献，也是中国得到挽救和健康发展的关键。

改革，当然也包括政治改革，那就是民主化和法制化。邓小平理论形成之初就特别强调民主化。因为当时的首要任务是打开思想禁锢，破除“两个凡是”，解放思想，而“民主是解放思想的重要条件”。如果没有民主，在党内和人民内部的政治生活中采取压制、打击的手段，“不准越雷池一步。否则就要追查，就要扣帽子、打棍子”[1]。“这种状况不改变，怎么能叫大家解放思想，开动脑筋？四个现代化怎么化法？”[2] 1998年6月中央《关于在全党深化学习邓小平理论的通知》中，也强调要有民主讨论的风气，允许发表不同意见，实行“三不”等。贯彻解放思想、实事求是思想路线的过程，也就是民主化的过程。至于政治民主化，那还是个极其复杂的问题。如果说经过20年的改革，我国的市场化还相差很远，那民主化就相差更远，阻力更大，需要克服的障碍更多。但无论如何也得化，因为正如十五大报告所说，“没有民主就没有社会主义，就没有社会主义现代化”。而且市场化也离不开民主化和法治。

由于民主化和法治的滞后，改革开放以来，特别是80年代中期以后，社会上两个互有联系甚至互为因果的消极现象迅速滋长蔓延。一是腐败之风屡禁不止且愈演愈烈，以致被有关国际组织评为世界上腐败严重的国家之一。二是由于分配不公使贫富差距迅速拉大，经过10多年就已和美国相差无几。[3] 一些人把这归罪于改革开放，说是由于打开了门窗就难免从外面飞进来苍蝇蚊子。其实这是极大误解和误导。新加坡和丹麦，既是资本主义国家，也更加开放，但却被国际上评为廉政国家之首。我们还多次派人去新加坡“取经”。所以无论从理论上还是从实际上讲，内因都是主要的。许多腐败现象带有明显的封建性，说明中国反封建还很不彻底。但更重要的还是邓小平所说长期存在的权力过分集中的官僚主义体制，缺乏民主监督。“因为在过去一个相当长的时间内，民主集中制没有真正实行，离开民主讲集中，民主

① 《邓小平文选》第2卷，第141页。

② 同上书，第144页。

③ 见邓力群：《关于国情的若干经济分析》，载《中流》1998年第12期；何清涟：《现代化的陷阱》，第236页。

太少。"① 这些20年前讲的话，现在还完全适用。"消除两极分化"，是邓小平理论中社会主义本质论的要点之一。腐败更为社会主义所不容。要解决这两个问题，只能从体制上着手，关键就是民主化和法治化。

最后再谈一个邓小平理论的国际意义问题。这有两方面的含义。一是说，邓小平理论不只是马克思主义同中国革命实践相结合的产物，也是同时代特征和总体国际形势相结合的产物。邓小平理论的所有内容，都同对国际环境与世界潮流的观察和判断分不开，都是"面向世界"的结果。十五大报告说："邓小平理论坚持用马克思主义的宽广眼界观察世界，对当今时代特征和总体国际形势，对世界上其他社会主义国家的成败，发展中国家谋求发展的得失，发达国家发展的态势和矛盾，进行正确分析，作出了新的科学判断。"没有这些分析和判断，就没有邓小平理论。例如不作横向比较，就不会有社会主义初级阶段理论和分三步走的发展战略思想。另一方面是说，邓小平理论解决了当代世界社会主义发展中一系列重大问题，对世界社会主义作出了重要贡献。应该肯定各国都有自己的特点，但也必须承认同时存在全世界和同一类型国家的共同规律。适合于特定国家的理论和政策不可生搬硬套，更不得强加于人，但经实践检验证明是正确的东西，对许多国家也都有借鉴作用。谈到改革时，邓小平自己就说："这场改革不仅影响中国，而且会影响世界。""我们的改革不仅在中国，而且在国际范围内也是一种试验，我们相信会成功。如果成功了，可以对世界上的社会主义事业和不发达国家的发展提供某些经验。"② 又如作为邓小平理论一个组成部分的

①《邓小平文选》第2卷，第144页。

②《邓小平文选》第3卷，第118、135页。

“一国两制”构想，也为解决国际争端提供了新的思路和新的途径。邓小平说：“世界上一系列争端面临着用和平的方式来解决还是用非和平的方式来解决的问题。……香港问题的成功解决，这个事例可能为国际上许多问题的解决提供一些有益的线索。”[①]因此，在谈论邓小平理论“是马克思主义在中国发展的新阶段”时，就无须过分强调“在中国”三个字，不能低估它的国际意义。

同马克思主义及其发展阶段的列宁主义、毛泽东思想一样，邓小平理论也不是教条，有些论断也可能过时，因此必须随着形势变化和实践检验，不断加以发展和完善。无论是对马克思主义还是对列宁主义、毛泽东思想和邓小平理论，都要贯彻解放思想、实事求是的思想路线，防止教条主义，更要反对“两个凡是”的态度。自从马克思主义产生以来，在内部受到的最大干扰一直是教条主义，有时表现为右，但大多数时间表现为“左”，这是因为革命者往往急于早日胜利，几乎成为一种规律。在中国更是如此，无论是民主革命时期还是社会主义建设时期，每次造成最大损失的都是“左”的教条主义。邓小平曾沉痛地说：“‘左’的东西在我们党的历史上可怕呀！一个好好的东西，一下子被他搞掉了。”因此得出结论说：“中国要警惕右，但主要是防止‘左’。”[②]这是他积70余年经验留下的宝贵遗言，我们千万不能忘记。

（《当代世界与社会主义》1999年第2期、《太平洋学报》1999年第2期）

---

① 《邓小平文选》第3卷，第59—60页。

② 同上书，第375页。

关于时代问题讨论的回顾

——再论和平与发展时代

这里说“再论”，是因为关于时代问题和作为时代特征的和平与发展，我在过去10多年里曾经反复谈论过不少。现在又“再论”，则是由于在这个问题上出现了新的情况，我也想趁机会陈述一下自己的意见并作点答辩，希望继续得到批评和指正。

一 科索沃战争及其影响再次证明，和平与发展是当代世界主题和时代特征

科索沃战争和以美国为首的北约无端轰炸我驻南联盟大使馆，在我国引发起一场对国际问题的大讨论。讨论涉及许多方面，特别是对国际形势的根本判断。正像一位学者所说：“科索沃战争发生以来，人们不时听到和提出一个基本问题：究竟是否需要对整个国际形势的判断作一个根本的改变。”[①] 对这个问题

① 《当代世界与社会主义》1999年第3期，第5页。

的回答，见仁见智，有不同看法是很自然的。但值得注意的是，肯定的答复比较多，也就是认为国际形势发生了根本变化，不但原先的判断和看法而且据此作出的某些重大决策都需要进行调整和修正。这方面的言论一时颇为盛行，造成很大声势。我虽然参加的讨论和阅读的材料有限，但也看到和听到不少。根据个人的理解，下面就这一时期报刊上的言论，分三类各举些例子加以说明。

一是认为国际形势发生根本变化，紧张代替了缓和，甚至战争威胁也在接近。例如说，“科索沃战争已超出地区热点问题的范围而带来了国际关系结构、地缘政治的转折性变化”，“已经动摇了国际关系的基础”，“葬送了已有的军备控制和裁军的成果”。有的说，“事实证明，军事力量在国际生活中的作用并未下降”，“全球新一轮军备竞赛已大大加剧”，“不能说经济是国际关系的重点和各国都把经济安全放在了国家安全的首位”。还有这样的提法，“科索沃事件和美国轰炸我驻南使馆，再一次提醒我们，战争离我们并不遥远”，“世界处在两次战争之间”。一些人预计，美国和北约轰炸南联盟只是开了个头，并讨论下一个目标在俄罗斯还是中国，还出了一本《下一个目标是谁》的书。

二是对国际形势的基本判断有点动摇，对两大世界主题和时代特征的和平与发展发生疑问。如说，“过去对和平与发展讲得太多了，阐述和认识上存在过头现象”；惊呼“和平与发展面临严重挑战”，说“全球性的加强和民族性遭到空前挑战表明，世界和平与发展处在一个十字路口”，“冷战的终结使世界和平与发展不可避免地隐含着空前的不确定性”。总之，和平与发展作为世界主题和时代特征已不大靠得住，起码不太稳当了。而有些人还干脆否认和平与发展是世界主题和时代特征。在这种气氛下，出现对“和平与发展时代”的批判也就不足为奇了。与此同时，已有人不承认多极化的趋势，更要批评前一段经常提的多极化在加速发展，认为美国强大且发展快，实际上是单极世界，因为“多极化制约不了单极，相反单极阻断了多极化趋势”。至于全球化，由于它的“实质是跨国公司化、美元化或美国化”，对发展中国家弊大于利，所以不是积极参与，而是要审慎对待。还说有一个“现在遍及发展中世界的‘反全球化’浪潮”，使人对全球化就更害怕了。

三是根据以上看法，提出调整或修订既定政策的意见。例如在国际战略和对外关系方面，就有人提出，多极化既然受阻，促进无望，因此“对付单极世界的方法已不是多极化，而是恢复两极体制”，“恢复两极体制的关键在于恢复大三角关系”。外交上，不少人认为过去对美国（还有日本）的态度太软了，让步过多，应该强硬些，等等。

此外，特别值得注意的还有对外开放和国防建设。关于前者，《世界知识》1999年第14期开辟的“外资与国家经济安全”专栏，也许具有一定代表性。编者说是“出于强烈的忧患意识”，所以“对于困境中的民族工业、国民经济特别是我国经济安全受到的挑战给予了更多的注意”。但我觉得，它还是反映了很多人对全球化的担心和不愿进一步扩大开放的情绪。如认为外企和外贸是造成国内生产能力过剩的主要原因之一；民族工业无法同它们竞争；“随着外国大公司的进入，国内企业主导行业发展的能力存在被严重削弱的趋势”；“相对于我国当前的发展水平和吸收能力而言，外资进入的总量已经不小”。因此提出，“对外开放也要量力而行”，要“坚定不移地保护民族工业”，“对外开放的程度一定要考虑民族工业承受国际竞争的能力，与民族工业的国际竞争力水平相适应”，等等。在别的一些文章和发言中，反映出主张不急于参加世贸组织的也不少，认为在现在条件下参加对保护民族工业和经济安全不利。

再就是谈论战争和战备一时成了热门话题，出了一批抢手的文章和畅销的书，在国内外引起了不小反响。例如有一本前不久解放军文艺出版社出的名为《超限战——对全球化时代战争与战法的想定》的书就一下走红了，以大字排印，首次印数即为二万五千余册。而一般学术著作，包括一些国家重点课题，也大多只印三到五千册。对这本"引起海内外的广泛关注"的书，中国社会科学院世界经济与政治研究所适时地举办了一次书评座谈会。这里摘引几位书评者的三言两语，以说明这本书确是代表了谈论战争的一时风尚。据一位会议参加者介绍，本书分析的重点"是20世纪末和21世纪初的战争"，即是"发生在明天晚上或是后天早上的战争"，而他读后的印象却是，"未来战争的恐怖性跃然纸上，我不由得对世界和平和人类的前途深深地担忧"。另一位虽然认为"《超限战》是一本好书"，但因它"把恐怖主义列为战争的一种选择"，因而担心："鉴于作者的军人背景和恐怖主义在国际社会的巨大影响，于是，中国军队会不会采用恐怖主义等非常手段对付美国的威胁，就成了国外强烈关注的一个重大问题。"所以有的书评者就建议，"对《超限战》的讨论和宣传应有限度"，"宜适可而止"，原因之一是"《超限战》毫无必要地在和平阶段破坏中国的国际道义形象"。该书作者在会上发言，也有点吓人，如谈到东南亚金融危机时说："我们已经看到，东南亚一些重灾区国家，在这次危机中所受到的损失绝不亚于海湾战争中的伊拉克，也不亚于科索沃战争中的南联盟。"这是否有点言过其实呢？而索罗斯"对东南亚金融市场的攻击"，其作用是否也有点被夸大？至于说"本·拉登的汽车炸弹""对美国这等世界首屈一指的国家造成了难以估量的战略震撼"，"使敌人望而却步"，恐怕也是谈得有点过分。[①]

关于加强国防、提高战备，也出现各种各样的议论和建议。颇有人主张乘机扩充军备，海空先行，甚至捕捉战机。例如惯于发表惊人之论的一个叫作《战略与管理》的刊物，就接连发表了两篇鼓吹军备竞赛的文章：《科索沃战争与中国新世纪安全战略》、《台湾问题与中国前途》，说的相当吓人。“1999年，中国已走到历史的十字路口。”“现实迫使中国只有两种选择：要么……冲出霸权的封锁……要么，将是中国的内战和分裂。”因为“科索沃战争后，以美国为首的盟国对华遏制战略在中国东部地区已进入收缩阶段，中国东部的安全形势已近战争的底线”。“中国若不能建立起海上和空中进而外层空间的相对优势，就可能失去对台湾、南沙群岛乃至西藏、新疆的主权。”如果不愿意放弃这些主权，“那么，时不我待，中国现在就应该认真地、迅速地作好准备”。“只有拥有与中国的对手相差不过于悬殊的战斗力，中国才能避免鸦片战争在中国东海降临，避免或推迟类似北约干涉科索沃的战云在台湾、南沙及西藏地区重演。”“现实留给中国共产党和中国人民的选择，应当以强力打散美国遏制中国的环岛锁链”，“引起美国支持的代理人与美联合或在台前单独地与中国发生正面冲突。这对中国来说，既是一场严峻的挑战，又是历史赋予中国冲出霸权封锁的千载难逢的机遇”。这就是说，不仅要加紧备战，而且要抓住机遇同美国及其大小盟国打一仗。无怪乎与之商榷的一篇文章《时代特征与中国的机遇》把这说成是“有中国特色的军国主义终于登台亮相了”。邓小平说：“基本路线要管一百年，动摇不得。”现在有人公然要加以改变了。理由

① 有关书评见《世界经济与政治》1999年第10、11期。

是“历史发生了变化，中国是否也要调整自己的战略呢?”[①]

这类言论实在不胜枚举，而且不但见诸书刊报端，还一时成了街谈巷议的热门话题，连一些出租汽车司机也向并不认识的人打听“会不会打仗”。总之，那一阵造成的舆论气氛很容易给人以战争不可避免甚至很快就会发生的印象。

上面举的例子以及其他类似的言论，一方面表达了对美国无端轰炸我驻南使馆的义愤和因此强调要提高警惕的意向，但同时也表明对科索沃战争及其影响确实反应过分，把国际形势的变化估计得太严重了，以致动摇了多年来对世界局势和国际环境的根本判断。当然，不同的意见是一直有的，有时还表现得很强烈。但是必须承认，那种过分反应在一个时期的传媒和舆论中几乎是占主导地位的，现在也还有一定的市场，其影响不可忽视。带来的负面影响就包括在振奋爱国主义精神的同时还会激发民族情绪，而情绪总是非理性的，容易发生偏颇和出现极端，对外交政策形成一定干扰。例如当时就有过这样一些议论：抱怨我们在外交上态度太软，主张对西方强硬；不再多提“韬光养晦”，而强调“有所作为”；提出组织国际反霸统一战线；实行“单极之外的力量中心和潜在力量中心的战略联合”，同单极（也就是美国）相抗衡，实际上是要把我们置于“当头”的地位，等等。这种情绪和言论自然会影响到决策，给外交当局形成某种压力，在一定程度上束缚外交的手脚、减弱外交的灵活性。同时还会对外造成一些不良影响，引起外国对我们产生这样或那样的误解，例如怀疑中国的政策有变，对外态度强硬了，改革开放政策要收，在煽动民族主义情绪等，使我国的形象受到损害。

造成这种过分反应，首先是舆论导向。只要回想一下一个时

---

① 以上引文见《战略与管理》1999年第3、5、6期。

期各种传媒的报道和评论就明白了。而且基调不断提高，对美揭批层层加码，直到与希特勒德国相提并论，甚至还有过之。其次是学术界一些人紧跟发表的一些研究论文也在加温，分析和平与发展面临严重挑战，论证国际形势出现转折和发生根本变化。这就为当时的舆论导向提供了理论根据，产生了近乎“风助火势，火趁风威”的效应，助长了一时间对科索沃战争影响的过分反应。

对科索沃战争以来国际形势的估计现在也还有很大争论。一些同志最近还说科索沃战争标志着国际形势发生了全面、深刻和根本的变化，认为前一时期的舆论反应一点也不过分。当然，有不同看法和意见是很自然也是很正常的。但是有一点必须明确，就是我们对国际形势的根本判断，主要指和平与发展是世界主题和时代特征的认识，不可轻易动摇。因为这是对当代世界及其发展趋势的高度概括，是对我们所处时代的准确表述，从而也是我们制定政策的基础和观察、处理国际问题的出发点与立足点。试想，如果和平与发展果真面临严重挑战、处在了十字路口，那么我们“一心一意搞建设”的基本路线和“分三步走”的战略计划不就得重新考虑了吗？对和平的严重挑战就只能意味着面临世界大战的威胁，因为局部战争过去就一直存在，其中许多都比科索沃战争的规模大和时间长。现在世界上还找不到一个国家在准备打世界大战，我们自己的战略方针也是“打赢现代技术特别是高技术条件下的局部战争”。至于发展，世界科技正在突飞猛进，世界经济也正在摆脱东南亚金融危机的影响恢复正常增长，中国经济仍以较快速度在持续运行。无论世界还是中国都没有面临停滞、倒退和全面危机。各国仍然把发展经济放在国家战略的首位，国际竞争和斗争的重点也还是综合国力特别是经济和科技领域的竞争，又怎么能说发展面临严重挑战，更谈不上走到十字路口。如果是指世界性和各国内部贫富差距的扩大，或者是许多发展中国家的经济和社会危机，那也是早有的现象，并非科索沃战争所引起。可见，对和平与发展两大世界主题的怀疑是没有根据的，这种言论只能造成某些思想混乱。

但是也不可夸大科索沃战争引起的过分反应的作用。它对群众情绪和某些具体政策的执行可能会有一些影响，却没有也不可能改变我国改革开放以来所形成的对国际形势和时代发展的总体估计和根本判断。就是在反应强烈的那一阵，中央领导同志也一直重申和平与发展的世界潮流不可逆转。最近中央在经济工作会议公报中再次郑重重申三个不变，即“世界多极化趋势在继续发展，国际形势总体上仍然趋向缓和，和平与发展依然是时代的主题”；并说明，“这是党中央在科学分析当代世界矛盾，全面审视和平力量和战争因素消长的基础上作出的重要判断”。还说，“我们完全有可能争取一个良好的国际和平环境和周边环境，继续推进我国的现代化建设。”在一个完全谈经济的文件中特别谈这些问题并且立即公开发表，看来不是偶然的。对于澄清科索沃战争引起的某些过分反应，对于端正搞乱了的部分群众的思想，把全国人民的认识集中到对形势的根本判断上来，以坚定对百年不变的基本路线的信念，这样重申都是非常需要和极其及时的。同时这也有利于恢复我们的外交声誉和对外形象。随着科索沃战争的结束和巴尔干形势逐渐趋于平定，国际和国内的舆论都在逐渐降温，一些大谈战争的过火言论多已失去市场，人们从这次的一些过火反应中会进一步领会邓小平关于“冷静观察，稳住阵脚，沉着应付，韬光养晦，决不当头，有所作为”这些观察和处理国际问题的原则的深刻含义。

当年提出和平与发展两大问题时的国际形势要比现在复杂和严重得多。那时，“有资格打世界大战”的两个超级大国还处于对抗状态。但是邓小平根据对国际形势的仔细观察和科学分析，并接受了过去判断失误的教训，果断地提出了“战争是可以避免的，和平是有希望的”新观点，改变了“一条线”的战略。他说，“讲战争危险，从毛主席起讲了好多年了。粉碎‘四人帮’后我们又讲了好久。现在我们应该真正冷静地做出新的判断。这个判断，对我们非常重要。首先就是我们能够安安心心地搞建设，把我们的重点转到建设上来。没有这个判断，一天诚惶诚恐的，怎么能够安心地搞建设？……我们既然看准了这一点，就犯不着花更多的钱用于国防开支。要腾出更多的钱搞建设。”因此决定裁军100万。① 正是由于有了关于和平与发展两大问题的科学判断，他才适时和果断地作出了集中力量进行社会主义现代化建设的历史性决策。

又如80年代末和90年代初，“六四”风波后国际上出现一股强大的反华逆流，西方大国首脑会议决定对中国实行“制裁”，紧接着是东欧巨变和海湾战争，不久苏联完全解体并放弃社会主义选择，一时乌云压城，出现二战后国际形势的最大变化。在此关键时刻，如果对时代主题的判断发生动摇，那就可能或者如西方想的那样发生多米诺骨牌效应；或者如1957年波匈事件后作出的过分反应，以阶级斗争为纲和集中力量反修防修。其后果都不堪设想。这次多亏邓小平掌舵。他不但处变不惊，用他的话说，就是“尽管东欧、苏联出了问题，尽管西方七国制裁我们”，“我们并不着急，也不悲观，泰然处之”，“这点小风波吹不倒我们”。② 仍然坚持和平与发展两大主题没有改变，认定“我们过去对国际问题的许多提法，还是站得住的”；③ 而且更进一步提

① 《邓小平思想年谱》，第302页。
② 《邓小平文选》第3卷，第359页。
③ 同上书，第353页。

出“现在世界发生大转折，就是个机遇”，“机会难得呀!”[①] 的新观点，抓紧了上海的开放，号召“力争隔几年上一个台阶”[②]。他认为：“世界上一些国家发生问题，从根本上说，都是因为经济上不去……长期过紧日子。”[③] 所以“关键是发展经济”，“发展才是硬道理”。[④] 特别值得指出的是，就是在这种情况下，发表了南行讲话，最后完成了邓小平理论的建设；我国的经济建设，不但没受国际形势变化的影响，反而在南行讲话的鼓舞和指引下上了一个更大的台阶。

比起上述两个时期的国际环境来，科索沃战争引起的变化就要小多了。事实上，科索沃战争只是一场时间较短和规模较小的局部战争，不能同过去许多局部战争如朝鲜战争、越南战争、两伊战争、海湾战争等相提并论。以往那些规模大得多的战争，尚且没能阻止时代发展的总趋势，不曾改变世界主题的性质，科索沃战争的影响当然就更有限了。它的发生固然有一定的必然性，因为打从进入近代以来，欧洲就一直存在民族自决和欧洲统一两大潮流，又在东欧和巴尔干长期受到抑制，等冷战一结束便一齐喷发出来。[⑤] 巴尔干更成了两大潮流的交汇点，不断发展和日益激化，无论是民族独立的要求还是欧洲一体化趋势都已无法阻挡。但是由于时代不同了，现在有和平与发展两个基本特征的制约，科索沃战争还是被限制在了一定的时间和较小范围内，没有使巴尔干这只火药桶像第一次大战开始那样燃起世界战火。关键就是没有也不会酿成大国之间的直接冲突。中俄虽然坚决反对美

---

① 《邓小平文选》第 3 卷，第 369 页。
② 同上书，第 375 页。
③ 同上书，第 354 页。
④ 同上书，第 375、377 页。
⑤ 参阅陈乐民、周弘：《欧洲文明扩张史》第四、五章，东方出版中心 1999 年 3 月版。

国和北约对南侵略，但基本上都还限于道义上和政治层面，没有也绝不可能发生军事上的卷入。而且战争停止后，无论是俄罗斯还是中国，都已逐渐缓和了同美国及其他西方国家的关系。这是因为，改善同这些国家的关系，避免发生对抗，是时代的要求，因而也是完全符合中俄两国的国家利益的。

至于说，科索沃战争给美国提供了一个推行霸权主义的新模式，它可以轻易地（避免人员伤亡）迫使一个弱小对手就范，因而今后会更多地使用这一战式。这也是把问题看得太简单了。实行空中打击，科索沃战争并非第一次，在这之前美国和北约已对波黑的塞尔维亚地区使用过了。这两个地方都具有巴尔干地缘和历史形成的特殊性，在别的地方就不一定敢贸然行事。否则，美国为什么不对称之为“胡作非为国家”使用这一手段呢？在我看来，索马里的教训使美国不敢轻易派出地面部队进行军事干涉，科索沃战争后美国对这类空中打击也要更加慎重了。至于有人提出，一旦俄罗斯或中国某个地方出了事，美国也可能以保护人权为借口给予空中打击，这就更有点杞人忧天了。美国连它视为眼中钉的朝鲜和近在咫尺的古巴都不敢动，还敢碰具有核报复能力的大国！除非你先打它，或者严重威胁到它的国家利益。

事实上，科索沃战争后，国际形势整体上仍然继续保持缓和的趋势，各国都更加重视经济问题，世界经济也出现复苏和提高增长的势头。所以总起来说，科索沃战争不但没有使和平与发展受到严重威胁，处于十字路口，而且再次证实这两大世界主题在我们所处时代国际形势的发展变化中的稳定地位和主导作用。对于这点，现在人们也许会认识得更加清楚了些，而不致继续为一时的舆论过分反应所迷惑。

科索沃战争引起的国际问题大讨论，特别是一些过分反应，说明对邓小平理论的重要组成部分、成为时代特征的和平与发展问题，需要进一步加深认识和领会。因此，开展关于时代问题的学习和讨论，不但是必要的，而且是迫切的。党的十五大报告在阐释和发挥邓小平理论时很强调时代问题，多处提到时代特征、时代主题、时代精神、时代潮流等概念，如“马克思主义必定随着时代、实践和科学的发展而不断发展”，邓小平理论“是马克思主义同当代中国实践和时代特征的结合”，“是在和平与发展成为时代主题的条件下……逐步形成和发展起来的”，等等。但是由于后来在这方面缺乏深入广泛的学习与讨论，所以人们连一些重要名词如时代、时代特征、世界主题等都弄不清，也就很难领会有关的精神实质了，以致看到有人长篇大论地谈时代，却总是说不清，还前后矛盾，出现常识性差错。对时代问题研究和讨论不够，很可能是造成这次对国际变化作出过分反应和动摇基本判断的原因之一。

其实，学术界一直就有主张开展时代问题学习和讨论的呼声，认为这是学习邓小平理论、认识国内外形势和领会与掌握党的基本路线的重要一环。中国社会科学院1998年工作会议提出的近期研究规划中，第一项就是“从时代的特征和发展的角度深入认识邓小平理论”①，只是不知现在研究的成果如何。另外，在此之前，于光远同志已一再呼吁“对时代问题认真进行研究，开展讨论”。他在1998年9月17日为中国生产力学会第10届年会写的论文《最充分地适应我们的时代》中还具体提出：“我希望2002年中国共产党举行全国第16次代表大会时，能把时代问题作为一个最重要的问题之一提出来讨论和解决。”因此建议：“我们的工作需要紧张地进行。”

不过也应明确，我们要研究和讨论的时代问题，属于科学社

① 新华社1998年1月14日报道。

会主义的范畴，即列宁创立并为国际共运近百年来一直尊奉的时代学说，而不是其他含义的时代。因为时代是个使用极泛的概念，可以有无数种提法，如果不明确它的内涵和外延，就缺乏共同语言，也就很难讨论起来。例如一方提出讨论的问题是：帝国主义和无产阶级革命的时代是否已经过时，现在所处是否和平与发展时代，当今时代的基本特征是战争与革命，从资本主义向社会主义的过渡，还是和平与发展或者别的；另一方提出的却是信息时代、知识经济时代、大调整时代，以至后冷战时代等。这也很难谈到一块。当然，对列宁的时代学说可以有不同的理解，也需要讨论。但连一些基本概念都搞不清楚，却要硬说成是经典作家的意见，同样无法达成共识。所以在讨论时代问题时还有个普及问题，就是弄清什么是时代和时代特征。

这次国际问题大讨论还说明，和平与发展不是讲多了，而是讲少了，讲得不深不透，因而才使许多人不大了解时代主题，稍有风吹草动就对作为时代主题的和平与发展表现动摇。上引《战略与管理》那篇文章①，更以唬人的口吻，不顾前后矛盾地说："现实告诉我们：历史留给中国和平与发展的时间已经不多了。如果我们还不能从现实已不存在的'和平与发展'的海市蜃楼中惊醒……那等待我们的前景将是非常危险的。"这就不仅是动摇，而是对我们国家据以制定发展战略和内外政策的对时代发展和国际形势的根本判断完全失去信心和表示反对了。这当然不是什么小问题，而是更加说明，必须进一步开展有关时代问题的学习和讨论，大力提高对邓小平理论的重要组成部分和平与发展两大问题的认识。

时代问题，不只是个重要的理论问题，也是迫切的实际问题。

---

① 《战略与管理》1999年第3期。

二 随着时代主题的转换，世界早已进入和平与发展时代

提出和平与发展问题，无论在理论上还是实践上都具有划时代的意义。这是对马克思主义的重大发展，特别是时代学说上的重大突破，也标志着邓小平理论走向成熟。它既是制定建设有中国特色的社会主义战略方针的理论基础和科学根据，也是观察和处理国际问题的出发点与立足点。

1. 根据列宁的时代学说，20 世纪划分为两个时代

10 多年前，我在一篇题为《我们所处的时代》的文章中，曾介绍过列宁关于时代的论述，这里就不再多重复了。

一切理论都是在适应实践需要的历史条件下才会出现的。正是出于时代发展和革命实践的需要，列宁根据马克思主义的原理创立了有关时代的学说。他所讲的时代，就是整个世界发展进程中不同的历史阶段，其内涵主要包括这一阶段的阶级关系、主要内容、基本特征和发展趋势等。这也是国际共运中一直得到普遍承认和我们现在所要讨论的时代概念。

但是在我们对时代问题的讨论中，有时和有的人却并不是依据列宁关于时代的学说，这就容易造成概念的混乱。例如有些学者认为，时代就是指不同的社会形态，时代的交替就是社会制度的改变，还说这才是“马克思主义的时代概念”。例如说，“《共产党宣言》提出的‘一个幽灵，共产主义的幽灵，在欧洲徘徊’，‘资本主义丧钟敲响了’等名言，已经反映了当今时代的实质。”说邓小平在南行讲话中指出的“封建社会代替奴隶社会，资本主义代替封建主义，社会主义经历一个长过程发展后必然代替资本

主义。这是社会历史发展不可逆转的总趋向”，是“邓小平对于时代内涵和现时代性质的认识，从文字到精神都是与马列主义奠基人的时代观完全一致的”。谈到时代的时间跨度时又说：“我理解，马克思主义经典作家所说的时代，是一个跨越数个乃至数十个世纪的大历史时期。”[①] 这种绵延几百和几千年的“时代”，哪里还谈得上“时代发展”，又怎么能成为“正确地制定自己的策略”的基础？这与列宁关于时代的论述又有什么共同之处？

列宁认为时代是个关乎全世界的发展变化和国际整体联系的概念。因而时代概念如同国际概念一样，都是在资本主义兴起后才出现的。按照马克思的说法，只是到了近代，资本主义才使狭隘的、地区的和民族的历史变成了世界的历史。“资产阶级，由于开拓了世界市场，使一切国家的生产和消费都成为世界性的了。……过去那种地方的和民族的自给自足和闭关自守状态，被各民族的各方面的互相往来和各方面的互相依赖所代替了。”[②]特别是第二次世界大战后，随着国际化的空前发展，一切国家的重大社会问题都只有放在世界范围内，在国际整体联系和时代发展中才能说清楚；任何国家的革命运动或现代化建设，离开世界发展和时代潮流都是不会成功的。

还应说明的是，列宁说的时代或时代基本特征，一方面是指不以人们意志为转移的客观存在，即现实特征的概括和发展趋势的描述；另一方面也是人们的主观认识和判断，既体现人民的要求和愿望，也是无产阶级政党为自己规定的任务和目标。列宁对所处时代的两种提法，帝国主义时代和无产阶级革命时代，就都

① 《世界进入了“和平与发展的时代”吗?》,《世界经济与政治》1999 年第 7 期;《有中国特色的社会主义与当代世界》导论和第一章,世界知识出版社 1997 年 1 月版。

② 《马克思恩格斯选集》第 1 卷，第 254—255 页。

是这种情况。帝国主义是已经存在的现实自然不用说，就是无产阶级革命也是当时的客观存在，因为不少国家出现了革命形势和革命运动。但同时它又是革命人民的要求和愿望，也是共产党确定的任务和目标，需要进行斗争去争取。

时代性质是由时代主题或时代的基本特征决定的。这似乎是常识性的问题，但也还有争论。党的文献对时代特征的提法虽前后稍有变化，但基本意思是完全一致的。十三大报告的最早提法是世界主题，到十四大和十五大报告才更多使用时代特征和时代主题。现在学术界在谈到时代问题时，较多地用时代主题。其实用主题规范时代，倒也更明确。有人说时代主题变了，但时代性质没变，那在逻辑上是不通的。至于为此而生造一些名词如时代总主题、基本主题、阶段主题等，更容易引起概念的混乱。因此，把时代主题理解为列宁所说的"时代的基本特征"，应该成为讨论时代问题中的共识。

准此，根据不同的时代主题，20 世纪大体可分为两个时代。学术界许多人也是这样划分的。上半期被称为帝国主义和无产阶级革命时代。由于这个阶段的时代主题或基本特征是战争与革命，所以通常又称为战争与革命时代。毛泽东在《新民主主义论》中就说:"现在的世界，是处在革命和战争的新时代。"确实，20 世纪上半期是个大动乱时期，资本主义的发展危机引起了两次世界大战，战争又引起了两次世界范围的革命高潮。把这个时期定为战争与革命时代，是准确的，合乎当年的实际，一直也没有什么争论。

20 世纪下半期的时代主题和基本特征变为和平与发展，世界也就进入了和平与发展时代。进入战争与革命时代，由于经历着世界大战和各地的革命浪潮，时代主题表现得比较明显，人们容易察觉，所以列宁很快就指出了新时代的到来。而和平与发展时代却不尽相同，国际上不但存在冷战和不间断的局部战争，而且世界还长期笼罩在核大战的阴影下，时代主题表现得不太明显，所以在长达30年的时间没有被正式提出来。相反，社会主义国家和国际共运还坚持时代主题没有发生交替。

2. 没有认识到时代主题的转换是社会主义遭受挫折的重要原因

第二次世界大战后，时代主题开始逐渐从战争与革命转变为和平与发展，到50年代末已基本完成。造成这一变化的原因，主要有以下几个：一是资本主义通过大调整发生部分质变，从传统资本主义转化为现代资本主义，基本上走出了发展危机，进入了相对稳定的发展时期，使帝国主义战争从不可避免变成不大可能，资本主义生产方式重新获得较强的生命力，可以较长期地生存和发展。二是第三次技术革命的突飞猛进大大推动了世界经济的发展和人类文明的进步，还成为大国之间冲突的一个制约因素。技术的发展加上经济结构的调整，使国际化进入一个新阶段，而国际化又成为世界经济和科学技术发展的推动力量。三是社会主义在一系列国家的胜利和第三世界的兴起以及西方资本主义国家民主力量的壮大，从根本上改变了国际力量对比，形成了有利于维护和平和促进发展的总趋势。

作为时代主题的和平，就是指不打世界大战，这是不应有疑义的。邓小平说，“因为我们讲的战争不是小打小闹，是世界战争”[①]，也就是说不是局部战争。对全世界来说，没有发生世界大战，就是和平时期。正因为不会有大战，邓小平才一再强调是“难得的机遇”。

至于发展，则是指全世界经济、科技、社会、文化的全面发

① 《邓小平文选》第3卷，第104页。

展，特别是作为基础的经济的发展，也就是邓小平视为“硬道理”的发展。和平是发展的前提，发展是和平的基础，二者密不可分。

二战后，虽然局部战争从未间断（只是呈数量减少和规模缩小之势①），且不可避免，但终究没有爆发世界大战；同时谁也不能否认，世界经济与科技是以人类历史上无与伦比的速度在发展。可见，就是在冷战时期，和平与发展也是活生生的客观存在；冷战后，和平与发展作为世界主题就更突出了。因此，那种认为和平与发展只是奋斗目标而非现实，还硬说邓小平“反复强调和平与发展目前还只是一种斗争的目标，而不是已经变成了现实”②；有的竟直接批评提出世界两大问题，说“所谓和平与发展只不过是好心人的主观愿望罢了，实际上是并不存在的”③，就都是不顾事实的推论。如果真是这样，那就等于说全世界至今仍处于战争状态，经济和科技的大发展也不曾有过，“难得的机遇”只是“主观愿望罢了”。其实邓小平从未说过和平与发展不是现实，更不用说“反复强调”了。恰恰相反，他一再提到：“战争是可以避免的”，“维护和平是有希望的”，“要建设，没有和平环境不行”，“抓住时机，发展自己”，“善于利用时机解决发展问题”，“利用国际和平环境……加速我们的发展”，等等，都在于表明现在是和平发展时期，不可使机会错过。而且那种关于和平与发展只是斗争目标的说法，实际上还是在忽视甚至贬低提出这两大问题的重要意义。因为既然从人类社会诞生起，和平与

---

① 中国解放战争和朝鲜战争后，局部战争的规模即不断缩小，而从民族独立运动走出高潮后，数量也在减少。可参阅俞新天：《世界南方潮》，第57—73页。

② 《有中国特色社会主义与当代世界》第一章；《世界经济与政治》1999年第7期。

③ 《在新世纪的门槛上》，《中流》1999年第11期。

发展就一直是人们追求的目标，现在提出来还有什么新鲜呢？

为了表明和平与发展面临严重危机或者并不是客观存在，近来引证邓小平关于“和平与发展问题一个也没有解决”的话突然多了起来。其实，这也是误解。如上所述，时代主题或时代特征包含有三层意思：客观现实的概括，发展趋势的表述，斗争任务的规定。和平与发展作为争取完成的任务和奋斗目标，即实现世界的持久和平和普遍繁荣，当然一个也没有解决。正像在第一次世界大战和十月革命期间，或第二次世界大战和民族民主革命处于高潮期间，作为时代特征的战争与革命都是活生生的客观现实，但能说哪个问题解决了？又如社会主义建设是中国最大的现实和发展趋势，但谁也不敢说问题已经解决了。

其实这并不是什么新见解。而且历史的经验也值得注意。正是由于否认或忽视和平与发展的客观现实，当时代主题已转换为和平与发展时还坚持战争与革命时代的观点和政策，才导致了世界社会主义的严重挫折。时代主题的转换，意味着各国发展和国际竞争的重点在从军事转向经济。因此即使是资本主义国家，只要适应新时代，坚持和平与发展，如日本和西欧以及后来的新兴工业化国家和地区，就都取得了快速发展和长足进步。但苏联却仍然坚持战争与革命时代的发展模式和国际战略。其他社会主义国家又一律向苏联“一边倒”，不仅外交上向苏联看齐并结盟，而且社会主义建设也照搬苏联模式。其结果是人们已经看到了的。

苏联模式在社会主义国家具有普遍性，所以值得稍为一谈。苏联模式是战争与革命时代俄国特殊条件下的产物，是一个经济落后的大国，在资本主义包围下，为了生存和发展，不惜一切代价加强经济实力和国防力量的发展模式。单就这一点说，它有一定的必然性。它没有走现代化的通常道路，实行经济市场化和政治民主化，而是采取了高度集权和专制下的严格管理和粗放经营。这个模式与生俱来就有很大弊端，但它是那个时代的产物，也发挥过重大的历史作用，如为反法西斯战争的胜利准备了物质基础，经济上一个时期取得了超过资本主义的高速增长，完成了初步的工业化和城市化，科学技术和文化教育都有惊人成就，计划经济和福利制度也产生了广泛影响。这些都使社会主义的威望一时大增，对新一轮民族民主革命起了推动和号召作用，也对资本主义国家的改革调整起了促进和借鉴作用。但是随着时代主题从战争与革命向和平与发展的逐渐转换，这种同战争和备战相适应的发展战略和集中管理体制就越来越显得不适应了，在同资本主义的经济竞赛中陷于劣势地位，最后打了败仗。[①] 经过战后恢复，苏联的发展速度已逐渐慢于发达资本主义国家，差距从缩小变为扩大。只是苏联领导出于内外需要而成倍夸大统计数字，如在 1976 年最后一次公布的国民经济统计中，说当年的国民收入为美国的 67%。可是实行公开性后经国际权威机构一算，1989 年的国民生产总值也只有 5120 亿美元，约为美国的 1/10。随着苏联的解体和这一神话的破产，苏联模式就退出了历史舞台。

在时代问题上，我们过去可能比苏联还要“左”一些。建国后，我们不去适应时代主题的转换，而是实行“一边倒”路线，“走俄国人的路”。邓小平说：“我们过去照搬苏联搞社会主义的模式，带来很多问题。我们很早就发现了，但没有解决好。”[②] 实际上我们后来比苏联更彻底。苏联还强调增强经济实力和国防力量，我们却搞以阶级斗争为纲和穷过渡，长期没有按时代要求，把集中力量发展社会生产力、改革经济体制和提高人民生活

---

① 有关苏联模式还可参阅《时代发展与中国特色》，北京大学出版社 1998 年 5 月版。

② 《邓小平文选》第 3 卷，第 261 页。

放在首位。邓小平在1980年就指出，“近三十年来，经过几次波折，始终没有把我们的工作着重点转到社会主义建设这方面来”[1]。加之二战后国际化已成为推动世界经济发展的重要因素，我们执行的却是从“打扫干净房子再请客”到“关起门来自力更生地建设社会主义”的方针，又怎能不落后。邓小平就说：“三十几年的经验教训告诉我们，关起门来搞建设是不行的，发展不起来。”[2] 这都使我国经济所占世界份额大幅下降，从1955年的4.7%降到1980年的2.5%，而日本同期则从2.5%上升到10%。[3] 由此可见，现在说的从1952年到1998年，我国经济年平均增长7.7%，明显高于世界年均增长3%左右的水平，可能是有极大水分的。在这个问题上也应接受苏联的教训。

在时代的提法上，我们那时也比苏联更激进。大家都坚持“帝国主义和无产阶级革命时代”的传统提法，只是苏联后来稍有变通，改为“从资本主义向社会主义过渡的时代”（1957年《莫斯科宣言》接受了这一提法）；我们在60年代却进一步提高为“帝国主义走向全面崩溃和社会主义走向全世界胜利的时代”。在中苏分歧加剧后，我们更批评苏联变修，自己主动担负起“世界革命中心”的重任，大力推行反帝反修、积极备战和输出革命的政策，“使中国陷入了极其被动的国际环境之中”，“不得不在孤立的状态下勉力支撑我们的外交工作”。[4] 支援世界革命的政策基本上是失败了的，对一些国家的援助也显得太过分。例如曾公开宣布也确实准备为抗美援越作出最大的民族牺牲，而把台湾

---

① 《邓小平文选》第2卷，第249页。

② 《邓小平文选》第3卷，第64页。

③ 见1988年4月6日《人民日报》和1993年7月20日《经济日报》。

④ 参阅《邓小平外交思想研究论文集》，世界知识出版社1996年6月版，第48、68页。

放在次要地位。“仅1972年，我国给阿尔巴尼亚的各种无私援助，平均到他们国家每个人头上，达一人5000元人民币之多。”[①] 这时我国农民的人均年收入大约还不到100元[②]，行政级别最低的干部月工资是37.5元。

值得我们自豪的是，新中国彻底改变了过去长期受屈辱的历史。建国后头二三十年，也在工业建设和科技发展上取得了前所未有的成就。但正如邓小平一再说的，由于犯“左”的错误，使我们在世界蓬勃发展的时期失去了一次机会，还不如周边一些国家和地区发展的快，“这是非常可惜的”。现在也还有人在为苏联模式和“左”的错误辩解，这就证明，在总结历史经验和认识时代问题上，邓小平所说的“中国要警惕右，但主要是防止‘左’”也完全适用。

3. 和平与发展是邓小平理论的时代背景和重要组成部分

邓小平根据对中国社会主义建设和国际共运经验教训的总结，根据对世界形势发展变化的缜密观察和科学分析，提出了和平与发展是当代世界两大问题。这就为中国现代化建设开创了一个新局面，中国也因此而开始崛起。不过人的认识总会有个过程，两大问题也不是一下就提出来的。

结束“文革”和粉碎“四人帮”后，真可谓百废待兴，最迫切的则是恢复生产和拨乱反正。30年的教训也要求我们必须改变国家的发展战略，用一心一意搞建设代替“以阶级斗争为纲”。为此就需要审视国际环境，因为正如邓小平所说：“要建设，没有和平环境不行。”[③] 一开始虽然还囿于一些传统观念和列宁的

---

① 《炎黄春秋》1994年第9期。

② 据《存亡之秋》第17页所引邓小平谈话估算，人民中国出版社1993年6月版。

③ 《邓小平文选》第3卷，第233页。

过时论断，认为帝国主义发展不平衡必然导致战争，因此仍然坚持战争只能推迟不可避免的观点；但是根据战后的形势发展和当时的情况判断，估计战争一时打不起来，争取推迟 20 年或更长一点时间是可能的，这就是个难得的机会，并根据这一判断调整了国家的工作重点。邓小平说："一九七八年我们制定一心一意搞建设的方针，就是建立在这样一个判断上的。"[①] 后来又经过进一步的观察和分析，也吸收了学术界有关的研究成果和建议，遂于 80 年代中期正式提出了和平与发展两大问题，并且明确是作为世界主题和时代特征提的。不久后党的十三大就证实了这一点。

对时代问题的认识属于最高层次的战略判断，所以科学观察和分析时代特征、正确估量和把握世界主题，是正确制定内外政策的基础和依据。或如列宁所说，"首先考虑到各个'时代'的不同的基本特征（而不是个别国家的个别历史事件），我们才能够正确地制定自己的策略。"[②] 提出和平与发展两大问题的科学论断，当然不是简单重复一下人类有史以来就有的愿望，而是反映了世界发展变化的本质特征，体现了当代国际关系的基本内容，揭示了世界已经进入了和平与发展的历史时期。这就引导中国社会主义建设实现了从以战争与革命为时代主题向以和平与发展为时代主题的做法的重大转变，确定了以经济建设为重点和推行改革开放政策。这也使中国不但避免了苏联东欧巨变的多米诺骨牌效应（邓小平就说过，中国不搞改革也是要垮台的），而且开始了经济上的起飞。

改革开放的成效举世瞩目，无须多讲。制定这一政策的主要

---

① 《邓小平文选》第 3 卷，第 233 页。
② 《列宁全集》第 26 卷，第 143 页。

依据，就是客观存在的和平与发展两大世界主题和主观上作出的正确判断。试想，如果正在进行世界大战或面对强敌压境，能够以经济为中心和实行改革开放吗？就是30年代那样的经济危机和国际环境，大约也是不太容易实行对外开放的。

时代问题也是国际战略中最基本的理论问题，是观察和处理国际问题的立足点与出发点。对时代主题的新论断正是邓小平外交战略的基础。在提出和平与发展问题的同时，中国的对外战略也作出了重要的调整，就是改变了“一条线”的战略，奉行独立自主的外交路线和外交政策。这两个改变是相互联系的。邓小平说：“十一届三中全会以后，我们对国际形势的判断有变化，对外政策也有变化，这是两个重要的转变。”①

过去的“一条线”战略，“就是从日本到欧洲一直到美国这样的‘一条线’”②，实际上就是联美反苏，是针对当时苏联霸权主义威胁的，出于一定客观形势的需要，但更重要的是基于对时代主题的不准确判断。这一战略起了某些积极作用，有助于外交的开展，特别是改进了同美国及其他西方国家的关系和恢复了在联合国的席位。但它本身有明显的缺点，和以前的“一边倒”一样，是以战略关系划线，不利于独立自主原则的贯彻，不利于团结第三世界，而且着重反苏修和以苏划线，也不利于反对霸权主义和利用美苏矛盾，还损伤中国的对外形象和对外关系。放弃“一条线”战略，就使中国的对外政策真正建立在独立自主的基础上，把中国外交推进到了一个更加成熟的历史时期，迎来了对外关系的大发展和国际地位的大提高。

维护和平和促进发展是中国国际战略的根本目标。这体现了

---

① 《邓小平文选》第3卷，第126页。
② 同上书，第127页。

中国国家利益和人类利益的一致，也体现了列宁时代学说中强调的阶级内容。因为在和平与发展时代，就世界范围总体而言，无产阶级的首要任务已经不是推翻资本主义制度，而是维护世界和平和促进社会发展。这在国际共运中也早已达成了共识。1957年的《莫斯科宣言》就指出，“各国共产党认为争取和平是自己的首要任务”。只是许多党由于没有认识到并根据时代主题的转换及时转变政策，才导致力量削弱和遭受挫折。同样，随着时代主题的转换，社会主义国家对外的首要任务也不再是支援世界革命了。列宁规定的国际主义义务，“第一，要求一个国家的无产阶级斗争的利益服从全世界范围的无产阶级斗争的利益；第二，要求正在战胜资产阶级的民族有能力有决心为推翻国际资本而承担最大的民族牺牲”①，当然也就不适用了。所以中国党从标志着有中国特色社会主义理论开始形成的十三大起，就不再提国际主义口号了。

提出和平与发展问题，并不像一些人说的只是作为奋斗的目标，而是明确作为对国际环境的正确认识、概括世界现状和发展趋势的时代主题提的。基于科学分析世界形势演变和正确总结经验教训，邓小平有强烈的时代感。时代发展的最重大的表现，是时代主题的转换。邓小平首先抓的就是把握和平与发展的时代主题。这就是他说的，“要善于把握时机来解决我们的发展问题”②。邓小平提出有中国特色的社会主义，不仅具有国别意义，合乎中国国情，而且具有时代意义，符合时代要求。他说：“我们要赶上时代，这是改革要达到的目的。”③ 中国“还要更加发展起来。这是民族的要求，人民的要求，时代的要求”④。邓小平理论的

① 《列宁全集》第39卷，第164页。
② 《邓小平文选》第3卷，第365页。
③ 同上书，第242页。
④ 同上书，第357页。

一个重要特点，就是把和平与发展同社会主义结合起来，在把握时代特征的基础上认识社会主义的本质，准确抓住中国在当代世界上面临的机遇和挑战，加速社会主义现代化的建设。可见，有中国特色的社会主义具有鲜明的时代特点，也可称为和平与发展时代的社会主义。邓小平明确指出："我们搞的是有中国特色的社会主义，是不断发展社会生产力的社会主义，是主张和平的社会主义。"①

正确估计时代主题，不但是进行重大决策的基础，也是马克思主义发展的一项重要内容。如果没有作出对和平与发展两大问题的判断，怎么能下决心采取"集中力量搞现代化建设"和改革开放的战略方针呢？又怎么会提出建设有中国特色社会主义的问题来呢？邓小平把党的十二大说成是七大以来最重要的一次会议。就是在这次会上提出了两个互相关联的新问题：改战争不可避免的观点为世界和平有可能维护的认识；第一次提出建设有中国特色的社会主义。过了两年即作出关于和平与发展问题的正式判断，而不久后的十三大又成为有中国特色社会主义理论（邓小平理论的原先提法）开始形成的标志。被邓小平宣布为一个字也不能改的十三大报告，已经对这一理论作了初步的系统叙述，指出它包含的"一系列科学理论观点"中就有"关于和平与发展是当代世界的主题的观点"。南行讲话标志着邓小平理论的最后完成。随后的十四大和十五大报告又都明确指出，和平与发展既是它产生的时代背景，又是它的一项重要内容。

正是通过对时代主题的重新评估和正确判断，邓小平走出了晚年毛泽东思想的误区，创立了有中国特色的社会主义理论。作为新民主主义革命的理论和政策，毛泽东思想指导中国革命取得

① 《邓小平文选》第3卷，第328页。

了胜利，但进入社会主义建设时期就显得有些不适应了。这里只列举两个重大的失误和邓小平对它的修正与发展。

一是忽视生产。邓小平曾明确指出，“马克思主义的基本原则就是要发展生产力”，而毛泽东同志“有一个重大的缺点，就是忽视发展社会生产力……没有按照社会经济发展的规律办事”。[①] 正是估计到一时不会发生世界大战和认为必须赶上时代，邓小平70年代末就提出放弃以阶级斗争为纲和把工作重点转移到经济建设上来。这一方针的贯彻执行，就为中国开创了一个全新的局面，经济上不但很快医治了极左路线造成的创伤，远离了崩溃的边沿，而且引导中国走上了振兴之路，在经济上开始站起来了。

二是时代判断错误。建国后，时代主题已逐渐从战争与革命转向和平与发展。但我们仍然坚持过时观点，还不断升温，强调战争迫在眉睫和世界革命很快胜利，并据此作出了违背时代潮流的加紧备战、积极支援世界革命和争取当头等重大决策。其结果有如邓小平所说，使中国耽误了20年，丧失了一个发展的大好机会。也正是在把握时代主题和与时代的结合上，邓小平对毛泽东思想作了重大的修正和发展。这在对毛泽东思想和邓小平理论所下的定义上也表现得极其明显。无论是毛泽东本人，还是党的文献（包括两个历史决议）和阐释毛泽东思想的权威人士的言论，在讲毛泽东思想时都没有提到同时代的结合。对邓小平理论则从开始形成就强调同时代结合。十三大报告可说开了这方面的先河。过去我们一般只讲马克思主义同本国实际结合和以总结本国经验为基础，十三大却第一次提出两个结合和两个基础，即“社会主义理论同各国实践和时代发展的结合”；“在总结建国30

① 《邓小平文选》第3卷，第116页。

多年来正反两方面经验的基础上，在研究国际经验和世界形势的基础上，开始找到一条建设有中国特色的社会主义的道路”。最能说明问题的还是十五大报告的两个定义：“马克思列宁主义的理论与中国革命的实践之统一的思想——毛泽东思想”，“马克思主义同当代中国实践和时代特征结合起来的邓小平理论”。所有这些，总不能都说是偶然的。

由于实现了同中国实践和时代特征的结合，邓小平理论成了马克思主义发展的新阶段。特别是它的社会主义本质论，提出解放和发展生产力标准，更使社会主义减少了不少空想成分，又一次向科学迈进了一大步。邓小平理论给社会主义注入了新的生机与活力，是世界社会主义发展模式的创新和现代化，开创了马克思主义与时代发展要求相结合的新时期，不仅在指导着中国的现代化建设，而且也会对世界社会主义发生深远影响。有人强调邓小平理论是“中国的”三个字，这就有点降低它的世界意义，也是不够实事求是的。正像十五大报告所说：“邓小平理论坚持用马克思主义的宽广眼界观察世界，对当今时代特征和总体国际形势，对世界上其他社会主义国家的成败，发展中国家谋求发展的得失，发达国家发展的态势和矛盾，进行正确分析，作出了新的科学判断。”可见邓小平理论的形成和发展，是一直同时代主题和世界形势相结合的。因此可以说，邓小平理论是和平与发展时代的马克思主义。

三　和平与发展时代的提出和学术界讨论的一些情况

和平与发展时代问题的提出和讨论已有 10 多年了。这里将我所知道的一些情况作点介绍和交代，也许有助于讨论的开展。

1. 关于和平与发展时代问题的提出

1985年，邓小平提出和平与发展两大问题的著名论断。和平与发展时代的提法自然只能在这之后。我是在1986年底提出这个问题的，此前有无同样提法，至今并不清楚，也没有去查。

1986年12月10日，中国社会科学院世界经济与政治研究所发出一封邀请信，内称，“我所接受了中央交办的‘当代世界经济与政治’专题研究任务，决定在12月25日召开‘关于时代问题’的学术讨论会”，要我参加。就是在这次会上，我作了一个“我们所处的时代是和平与发展时代”的发言。主要讲了三个问题。一是时代已发生根本变化，不宜再提帝国主义和无产阶级革命时代。因为列宁的《帝国主义论》，有些论断已经过时，如帝国主义国家间的矛盾必然导致战争，帝国主义不可能进行改良等；有些论断当时就不够准确，如对资本主义的生命力估计不足，对世界革命过分乐观等。而且战后40年的国际形势和时代发展已经证明，世界大战没有打，今后相当时期也打不起来；世界经济和科技获得空前发展，并会持续下去；社会主义革命形势的到来还相当遥远。二是在时代问题上我们有过沉痛教训并在重估形势和吸取教训的基础上进行了政策调整。由于建国后长期没有认识到时代的交替，仍然坚持战争不可避免的观点，热中于世界革命，实行闭关自守，没有以经济建设为中心，使我们耽误了20多年的时间，丧失了一次良好的发展机遇。三是时代的基本特征早已从战争与革命转变为和平与发展。和平与发展既然已经成为国际斗争和世界发展的主要内容和方向，同时也是全世界人民的要求和愿望，因此我们所处的时代就应当界定为和平与发展时代。

这一提法当时遭到多数发言者的反对。他们的基本论点还是坚持帝国主义和无产阶级革命时代的提法。不过也有两点新见解：一是说在这个时代里还要分几个不同的发展阶段；二是当前所处这一阶段的主要特点是“三个世界的并存”。

这次会只开了一天，当然不可能讨论得很深，但它开了近年来研究时代问题的先河。此后，无论是报刊文章还是学术会议，有关时代问题的讨论就逐渐展开了，甚至可以说掀起了一个小小的高潮。我自己由于处在争论一方的地位，所以既受到更多的批评和帮助，也得到在一些会议上发表意见和作报告的机会。除在一些讨论会上发表意见外，后来还结合十三大文件的学习，在一些研究机关和学校，为中央党校、国防大学、军事科学院等，以及有关学会上就时代问题作过报告。1987 年 12 月 17 日在北京国际关系史学会的年会上作了一次专题报告，事后当时任学会会长的周纪荣同志又要求将报告整理成文字，并以《论“和平与发展的时代”》为题发表在 1988 年《国际关系研究》的一期增刊上。

1986 年后也看到其他一些学者提到和平与发展时代的问题。例如童大林 1987 年 8 月 16 日在哈尔滨召开的“国际经济新变化研讨会”的总结发言中，就提到“世界范围的战争与革命时代结束了，人类历史上开始了一个和平与发展的新时代”；王纪宽在 1987 年 10 月 5 日《世界经济导报》一篇题为《新时代、新观念、新挑战》的文章中提到，“我们所处的时代是和平与发展的新时代”；李震在 1988 年 9 月 12 日的《光明日报》上著文说，“当今的时代是和平与发展的时代”；鲁从明在 1988 年 12 月 21 日的《光明日报》上说，“50 年代以后……世界进入了和平与发展的时代”，等等。当然，同样认为是和平与发展时代，也还有不少分歧，如前面是否应加上“争取”二字，从何时算起，跨度有多长，以及所谓大时代的小阶段论等。

不过这一时期，在时代问题上较普遍的提法，仍然是坚持帝国主义和无产阶级革命时代。只是一些学者接过了苏联人的提法，改为“从资本主义向社会主义过渡的时代”。应该说，这两种提法并无原则性的区别，有些同志本来就是一起使用的。这在下面还要谈到。

2. 关于时代问题讨论的一些情况

这里介绍的只是我知道的一点情况，难免挂一漏万。

上面提到的讨论时代问题的一个小高潮，大约始于 1987 年下半年。当年 7 月在上海召开的一次国际关系理论研讨会上，就对时代问题展开了讨论。从给会议提交的论文看（因为我没有参加这次会议），基本上是两种意见。一种认为，帝国主义和无产阶级革命时代的提法不能变，但在这个大时代中应分为几个不同的阶段。例如刘江永在论文中就提出，“历史发展的客观进程表明，‘帝国主义和无产阶级革命的时代’并未完结，大时代没有变”，只是“迄今业已经历了两大阶段”。另一种意见认为，时代已经变了，但如何界定现在所处的这个时代，则有多种表述，其中有代表性的一种就是杨铮在论文中说的，“当前的时代是和平与发展的时代”。张柏新和张志的论文也倾向于这一提法。

《世界知识》杂志社 1987 年 12 月 25 日专门组织了一次“我们所处的时代”座谈会，并将会上的 22 个发言刊登在翌年 2 月出版的第 1000 期专辑上。这次会上发表的意见比较广泛也颇具代表性，大体上可分为三类，但没有人再坚持帝国主义与无产阶级革命时代。明确提出世界处在和平与发展时代的有宦乡、童大林、周纪荣、何方等。浦山则认为，“我们所处的时代当然还是资本主义向社会主义过渡或转变的时代”。可以归于这一类的是柳瑟青的提法：“大的时代还是从资本主义向社会主义、共产主义过渡的时代，现时代则是争取和平与发展的时代。”第三类虽然相互接近但比较庞杂，如宫达非提的“争取和平发展、共处竞赛、自主进步的时代”；王殊的“维护世界和平，反对霸权主义”时代；倪立羽的“多种体制竞争共处的时代”等。①

此后，研究和讨论时代问题的会议和文章仍然不少，还出了一些专著。在这个讨论时代问题的小高潮中，虽然歧见杂陈，但是最具原则性区别的还是时代是否发生了变化。认为没变的，仍然坚持帝国主义和无产阶级革命时代，只是多已改称从资本主义向社会主义过渡的时代。认为发生了变化的，就是主张世界已进入和平与发展时代。可以代表这次讨论结果和两种主要意见的，是 1989 年出版的两本书。一本是在浦山指导下由王怀宁主编的《世界经济与政治概论》，认为“我们现在仍处在资本主义向社会主义过渡的历史时代”，“这一历史时期是从 20 世纪初开始的”。② 一本是宦乡和何方主编的《当代世界政治经济基本问题》，提出“我们所处的时代可以明确定义为‘和平与发展的时代’”，“这个时代起始于 50 年代中期”。③

从讨论中看到的其他各种提法可说是大同小异。例如主张过渡时代的，除起始时间不同外，还有从资本主义还是帝国主义向社会主义过渡的区别。梁守德在为庆祝北大国际政治系成立 30 周年学术讨论会提供的论文《列宁的时代观与当今世界》中就说：“如果要给新时代下一个完整的定义，最好概括为‘从帝国主义向社会主义过渡的时代’。”浙江省社科院“八五”期间的重点课题《列宁主义与现时代》中也说：“我们认为列宁关于时代的基本思想是：帝国主义是资本主义的最高阶段，由此开始了向

① 以上均见 1988 年第 3 期《世界知识》。
② 见该书绪论，世界知识出版社 1989 年 8 月版。
③ 见该书第一章，世界知识出版社 1989 年 4 月版。

社会主义过渡的时代。”[①] 对于这一区别，梁守德说，“至于有人提‘从资本主义向社会主义过渡’的时代，我认为不妥。因为当今世界的资本主义仍然一分为二，即西方的垄断资本主义和发展中国家的民族资本主义。……后者则处于上升阶段，属于新兴力量……具有存在与发展的历史合理性与进步性……”主张和平与发展时代的，前面已作列举，此处不再赘述。把两种时代观捏在一起的，还有一些人提出的“大小时代论”，即大时代没变，小时代变了。例如中央党校的仇启华、吴健、王玉名 1988 年 10 月在一篇《关于时代问题的几点意见》的论文中说：“从资本主义向社会主义的过渡是一个大时代，它的发展必须经过若干具有不同特征的小时代。”“我们当今所处的时代是维护和平与争取发展的时代。”该文认为，20 世纪上半叶为战争与革命时代，但未用反对（战争）与争取（革命）字样，不知为什么对和平与发展时代却要加上“维护”与“争取”。

还有一种情况，就是对当前时代没有提出具体意见，只是不同意现在是和平与发展时代。如在上述《世界知识》召开的座谈会上，陈宝森就说：“有人说我们现在已经处在和平与发展的时代，我看这样说早了些。”直到最近的 2000 年 1 月 4 日《解放日报》上一篇《世纪之交的国际风云》文章还说，“人类还远未进入和平与发展的时代”，而且放在“世界和平与发展这两大问题，至今一个也没有解决”的引语后，紧接着又用了一句概括的话说：“国际形势的发展变化，完全证明了邓小平同志的真知灼见。”这就给人以暗示是邓小平的意思，却又不像上引《世界进入了“和平与发展的时代”吗?》那样明显强加的所谓“反复强调”。

---

① 见该书第 45 页，浙江人民出版社 1997 年版。

介绍讨论时代问题的情况，还可补上最后一笔。说来也凑巧，我开始参加关于时代问题的讨论，并第一次提出和平与发展时代，是在中国社会科学院世界经济与政治研究所13年前召开的一次研讨会上。在我也许是最后一次听取有关时代问题的讨论，并引起我写这篇《关于时代问题讨论的回顾——再论和平与发展时代》的文章，又是在世经政所的最近一次会议上。1999年10月20日，世经政所举行《世界经济与政治》创刊20周年纪念会。会上，当年曾主持并多次参加时代问题讨论的同志，在发言中又旧话重提，说我就不同意何方关于和平与发展时代的提法。最近有的同志写了一篇很好的文章（指《世界进入了"和平与发展的时代"吗?》），很有说服力，大家可以看看嘛。当然也允许发表不同意见，百家争鸣，开展讨论。……正是由于受到这次会议的激发和一些人的鼓励，我本已改行研究党史问题，却又重操旧业，回过头参加时代问题的讨论。由此可见，我之参与研究时代问题，从头到尾都与世经政所有关，这是值得怀念和感谢的。

3. 对和平与发展时代提法的批评

如上所述，和平与发展时代提出后就受到许多批评，也引起很大争论。这都是完全正常的。这里只谈这样一种现象，就是每当国内外发生重大变化，对和平与发展时代提法的批评就会升温，甚至掀起一阵波浪。这种情况，一次出现在1989年"六四"风波和东欧巨变后；一次是去年科索沃战争和美国轰炸我驻南联盟使馆后。关于头一次，下面只介绍一次座谈会的简况。

1990年3月5日，以原中央书记处研究室的名义在中南海西楼会议室召开关于帝国主义和时代问题的座谈会，有思想界的几位领导同志和理论界、学术界的一些人参加。我可能是由于发表过不同意见，所以也受到邀请，但因同外事活动冲突，只参加了两次，有的会如6日就请了假。会议一开始先传达陈云关于《帝国主义论》的谈话，批评“那种认为帝国主义论已经过时的观点，是完全错误的，非常有害的”；认为列宁论帝国主义五大特征都没有过时（当时传达的内容似比收入《陈云文选》中《帝国主义本性没有改变》一文要多些）。传达完，会议主持人点名让我首先发言。我说我是来听取批判的，还是请别的同志讲。他说，不同的意见都可以讲，就是要百家争鸣嘛，不先发言，那么可不可以把你的信念给大家听。我表示同意。于是会议就以读我的信开始了讨论。

事情的原委是这样的。1986年我提出帝国主义与无产阶级革命时代在50年代即已转变为和平与发展时代，并说《帝国主义论》中有些论断也已过时，有些论断在当时就不够准确。由于在发开会通知时附有一份中国社科院世经政所两位学者写的提纲《当代帝国主义与我们的时代》，所以我就针对这份提纲给会议主持人写了一封信。那个提纲可能是作为讨论的基础，我的信也算是书面发言了。提纲的开宗明义第一段就是：“从十月革命开始，人类社会进入了从帝国主义向社会主义过渡的时代。这是一个漫长而曲折的过程。它可划分为帝国主义仍占优势和社会主义已占优势两个大的阶段。现在依然处于第一阶段。”接着分析帝国主义的发展变化和向社会主义过渡的问题（这是提纲的主要部分）。然后批评到和平与发展时代的提法，说：“把当前的时代称之为‘和平与发展的时代’是不妥当的。不能作这样的逻辑推理：由于经济国际化，各国的相互依赖加深，有着越来越多的共同利益，这必然会在各国之间加强经济协调与合作，使世界经济走向一体化，这就导致了所有国家的共同发展与繁荣。这与现实的世界经济秩序与发展状况并不相符。对时代作这样的概括和解释有害而无利，反而会损害争取和平与发展的斗争。”

我于这年3月1日写了一篇《初读“提纲”后的几点疑问》的信交出。主要内容有三点。一是“提纲关于时代的定性和论述似乎并未根据列宁的时代学说”。例如，对这一提法缺乏理论分析，也没有说明同列宁所提并为国际共运长期坚持的帝国主义和无产阶级革命时代是什么关系，是一回事还是不同；列宁划分时代是为了正确制定我们的策略，而确定这样一个绵延数百年的过渡时代又同制定策略有什么关系。二是对和平与发展时代提法的批评缺乏严肃的说理态度，假设的“逻辑推理”并不完全存在，实际上还没有看到主张和平与发展时代的人谈“所有国家的共同发展与繁荣”，他们总是强调激烈的竞争和优胜劣汰。三是对二战后发达国家（提纲中的帝国主义国家）的经济发展估计不足，在讲获得“较大发展”的原因时（讲了三条：美国“建立了相对统一的国际贸易和金融制度与秩序”；“帝国主义国家的生产关系得到了一定的调整”；“把石油和原料价格压到最低的水平”），忽视了第三次科技革命的重要作用等。

经过一些讨论后休会一段时间，3月28日通知再开会时又附来一篇署名常谦的论文《论我们所处的时代》（初稿），要求提出修改意见。从内容看，很明显是上次提纲的展开，从约2500字写成了15000字左右。分为三大部分：帝国主义的本质没有改变；向社会主义过渡的问题；时代的主题和内容，以及对和平与发展时代提法的批评。我由于有事不能参加这次讨论，会议主持人要我把自己的意见写出。于是我写了一篇《对〈论我们所处的时代〉（初稿）的一些粗浅意见》，提出了以下几点看法，供修改时参考。第一，文章没有对“从资本主义向社会主义过渡的时代”提出理论根据，连时代的概念都没说清。第二，有意贬低资本主义战后的经济发展，如说“帝国主义国家在战后能有20年的快速增长，是与第二次世界大战造成的严重破坏联系在一起的，是一种经济复苏性的繁荣"，是一种"短暂繁荣"。第三，对发展中国家的崛起估计不足，如说"发展中国家虽不再是帝国主义的殖民奴隶，却又是名副其实的债务奴隶，被禁锢在借贷资本的锁链之中"。第四，认为和平与发展不是"当今世界的现实"，这是违背历史事实和时代潮流的；对主张和平与发展时代论者的批评不够实事求是，强加给对手的论点是臆造的。第五，把两种制度的并存与竞争定为"整个时代的主题和内容"，在理论和实践上都站不住。第六，用资产阶级革命后复辟和反复辟的斗争比拟东欧剧变很不恰当，因为前者，例如法国路易十八的上台只是波旁王朝的复辟，资本主义的生产关系和上层建筑丝毫未动，不但拿破仑法典仍然通用，而且经济发展反而更快了；后者则是整个社会制度的改变。

上面只是简单列举在时代问题上争论双方的一些论点，没有概述整个会议的讨论情况。照我看来，会上的发言，基本精神同上述提纲和论文草稿是一致的。主要是：拥护陈云同志有关《帝国主义论》的谈话，批判各种"过时"论；论证帝国主义的本质没有改变；探讨社会主义遭受挫折的原因，以及改革开放中存在的问题；在涉及时代问题的一些发言中，批评或不同意和平与发展时代的提法；更多地谈到当时的国际形势。最后一次会议我因故请假，曾向与会的徐达深打听讨论情况。他说，会议主持人宣布，这次座谈只是交换意见，没有结论。由于一位从前的领导同志提出，和平与发展两大问题是小平同志讲的，批评和平与发展时代提法不要引起误会。因此当问及提交会议的论文草稿如何处理时，主持人未作表态，也就不了了之。

至于这一时期的社会舆论和报刊传媒，在时代问题上大体同上述会议的情况相似，多是揭露帝国主义本质未变和批判"过时"论，对和平与发展问题，可能是顾虑到投鼠忌器，避免在对邓小平有关论断上引起误会，所以还没有科索沃战争后最近这一次反应强烈。

科索沃事件后，国内舆论反应的一个特点就是对和平与发展的质疑。正像 1999 年第 12 期《世界经济与政治》一篇文章中说的，“由于发生了以美国为首的北约对南联盟的狂轰滥炸并悍然袭击中国驻南联盟大使馆的野蛮暴行，随之也出现了一些对和平与发展时代主题表示疑惑的议论”①。有关这些议论，本文在第一部分中已列举了一些，此处无须赘述。只是要指出的是，对于由邓小平提出、三次党代会都给予肯定和强调的和平与发展是时代主题尚且表示疑惑，对和平与发展时代的提法给予批评和加以反对就不足为奇了，而且每逢形势发生重大变化，舆论反应出现摆动也是带有规律性的现象。

这次对和平与发展时代提法的批评，看到和听到的确乎不少。批评的理由仍然是以前一些批判文章所讲过的那些。如说和平与发展只是奋斗目标而非世界现实。对此，我们在本文的第二部分已经作了答辩。又如，由于“帝国主义和霸权主义存在，战争的危险就依然存在”，“说当今世界进入和平与发展的新时代”，就会“丧失警惕，产生和平麻痹思想”。② 这也是说不通的。说成“时代主题”、“时代特征”，不会丧失警惕，说成“时代”就一下丧失警惕了？而且作为时代主题，既是当前现实和发展趋势，又是人民愿望和奋斗目标，自然包含着必须维护和争取的意思，决不是提出时代就表示可以坐享其成，不要任何主观努力了。列宁提出“无产阶级社会主义革命时代”，难道就是说革命会自然到来而无需为之奋斗了？就会丧失警惕，产生对革命的麻

① 见该刊《“和平与发展”仅仅是奋斗目标吗？》一文。

② 均见《世界进入了“和平与发展的时代”吗？》。

痹思想？如果这种逻辑能够成立，那么提从资本主义向社会主义过渡的时代，不是也会使人坐等“过渡”、产生麻痹思想？或者前面也要加上“争取”字样？而且，既然承认和平与发展是世界人民的奋斗目标，那也正合乎列宁所讲的时代性质和阶级内容。因为包括无产阶级在内的各国人民，当今时代的主要任务和奋斗目标，不是争取从资本主义向社会主义的过渡，而是维护世界和平和促进社会发展。这是没有人能够否认的。

还有一种说法，就是最近有人在一篇谈论和布置新世纪中国哲学社会科学任务的文章中，也批评说，“有的学者说现在是和平与发展时代，和平与发展是相对世界大战而言。那么人类有史以来，除了两次世界大战共 10 年外，是不是都是和平与发展时代呢？冷战对峙时期，特别是倾其国力进行准战争时期是叫和平与发展还是别的什么？战争时期的朝鲜、越南、波黑、南斯拉夫算不算处在和平与发展的时代呢？”这一批评与质问虽然更严厉，但却与列宁的时代学说相去更远。因为列宁所说的和国际共运长期以来认定的时代，是对国际社会的现实状况、发展进程和基本趋势的最高战略概括，只能是资本主义在全世界占统治地位以后的国际现象，既谈不上“人类有史以来”，也不能以国家论，有什么朝鲜时代、越南时代，等等。如果这样理解时代，那列宁说的无产阶级革命时代就只能算十月革命炮打冬宫那一阵子，而且还限于俄国一国，包括中国党在内的国际共运都是不能说“我们处在帝国主义和无产阶级革命时代”的。

4. 关于从资本主义向社会主义过渡的时代

在主张从资本主义向社会主义过渡的时代（以下简称过渡时代）的言论中，还一直没有看到提出这一论断的根据和充分的理论分析，因此使人对这样提的根据和含义始终搞不清楚。有些人有时也引证经典作家关于过渡时期的论述，但却并不能成为提出过渡时代的根据。因为这些论述多是指取得政权后向社会主义过渡的阶段，而不是指作为一个时期国际现象和当今世界发展趋势的时代。即使用时代这个词，意思也不一样，或者是由于译法的不同。人们引证最多的是列宁在《无产阶级革命与叛徒考茨基》中的一句话："从资本主义过渡到共产主义是一整个历史时代。"但紧接着列宁又说："只要这个时代没有结束，剥削者就必然存着复辟希望，并把这种希望变为复辟行动。"[①] 如果再往下看，就更明显了。说明列宁这里讲的时代，同马克思说的过渡时期，含义是完全一样的。《哥达纲领批判》中的说法是，"在资本主义社会和共产主义社会之间，有一个从前者变为后者的革命转变时期。同这个时期相适应的也有一个政治上的过渡时期，这个时期的国家只能是无产阶级的革命专政。"[②]

在中国，过渡时期和时代也是一直分得很清楚的。建国初期毛泽东就提出，"从中华人民共和国成立，到社会主义改造基本完成，这是一个过渡时期"，并制定了"党在过渡时期的总路线和总任务"。[③] 后来在1959年12月读苏联《政治经济学教科书》的谈话中又说，"过渡时期包括一些什么阶段，现在也有各种各样的说法。一种说法是，过渡时期包括资本主义到社会主义，也包括社会主义到共产主义。另一种说法是过渡时期只包括从资本主义到社会主义。究竟怎样说法才对，要好好研究。"还说，"马克思这里讲，从资本主义社会到共产主义社会有一个'革命转变时期'。我们现在就处在这样的革命转变时期。"[④] 至于时代，中国党的提法直到80年代也没改变，一直坚持"我们仍然处在帝

---

① 《列宁选集》第3卷，第640页。

② 《马克思恩格斯选集》第3卷，第21页。

③ 《建国以来毛泽东文稿》第4册，第301页。

④ 1998年1月印的《谈话记录稿》下册，第77页。

国主义和无产阶级革命的时代”，在“文化大革命”中曾经一度提过“帝国主义走向全面崩溃和社会主义走向全世界胜利的时代”，但始终没有过渡时代的提法。

那么这个过渡时代的提法究竟从何而来呢？看来很可能是从苏联搬来的。因为50年代苏联出了一部《政治经济学教科书》，中国即普遍用作干部学习和大学的教材。1958年，毛泽东又号召全国乡县以上干部读这本书，并带头边读边议。这就使这本书产生了广泛影响，给人以深刻印象。而这本书就把政治经济学的社会主义部分又分成两部分，第一部分的标题即为“从资本主义到社会主义的过渡时期”。虽然含义和马克思、列宁讲的完全一样，但因为它强调无产阶级革命是这一过渡的前提，说向社会主义过渡“必然是一个以工人阶级为首的劳动群众的统治代替资产阶级的统治和以生产资料公有制代替私有制的革命过程”[①]，这就容易使人理解为社会主义革命也包括在过渡时期中了，最后演绎成过渡时代代替了无产阶级革命时代。1957年的《莫斯科宣言》就接受了苏联的观点，说“我们时代的主要内容是由俄国伟大十月社会主义革命所开始的由资本主义向社会主义的过渡”。但这是出于对世界发展过分乐观的一种“左”的估计，认为“社会主义和民族解放运动的发展剧烈地加速了帝国主义的没落过程”，“帝国主义各国的社会，由于深刻的阶级矛盾和这些国家之间的尖锐矛盾，正在分崩离析”。[②] 也就是在通过这一宣言的会议上，毛泽东提出了“东风压倒西风”的著名判断。1960年的《莫斯科声明》仍然坚持这一提法：“以伟大的十月社会主义革命开始的从资本主义向社会主义的过渡为主要内容的我们的时代。”

---

① 《政治经济学教科书》（1960年2月第3版增订本）中文版，三联书店1979年版，第4页。

② 1957年11月25日《人民日报》。

对形势的估计则更“左”，如：“我们时代的主要特征，是世界社会主义体系正在成为人类社会发展的决定性因素”；“社会主义力量日益明显地超过帝国主义”，“社会主义在世界生产中的比重方面，也占首位的时候已经不远了”；“世界资本主义体系处在一个深刻的衰落和瓦解的过程中”等。[①] 在这些影响之下，中国也就更多地讲起过渡时期或过渡时代了，而且把这个时期作了几近无限的延伸。直到 1993 年，作为国家教委推荐教材的《政治经济学（资本主义部分）》的最后一章，还是《资本主义生产方式的历史过渡性》，并从“资本主义生产方式的进步性”和“局限性”讲起，然后落脚到：“1. 社会主义取代资本主义的客观必然性”，“2. 从资本主义向社会主义过渡的长期性”。[②]

从以上所述可以看出：第一，所谓过渡时代，也就是帝国主义与无产阶级革命时代，而且有些持此论者也是这样说的。例如《世界经济与政治概论》的《绪论》中就一再说，“我们认为，当前的时代仍然处于从资本主义向社会主义过渡的时代，处于帝国主义时代。”[③] 第二，提过渡时代是出于对历史发展和理论了解的一种“左”的判断，两次莫斯科会议的文件都证明了这点。而且在资本主义仍占绝对优势并具较强生命力、世界革命形势还望不到边的情况下，谈论向社会主义的过渡和把过渡视为时代的基本特征，这本身就是颇能说明问题的。

有人说，提过渡时代是为了“坚定我们走社会主义道路的信心和决心”，为了给全世界人民指明方向和奋斗目标。但这是马克思主义所有组成部分都在分析和说明的根本问题，并不是时代

---

① 1960 年 12 月 4 日《人民日报》。

② 《政治经济学（资本主义部分）》，中国经济出版社 1993 年 8 月版，第 414—429 页。

③ 见该书第 13、3、9 页。

学说的特殊任务。而且在国际共运百多年的实践中，犯错误和遭受挫折，都不是在奋斗方向和终极目标上出了问题，而多是由于在形势估计和时代主题把握上发生失误。这方面的事例是不胜枚举的。

时代学说的首要任务是为了制定政策，就是列宁说的，只有“首先考虑到各个时代不同的基本特征，我们才能够正确地制定自己的策略”。那么像《世界进入了“和平与发展的时代”吗?》的作者提出的一个长达几百以至几千年的时代（这似乎对奋斗目标又太悲观了），对“正确制定我们的策略”又有什么关系呢?对于这点，同样主张过渡时代论的《列宁主义与现时代》的作者，就认为制定战略策略的根据是时代主题，而不是他们说的时代。例如书中说，“在和平与发展成为时代主题的条件下，社会主义的任务就是加快发展、维护和平。”“以邓小平为代表的中国共产党人，正是根据对时代主题的上述认识确定自己的战略、策略和路线、方针、政策的。”[①] 但他们又认为时代主题不能决定时代性质，这就同列宁的论述直接发生了矛盾。

由于当前以及今后相当长一段时间，世界革命都不会提上日程，相反一些社会主义国家反而恢复了资本主义，“波兰的瓦文萨在夺取政权之前曾经宣称，‘我们将实现由社会主义向资本主义的过渡’”[②]。在这种情况下，宣传向社会主义过渡的时代，不但太脱离实际，而且会迷惑人民，使人误以为现在的社会主义国家已不必防止“和平演变”，而是要推进世界革命，实现“向社会主义过渡”了。所以过渡时代论既缺乏理论根据，在实践中又有害无益。

---

① 见该书第221、222页。

② 麦德维杰夫：《俄罗斯向何处去》中文版，第2页。

持此论者提出的所谓当前“这一阶段的主要特点”是“三个世界的并存”,[①] 同样也是站不住的。

5. 关于三个世界的理论

过渡时代论者在谈及现阶段（即大的过渡时代中帝国主义占优势的小阶段）的主要特点和分析当前国际形势时，很强调三个世界的理论。[②] 坚持帝国主义与无产阶级革命时代提法的人们，在提出三个世界的划分后，也把这看作时代问题的重要组成部分。例如上引的1975年版作为高等院校教材的《政治经济学》，在《我们的时代是帝国主义和无产阶级革命的时代》一章里，就专门辟了一节叫《天下大乱与三个世界》。因此，在讨论时代问题时，谈一下三个世界的理论并不是多余的。

1974年2月，毛泽东在同外宾的一次谈话中，提出三个世界划分的问题。同年4月，邓小平在联大特别会议上的发言，对三个世界划分的战略思想作了详细阐述。后来进一步提到理论高度，是1977年11月1日发表的《人民日报》编辑部文章《毛主席关于三个世界划分的理论是对马克思列宁主义的重大贡献》。文章认为，三个世界的划分是依据列宁关于我们的时代是帝国主义和无产阶级革命时代的理论，是涉及当前世界范围内阶级斗争的关键问题，因为民族斗争和国家间的关系，说到底，都是阶级斗争问题。文章断定，由于苏美争霸和积极备战，“在目前的历史条件下，持久和平的可能性是不存在的，新的世界大战是不可避免的”。我们的任务就是要“加强反霸斗争……推迟战争爆发的时间”。苏美两霸固然都要反，但不可“等量齐观”，而是要认清“苏联是更危险的世界战争策源地”，是“反霸斗争中的首要

① 见前引《世界经济与政治概论》，第7页。

② 同上。

目标”。这说明，提出三个世界的划分，正是为一年前毛泽东会见基辛格时所提出的“一条线”战略服务的。上升成理论以后，在一个相当时期不但影响着中国对国际形势的分析和判断，也在很大程度上决定着中国的内外政策。

党的十一届三中全会后，随着理论上的拨乱反正和政策上的重大调整，自然也出现了对三个世界划分理论的反思。对照当时的实际情况，这一理论存在着明显的缺陷。第一，它所依据的时代判断已经过时，不能说仍然处在帝国主义和无产阶级革命的时代。第二，得出世界大战不可避免的结论是缺乏根据也很不策略的。第三，对苏联的判断显然不准确，而以联美反苏为核心的“一条线”战略也是弊大利小。第四，三个世界的划分缺乏经济和政治的客观标准，在实践中容易造成以我划线和乱贴标签。例如把参加华约的波兰、匈牙利、保加利亚等东欧国家，同英法德日等国一起划为第二世界，又把其中的罗马尼亚、阿尔巴尼亚算成第三世界，就使人无法理解。总之，把三个世界的划分说成是一套有体系的理论是极为勉强的。再继续奉行这一理论或战略，在新形势下对中国带来的消极影响会更大。因此，随着拨乱反正和政策调整，也到了必须放弃三个世界划分的理论和改变“一条线”战略的时候了。

首先提出三个世界划分理论不妥的是李一氓。他在三中全会后出任中联部常务副部长，上任后特别注意抓了重大理论和思想问题的拨乱反正，选定一些问题组织人员进行研究。在他的直接主持下，80 年代初写出了一系列研究报告。其中一篇就是关于对三个世界划分问题的分析和建议，认为它在理论上不妥，在实践中有弊端，建议今后不要再提三个世界的理论了。与此同时，还有其他一系列研究报告。例如，一篇是关于战争与和平问题的，在分析了当前国际形势和今后发展趋势后，得出结论认为不能说战争不可避免，实际上倒是避免战争的可能性更大。在对待战争问题上，调整政策和改进宣传，不但有利于国内建设，而且有助于改善国际形象。还有一篇是分析国际共运和群运情势的，并建议恢复同各国党的关系，摆脱我们的孤立处境，等等。总之，“文化大革命”后在国际问题研究上的拨乱反正和国际政党关系的开拓上，李一氓有不可磨灭的贡献。

实际情况也是，从80年代初以后，在党中央和国务院的文件和中央领导同志的正式讲话中，就再没有提过三个世界划分的理论。这一做法直到现在也没改变。1982年筹备党的十二大时，主持上述《人民日报》编辑部文章写作的领导同志，就明确表示，三个世界划分的理论不要再提了。因此，十二大的文件就不曾提到这个理论。还应指出的是，在编辑《邓小平文选》时，也没有收入1974年在联合国大会特别会议上那篇发言，邓小平本人有时谈到这次讲话，也只说其中包括的“中国永远属于第三世界”和“中国永远不称霸”的内容。80年代以前倒是提到过，如《文选》第2卷所载1977年12月那次讲话，只说“关于划分三个世界的战略”，没有说成理论，而且此后就再没谈过三个世界的问题了。

至于学术界，基于百家争鸣的精神，有些人还一直坚持三个世界划分的理论，但在苏联解体后讨论国际形势时已经很少有人再提了。只是在涉及以前那段历史，对于如何估计三个世界划分理论仍然存在很大争论。这个问题的兴起和式微，其实都是中国人自己的事，并不像当时宣传的那样得到国际上特别是第三和第二世界的重视与支持。因此，80年代后中国不再提，自然也就不曾引起国际上的太大反响。

最后需要说明的是，三个世界划分的理论是不妥当的，因而不能再提了，但“第三世界”的概念仍然可以提，而且应该提，因为三个世界的理论和第三世界的提法是完全不同的两回事。第三世界是法国人类学家弗雷德·索维尔 1952 年在一篇文章《三个世界，一个星球》中正式提出和使用的概念，把它界定为西方自由世界和东方共产主义两大阵营以外的广大地区。此后就约定俗成，逐渐推广了起来。60 年代后，第三世界已常与发展中国家、南方国家相等同。联合国第一届贸发会议还决定用发展中国家代替第三世界。加之联合国及其相关的一些权威国际机构日益按经济发展水平进行国家分类，于是发展中国家就使用得更多了，而第三世界的提法则有所减少。但两者毕竟不尽相同，除了经济发展程度外，还应考虑共同的历史遭遇、共同的要求和共同的任务等因素。例如我们一再说，“中国永远属于第三世界”，但却不能说，“中国永远属于发展中国家”，顶多只能说“永远和发展中国家在一起”。这就是说，三个世界划分的理论不宜再提，但第三世界的概念还可以继续使用，有时还必须用，如中国永远属于第三世界。

6．在时代问题上正逐渐形成对和平与发展时代的共识

提出我们处在和平与发展时代已有 13 年多了。虽然一直有争议，至今还有人在批评反对，但对这个问题的共识在逐渐增多却是明显的事实。甚至可以说，这一提法从头几年的比较孤立发展到现在已经在学术界占据了优势。这不只是由于学术界讨论的不断深入，根本原因还是开展学习邓小平理论的结果。因为从 1987 年 10 月党的十三大有中国特色社会主义理论（即后来的邓小平理论）开始形成起，在学习中就不能回避有关时代的问题，而这在邓小平的言论中已有多次比较明确的阐述。所以只要一提到时代，就必然会联想到和平与发展问题。例如 1988 年 5 月 2 日《人民日报》发表郑必坚和贾春峰一篇题为《大变动，再认识》的文章，第四节的小标题就是《要对我们所处的国际环境和

时代进行再认识》。内称，“至于说到时代，邓小平同志曾经精辟地指出，和平和发展是当代世界的两大问题”，“这对我们科学地认识所处时代具有重要意义”。

实际上，从十三大以后，就已是越来越多的人认为我们处在和平与发展时代了，只是在这个时代从何时算起还存在一定分歧。例如 1988 年 9 月 12 日《光明日报》关于人民大学、山西社会科学联合会和山西大学共同举办学术讨论会的报道，就专门谈到时代问题，说：“这次会议讨论的中心问题是当代世界社会主义所处的时代。与会同志认为，70 年代末 80 年代初以来，人类又在经历一个转折时期，即从以革命与战争为主题的时代进入了以和平与发展为主题的时代。”下面就谈到时代转换的原因和标志，以及为适应新时代应具有的新思维，如：“人类共同利益高于任何阶级利益、局部利益”；“通过斗争，世界和平可以保卫，新的世界大战可以避免”，等等。

关于时代问题的讨论，1989 年后曾一度出现某种波动。但从邓小平南行讲话后，特别是通过党的十四大，正式提出和平与发展是时代主题和时代特征，情况就又扭转了过来。十五大的进一步强调，更使学习中不能不接触到时代主题、时代特征和我们所处的时代。不然怎么理解“邓小平理论是在和平与发展成为时代主题的历史条件下逐步形成和发展起来的”，“是同中国实际和时代特征相结合的产物”？这就把时代问题的讨论推向了一个新阶段，对和平与发展时代的共认又前进了一大步。两年前北京一次“国际关系理论研讨会”就颇有代表性。

一篇关于这次会议的报道说，会议讨论的重点之一是“关于现在是什么时代与时代主题何时形成问题”。然后详细介绍了讨论的情况：“时代主题是和平与发展，这早已形成共识，邓小平也有过明确论述。问题是能否说现在的时代就是和平与发展时代。有的学者认为，列宁和毛泽东所提出的帝国主义和无产阶级革命时代还没有结束，因为社会主义取代资本主义是个相当长的历史过程，现在世界还处在这个过程中。邓小平也并没有明确说现在的时代就是和平与发展的时代。……但多数学者认为，应该承认现在的时代就是和平与发展时代，这个时代是随着战争与革命为主题的时代的结束而到来的。时代与时代主题是分不开的，没有无主题的时代。”“关于和平与发展时代是何时到来的，分歧较大。……但是相当多的学者认为，新的时代有个较长的形成过程，它是与旧时代的逐渐结束相伴随的。和平与发展时代开始形成于二战后，50 年代中期已初见端倪，到 60 年代已经定型。问题是我们长期以来没有认识到时代的变化。邓小平曾说过，中国耽误了 20 年的建设时间。以此推论，和平与发展时代在 50 年代末 60 年代初就已经形成。”①

这里之所以大段引证，是因为这次会议反映的情况几乎是整个学术界对时代看法的一个缩影。就是说，在时代问题上，至今仍有少数人坚持帝国主义和无产阶级革命时代，或者变个提法叫从资本主义向社会主义过渡的时代；而多数人认为早已进入和平与发展时代。根据 10 多年来的发展趋势看，随着时代的发展和学习邓小平理论的深入，在时代问题上的共识会逐渐增大，就是说会有越来越多的人承认和平与发展时代，一些分歧也会趋于缩小以至消失，坚持帝国主义和无产阶级革命时代或过渡时代的人会越来越少。但同时也可肯定，坚持后一观点的人将来一直都会有，因此争论还将持续下去。这也是在一些学术问题上古今中外都有的通例，是并不奇怪的。

不过需要提出的是，和平与发展作为时代主题和时代特征，

① 见《理论前沿》1998 年第 2 期。

是我们国家对时代发展和国际形势的根本判断，是制定现代化建设总路线的基础，因此是不容许也不应该怀疑的，更不用说篡改和否定了。但是历史又证明，一遇风吹草动特别是较大的风浪，如以上列举 1989 年后和今年的情况，还是容易产生对和平与发展两大时代主题的动摇的，如果掌握不好，就势必造成某种思想混乱，以致给国家造成一定损失。由此可见，在学习中加深对和平与发展两大问题的理解和掌握是多么的重要，而关于时代问题的讨论也不是纯学术问题或什么名词之争了。

（《论和平与发展时代》，世界知识出版社 2000 年 5 月版）

其　他

双城县永乐村调查

——双城永乐村两个屯的调查

这个材料是双城县永乐村厢白五与正白四两个屯子（包括东王家、小韩家两个窝堡）的农村调查。

一　土地占有与阶级关系

这里土地集中的程度是很高的，大部分土地集中在地主手里，农民自耕的部分则占着很小的分量，而无地农户更占着绝对的多数。这样，就使这里土地占有与阶级悬殊非常的大。请看下页表。

各阶级的特点

地主——靠吃租子剥削佃农的土地占有者，其中大部分为不在地主。不在地主有三四十户，他们占有的土地几等于全部土地之半。这些地主中，一部分是在关里或者南满（共八户），他们拿钱托人在这里买了大量的土地（在这两个屯子的只是他们土地的一部分，此外在别处的土地还很多），经过管事的或二地东每年向农民收租。因此大多农民每年出租，但不知道他们究竟种的

永乐村四个屯子的阶级关系调查表

成分		户数	人口		雇用长工	土地				占户口百分比	占人口百分比	占土地百分比	无地农户	无房农户
			共	劳动者		自有	租出	租入	耕种					
地主	不在					961.8	961.8					42.4%		
	本屯	21	72	全 5		250.8	216.5		34.3	5.1%	28%	11.1%		4
	合计					121.26	1178.3					53.5%		
经营地主		7	106	全 4	21	380	18		162	1.6%	4.1%	17%		
富农		16	213	全 34 半 2	20	287.5	6	112.5	394	3.9%	8.2%	12.7%		
佃富农		16	241	全 36 半 2	17	58.5		403.5	462	3.9%	9.3%	2.6%	7	8
中农		65	537	全 119 半 14		272.5	22.5	396.5	646.5	15.85%	20.7%	12%	29	24
贫农		60	345	全 94 半 5		58.4	5	117.5	170.9	14.6%	13.3%	2.6%	50	51
雇工	兼佃农	109	604	全 159 半 11				199.8	199.8	26.58%	23.26%		109	79
	纯雇工	110	453	全 138 半 10						26.83%	17.4%		110	97
	共	219	1057	全 297 半 21				199.8	199.8	53.41%	40.7%			
小商人		2	5							0.48%	0.2%			
其他		6	20	全 2							1.46%	0.8%		
合计		412	2596	全 591 半 44	58	2269.5	1229.8	2269.5	100%	100%	100%	305	263	

是谁家的地。他们把这部分地主统名之曰“里城客”，而这些“里城客”绝大多数都是伪满时候的大官吏。不在地主的另一部分是住在本城的。他们的地也不全在这两个屯子，而是别处还有。他们之中大多兼营商业（多为伪满时经管配给的奸商）；也有过去跟日本人做事的，和少数闲居净吃的。不在地主之多，双城是很普遍的，根据其他许多地方的调查也大多如此。

经营地主——有着相当数量的土地，自家经营，但自家却不参加劳动或很少参加劳动，主要的靠剥削扛活的（长工）和打闲的（短工）。譬如这七家经营地主中有一家，自己只有七口人，经营了 92 垧地，自家没有一个下地的，雇了 4 个长工，忙时还要雇很多人打短工。

富农——种着自己的地（有的也租一点），自己一定参加劳动（每家差不多都有两三个劳动者），但主要的是要剥削贫雇农（扛活的特别是打闲的）。他们是农村中的资产阶级。

佃富农——自己没有地或有极少数的地，主要的要从地主手里租种相当数量的地；自家有耕畜（起码一副牛犋）和劳动力（也都在两三个以上），但一定要剥削雇工。他们和富农一样，也是农村中的资产阶级。

中农——自己种着自己的土地（或租人家的），完全靠自己劳动，有时也雇点短工，大多有一两匹马和人插犋，也有雇用牛犋的。他们是农村中的小资产阶级。

贫农——种着自己的两三垧地（或租种人家三五垧地），有匹把瘦马，或根本没有，土地收入不能解决全部生活问题，因此就得靠出卖劳动力（作短工）以补其不足，他们是农村中的半无产者。

雇工——他们地无一垅，而借以维持生活的则主要的或全部靠出卖劳动力（给人扛活或打闲）。大多数还没有房住，生活也最艰苦。他们是农村的工钱劳动者，是农村的无产阶级。

在雇工里有一部分人，我们把他们叫做“雇工兼佃农”，因为这部分人租种了一半垧地，也有一点简单的劳动工具，但是土地收入却微乎其微，甚至有时还要赔本。由于除了要缴纳很重的租子外，还得雇用牛犋，于是他们借以维持生活的主要收入就只有靠出卖劳动力了。所以他们基本上是雇工而不是贫农。

从上表我们可以看出，集中在地主（包括经营地主）手里的土地，竟占耕地面积70.5%，而农民自耕的部分却只有30%，如果把地主和富农的土地加在一起，就占全部耕地的83%，所以无地农民就占着全部人口的绝大多数，75%以上。这就是这里土地占有的大概情形。

二 租佃问题

既然大部土地是集中在地主手里的，那么农业生产的经营方式主要的也就是租佃方式，这里的租佃方式根据初步了解，大致可分为下面三种：

1. 死租：也叫“吃租子”，这是一种最普通的租佃形式，即在租地时规定好，佃户应在收获后缴地主以一定的租粮和秫秸。若遇荒年，一般的地主不管，收租照规定的多少，不过有时农民事先向地主要求少缴，余数或者豁免，或者定作欠租，他年补还。但也有不管农民生活要全部收的。

2. 榜青：又分为内榜青、外榜青两种。

外榜青——佃户租种一定量的地（每人顶少五垧，有十多垧的）。牛犋地东出，吃粮佃户拿，种子多为两方各出一半（不一定）。农忙时加工的钱多为地主预支，秋后佃户归还，有时也干脆就由佃户出的。这样到秋后粮秸都对半分（各地规定不完全一样)。

2. 内榜青——牛犋、吃粮、工钱等一切皆由地主出，佃户只出人工，秋后酌量地之好坏作三七分或四六分，地好则三七分(地主七，佃户三)，地坏则四六分（地主六，佃户四)。这种办法和扛活带地的情形相类似。

3. 现钱租：即在租地时就由佃户缴地主以现钱，此后就与地主无关，而不再缴任何其他东西了。其实这也是死租的一种，只是先缴而已，与资本主义化的货币地租还不大相同。这种形式也较少，原因是农民大多事先拿不起钱。

这里租种地和关里一样，都不规定佃期，地主每年有权抽地。这样一则使佃户对土地的关心和经营不积极；二则剥削也重，佃户缴租的数量和质量都得高些，否则有被抽回的危险。地租（指死租）有重至三石二的（粗粮)，平均也在两石二三，但每垧地的产量平均也不过六石而去年则因地涝关系，最高产量也没超过六石(不过去年自民主政权建立后，大部也按年成改为二五减租了，未减的只有一小部分)，但无论如何租额还是很重的。

其次，二地东的剥削在了解租佃问题时也很重要。他们剥削的主要方法是“减地加租”法，就是说经过一下他们的手，每垧租额要增加一二斗，土地要减少几垅。他们可以把十垧地当十一垧往外转租，致使农民种的地一垧只有八亩。此外还有超经济的剥削，在这里通常的形式，就是农民要给地主或二地东作若干时间无偿劳动，这虽然无明文规定，但似乎已形成了理所当然的常规，不帮他做活，他就会抽地转租的。再如帮忙（地东家有事）送礼之类也很普遍。

三 雇工问题

从这两个屯的调查中可以看到，雇工占着过半的户口，而他们则全都没有地。

这里的雇工如上所述，其中一半是种了一半垧地的，而另一半则是纯粹的工钱劳动者。在这后一部分中又有长工与短工之别，其中以短工占着绝大多数，其待遇都是很差的。长工，包括扛活的，跑腿的，打头的（领头作活的），老板（赶大车、经营牲口），更倌（打更，晚上喂牲口，有时作饭）以及半拉子的猪倌等。长工大多正月十五上工，直到腊月十五下工，其中仅清明、端午、中秋和安锄头（铲地前一日）、安镰刀（割地前）等日休息放假，此外从无休息，如果因为有事或害病而耽误工，那是要照当时的工价按日扣钱的。长工所赚工资的形式几乎全是带两垧或两垧半地，外加一两千元，带的地随年成好坏而产量有所增减，外加的钱大多因误工被扣去了，有时还不够，因为谁能保证没有一点事，不害一点病呢？

短工生活则比较自由点，有时还可种点地或干点其他营生，当工忙时工价高赚的工钱也多，但没有工时就得坐在家里闲吃。

下面是这里14户长工、96户短工的家庭生活调查：

<table>
<tr><th rowspan="3">雇工形式</th><th rowspan="3">雇工人数</th><th rowspan="3">雇工户数</th><th colspan="6">生活状况</th><th rowspan="3">补注</th></tr>
<tr><th colspan="2">收入
（每户年平均）</th><th colspan="2">支出
（每户年平均）</th><th colspan="2">收支相抵</th></tr>
<tr><th>工资</th><th>副业</th><th>生活用费</th><th>其他</th><th>盈</th><th>亏</th></tr>
<tr><td>扛活</td><td>18</td><td>14</td><td>9.05石</td><td>0.3石</td><td>7.97石</td><td>1.3石</td><td>0.08石</td><td></td><td></td></tr>
<tr><td>零工</td><td>114</td><td>96</td><td>8.22石</td><td>0.19石</td><td>6石</td><td>0.89石</td><td>1.52石</td><td></td><td></td></tr>
</table>

注：表内是以小米作单位估价的，每石以去年价格500元计算。

上表所统计的是 110 户纯雇工的家庭生活，另一部分兼佃农的情况在下面再研究。

首先应当说明，雇工家庭的支出几乎仅指食用一项，衣服等支出几未计算在内。许多雇工直到现在还没有衣服穿，往往是三四个人只一条破被。一套棉衣穿三四冬，夏天干脆就光着膀子。其实他们穿戴还最费，但是要都穿了，吃喝便发生问题。因此他们的生活是“省吃俭用”，“年吃年用”的。若果要遇到“荒年闰月”或有点“结婚嫁娶”和“生老病死”的事，那只有“拉饥荒”借债了。所以许多雇工说：“扛他妈一辈子大活，还娶不起一个媳妇!”

在雇工中确实有不少的光棍或跑腿的，许多经营地主或富农也就不仅剥削雇工们的剩余劳动，而且还想出各种各样的办法剥削他们应得的工资。这里有以下几种办法：一种是东家于农闲时在家设赌，吸引雇工去耍钱，但往往是雇工输。其次，是搭伙吃东西，雇工人少，但常出钱多，譬如东家一份，雇工一份，但东家的小孩、女人也由于人情世故不能不吃，结果雇工就吃亏。所以有些雇工扛一年活，结果连被子都拿不出来，于第二年又得继续干。如此下去，有人就干脆给人家干一辈子，甚至算成东家家里的一个，也就不要钱了。

同时，这里雇工生活的调查是按通常年月计算的，在实际上伪满时的捐税还没有算。而“抓劳工”呢，却往往是在这些人头上出的。所以许多雇工被弄得“倾家荡产”、“家破人亡”乃是自然的现象。

雇工们每年的收入即使有点剩余的话，那么积存数年（至十多年的）娶个老婆也就完了，而且往往不够（娶一个老婆须两万到三万元的金额）。结婚后又得养活妻小，所以就很难买房置地，上升为贫农。

四　牲畜问题

在目前农业技术非常落后的条件下，牲畜（牛犋、车、马等）乃是生产中最重要的劳动工具，在划分阶级、研究农业生产与农村经济生活的时候不能不加以注意。

首先看一下这两个屯子的马匹占有情形：

属主成分	户数	牲畜类					占户数百分比	占马匹百分比	补注
		马	骡	驴	牛	共计			
地主	21	11	1	1	1	14	5.1	4.19	
经营地主	7	37	6		4	47	1.6	14.03	
富农	16	44	19		1	64	3.9	19.07	
佃富农	16	59	6	3	1	69	3.9	20.6	
中农	65	83	20	4		107	15.85	31.9	
贫农	60	20	1	1		22	14.60	6.56	
雇工	39	9	2	1		12	53.41	3.58	
其他	8						1.95		
合计	412	263	55	10	7	335	100	100	

这就是说，14.5%的地主、富农竟占有着57.9%的耕畜，而68%的贫雇农却只有不到12%的耕畜。由此可见，作为农业生产中主要劳动工具的马匹也如同土地一样，主要的是集中在地主与富农手中的。

这里种地离开牲口是简直不行的，而且有一两匹都不行。因为一副犁杖起码套两个，有时趟地就得套四个，甚至五个、六个。至于拉东西也是需要不少牲口的。那么许多贫雇农、甚至中农买不起或买不起那样多的牲口怎么办呢？过去通常解决的办法有下面三种：

1．插犋：两家甚至三家或四家的马凑在一起，大家轮流使用。这种情形多行之于贫中农之间。

2．换工：以人工换马工，就是贫雇农给地主富农干几天活然后换得人家的牛犋给趟一次地，这种情形较少。

3．出雇：就是无马农户出一定的钱雇用人家的牛犋。一般规定都是从收到种全年计算，去年的价格普通每垧为300元，今年多为600元。这种办法最普遍，因为富户可以此赚很多钱（差不多每家富农都给人家捎地）。

以上三种办法除插犋（仅限于贫富悬殊不大的农户之间）带有互助性质外，其他两种多少都含有一点剥削性，因为出雇的价格通常都较高。以去年论，300元合一石二斗粗粮，而每垧地的产量因水涝也不过三两石。至于换工则多在不等价的条件之下进行，这种不等价的交换也只对富人有利。

所以在解决了农民土地问题后，牛犋问题就有非常重要的意义了。怎么办呢？只有在互助的基础上实行“组织起来”（上述几种办法都可取，特别是插犋与换工，只是需要在平等的原则下进行就是）。同时可以实行合伙买马，或各家买马然后插犋。其实所有这些在群众分得土地之后已经由群众自行酝酿起来了。

（东北局宣传部编：《东北农村调查》，东北书店1947年3月版）

重印《台湾府志三种》序

中华书局准备影印出版《台湾府志三种》，李一氓同志和古籍整理出版规划小组的同志要我写一篇序。我对古籍完全外行，不过他们说可以就此谈一下台湾和祖国大陆的关系。既承斯托，也就只好勉力承命了。

台湾和祖国大陆的关系，可以追溯到两千年前。如果从台湾的考古发掘来看，大陆的文化至迟在新石器时代就已传到了台湾。三国时吴国丹阳太守沈莹的《临海水土志》，能够对台湾情况作出那样具体、生动的记载，说明在这之前大陆同台湾已有较多的接触和较深的了解。公元230年，吴国孙权派遣甲士万人浮海至台，是大陆上汉族人最早一次大规模去台湾。大约从此以后，海峡两岸的来往即日渐增多。加之晋朝的南迁，又大大推动了包括福建、浙南、粤东等长江以南地区的开发。而随着经济的发展，沿海各地增加同台湾的贸易往来，也就成了必然的趋势。所以在公元610年，隋炀帝派陈稜率领万人到达台湾时，就出现当地居民“初见船舰，以为商旅，往往诣军中贸易”的情况。从唐朝到北宋的500年间，虽然尚未见到有关台湾以及大陆同台湾关系的正式史料记载，但从台南等地考古发现的唐宋时的古钱、瓦瓶等文物看来，大陆和台湾一直保持着经济、文化联系，却是肯定无疑的。自南宋时起，中国的封建王朝开始派兵驻守澎湖，划澎湖归晋江县管辖，同时也已经有汉人定居台湾。元朝一方面在澎湖设置巡检司，作为专管台澎地区的机构；另一方面，还一再派人去台湾进行宣抚，“使之效顺”，只是由于台湾部落分立，不相隶属，无接洽对象，因而未取得明显结果。到了明朝，明政府集中主要力量于北方和东北，放松了东南海上的防卫，甚至于1388年撤消了澎湖巡检司（1563年又一度复置），但是海峡两岸人民之间的文化联系和经济来往不仅没有停滞，反而有所发展，也有大批汉人陆续由大陆移居台湾，开始了汉人和当地居民的融合过程。从16世纪中叶到17世纪上半期，汉人已经以海外武装力量为中心建立起台湾本岛的政权。这就是说，在荷兰殖民者入侵以前，台湾就存在有中国的割据政权，台湾已被视为中国领土的一部分。所以，郑成功在1661年5月初致荷酋揆一招降书中曾严正指出：“台湾者，中国之土地也，久为贵国所据，今余既来索，则地当归我。”

1622年，荷兰殖民者侵占澎湖，因遭明朝抗议被迫撤离，又于1624年占据台湾。但是实际上，在台湾第一次沦为殖民地的38年中，荷兰殖民者也只占有台湾沿海的有限地区，在其管辖下的汉人只有居台汉人的3/10左右，台湾大部分仍在中国人民控制之下。而且荷兰的占领，还一直遭到在台湾的中国各族人民的反抗。1652年郭怀一领导的驱逐荷兰殖民者的大起义，先后牺牲数千人，最后失败了。1661年，郑成功率领3万大军入台，在各族人民的响应下，赶走了荷兰殖民者，才使台湾复归祖国。在郑氏政权统治台湾的22年中，大陆沿海汉族人民大量移居台湾，带去先进的农业手工业生产技术和文化，不少汉人还与土著居民“牵手成婚”，促进了汉族与当地各族的融合。郑氏政权在台湾实行和大陆一致的典章制度和府县制政治统治，采取了积极发展生产和提高文化的政策措施，对台湾的社会进步起了重大作用。这时，台湾和大陆实质上已经没有太大区别，只是孤悬于祖国大陆之外，保持着一时的割据局面。

1683年，郑成功的孙子郑克塽归顺清朝后，清政府设立台湾府和台湾、凤山、诸罗三县，隶属福建省，使整个台湾处于统一的全国政权管辖之下。台湾和大陆实现统一后，虽然清政府对大陆人民去台有过严格限制，但是由于台湾地广人稀、封建统治薄弱，海峡两岸联系又越来越密切，所以沿海人民还是甘冒禁令，成群结队，大规模移住台湾，使台湾的开发进入了一个新阶段。清朝统一台湾时，台湾的汉族人口只有10多万，并不比当地少数民族的人口多。但是到了1811年编查户口时，汉族人口已经增加到200多万，1887年更增加到300多万，比土著人口多20倍。由于清政府禁止携眷入台以及其他经济和社会原因，移台汉人大多为单身男子，他们多娶土著妇女为妻或入赘女家。通过杂居通婚和互相学习交流，包括西拉雅、洪安雅、道卡斯等土著民族的所谓平埔番，在日本占领台湾前就已经完成了汉化的融合过程。随着人口的增长和土地的开发，行政机构也不断加设。1885年后，台湾成为中国一个单独的行省，陆续设三府、一州、十一县、六厅。在清朝统治的200多年中，台湾经济得到迅速发展。移民大增导致了土地的大量开发，昔日的“恶毒瘴地”，由于汉人“相率移垦，田园日辟”，很快就布满了大小村落，以前的狩猎鹿场也变成了“极目良田”。土地的广泛开拓又推动了商品经济的发展，“市尘渐兴，人烟日盛”的城市也越来越多。到18世纪中期，台湾已成为“糖谷之利甲天下”的祖国宝岛。政治的统一和经济的发展，促进了台湾和大陆的贸易往来。当时台湾政治经济中心台南，每年就有价值数百万两白银的商品进出。台糖远销津、沪、苏、杭等地，台米远销内地，还可资赡福建一些缺粮州县。大陆的布匹、绸缎、棉花、茶叶、瓷器、纸张、日用杂货等，也大量运往台湾出售。总之，经过200多年，无论是在政治、经济，还是文化和社会意识上，台湾都已经和祖国大陆融合成为一个整体。

历史事实说明，台湾是汉族和高山族人民共同开发出来的，是中国的固有领土；台湾人民是大陆人民的骨肉同胞，是以汉族为主体的中华民族一个组成部分。我国多民族的统一的封建国家，经过几千年的长期发展，在清朝得以最后完成。当台湾和祖国大陆实现完全统一的时候，世界上真正独立、统一的国家还很少，而当代大多数主权国家，包括美国在内，也还不曾出现在地图上。

由于清政府的腐败孱弱和执行投降政策，1895年日本军国主义占领了台湾。当包括割让台湾的马关条约的消息一传出，即曾引起全国震动，海峡两岸的中国人民同声谴责清政府的卖国罪行，坚决反对日本占我领土。台湾人民更是进行了历经七年的武装抵抗，使日本侵略者遭到沉重打击，以致在日本议会中曾出现过将台湾让与别国的提案。虽然到1902年，各地义军被残酷地镇压了下去，但台湾各族人民反抗日本占领、争取回归祖国的斗争，却从来没有停止过。台湾人民始终心向祖国。他们和大陆人民同呼吸，共命运，为响应辛亥革命，前后即发动过近十次武装起义。终日本占领的半个世纪，包括1930年高山族“雾社起义”在内，较大的反日武装斗争就有20多起。因此，1949年美国国务院公布的《中美关系》白皮书，也不能不承认：“在日本占领期中，台湾人民之最大希望为重归祖国。”台湾是中国的固有领土，已为举世公认。1943年著名的《开罗宣言》就明确宣布，和满洲一样，台湾是“日本所窃取于中国的领土”，必须归还中国。第二次世界大战结束和中国抗日战争胜利后，台湾为当时的中国政府正式收回，再次成为中国一个行省。当时那举岛庆贺、万家欢忭的动人景象，充分体现了台湾人民的祖国情思。

可是自1949年以后，台湾又出现割据局面，处于同大陆暂时隔绝的状态。虽然经过30多年，中国和世界的形势都发生了很大变化，台湾和大陆也有了不同的发展，形成了两种不同的社会制度，但这丝毫也没有改变台湾是中国领土和台湾人民是中华民族一部分这个根本问题的性质。现在，台湾人口已经超过了1800万，其中约2%属于中国少数民族之一的高山族，其余约98%为根在大陆的汉族同胞。他们的血缘关系、民族意识、语言文字、文化传统、风俗习惯，以至社会组织、家庭制度等，都是从大陆继承而来，和大陆并无区别。抗日战争胜利后到1949年，由于内战的进行，发生了一次空前规模的人口迁移。三四年中，从大陆迁居台湾的人数约有150万至200万，各种机构、设施也成建制地搬到台湾。这就更增进了台湾和大陆在上述各方面的一致，进一步加强了台湾和大陆人民的民族纽带。因此，这些年来，海峡两岸10亿人口和海外广大侨胞，一致坚持台湾是中国一个行省，台湾人如同广东人、四川人、北京人一样，都是中国人。而全世界人民和所有的国家，也都承认只有一个中国，台湾是中国的一部分。

然而在这种情况下，竟也听到一些有关“台湾独立”的议论，提出什么“台湾不是中国领土”、“台湾人不是中国人”等说法。这当然是完全违背历史和现实，没有任何法理根据的。值得注意的是，主张“台湾独立”并为此而活动的，除了极少数台湾省籍中国人外，还有一些美国人。不过对于他们来说，这并不奇怪，甚至可以说是古已有之。远在100多年前，美国有些人就觊觎台湾，如美国驻华公使巴驾就是公开主张占领台湾的一个。

1857年2月，美商赖伊也上书巴驾，建议在台湾建立“独立政府”，使台湾成为一个“独立的”殖民地。1873年4月，美驻厦门领事李仙得又为日本侵台献策，说“日本要侵入的地方，不是中国领土”。现在热中于“台湾独立”或“一中一台”的美国人，无非是想把台湾永远变成美国的“不沉的航空母舰”就是了。

在台湾省籍的中国人中，确也存在有一小股分离主义的暗流，而且海外（主要是在美国）比岛内活跃。其中，有的人为了替分离主义制造根据，就不能不曲解历史，如把清朝的统一台湾说成是对台湾的“侵略”和“殖民统治”。这就等于说，中国人“侵略”中国，在自己一部分领土上建立“殖民地”。这样一来，不但中国历史，而且世界各国的历史都得重写，并将变成一堆糊涂账。至于说“台湾人不是中国人”，而是有个“台湾民族”，更是抛弃了形成民族的一切要素和特征。这种主张的人列举的所谓“台湾意识”、“台湾文化”，实际上只不过是中华民族传统意识和传统文化具有的一些地方特色。由于中国地域广大，各地的意识和文化都有一定的地方色彩和特点，但又都是统一的中国文化和意识的组成部分。其实，中国不少省区的地方特色还要比台湾浓厚一些。对于台湾和大陆关系的一些不同看法，如果没有其他背景，只是属于学术观点和认识上的不同，那么通过对台湾历史及国内和国际形势的全面研究，是不难得到解决的。在这方面，《台湾府志三种》的重印，无疑会起到很好的作用。

当然，毋庸讳言，由于一定的历史条件，如交通不便、消息闭塞、资料缺乏、知识不足以及认识上的局限等，中国过去谈到台湾的一些典籍，确有不准和错误的地方。例如明末遗臣名诗人卢若腾在《东都行》序言中，就说台湾“前代未通中国”。而乾隆版《大清统一志》“台湾府建制沿革”中，竟说台湾从前“属于日本”（道光年版此句已删）。这次重印的这部《台湾府志三种》，基于同样的原因，个别地方也不免有这类陋说。而这种违背历史事实的词句，就往往为那些分离主义者所利用。其实，对某个问题记载错误，在中外古籍中实属常见之事，所以才要后人进行研究和考证。如果对有关台湾的古籍文物和当代的文献档案，进行全面的研究，那就只能得出一个结论，即台湾自古以来就是中国神圣领土不可分割的一部分。书名为《府志》，“府”即是当时福建省的一府，正很能说明问题。

《台湾府志三种》的影印出版，不仅是古籍整理和方志研究的一个收获，而且为研究台湾历史提供了珍贵资料，也是对统一祖国大业的贡献。

（1984 年 5 月）

张闻天与新中国的国际问题研究

一贯重视和坚持调查研究，是伟大的马克思主义者张闻天终其一生的一个显著特点。新中国成立后，张闻天从事外交工作，同时开始了对国际关系和外交政策的深入研究，取得了卓越的成就，形成了一整套看法和思想。他还推动整个外交战线以至全国的国际问题研究，为开创新中国的国际问题研究作出了重大贡献。他本人在国际问题研究上也为我们树立了光辉的榜样。作为他整体思想一个组成部分的有关国际形势和外交政策的思想，更是留给后人的宝贵精神财富，值得认真发掘和总结，进行研究和学习。但是由于各种原因，其中也包括缺乏公开的文献和资料，这一工作几乎还没有开展起来。本文试图对张闻天在国际问题研究上的业绩和他的外交思想作点挂一漏万的介绍，目的只是在于引起有关研究界的注意。

新中国国际问题研究的开拓者

事实上，在从事外交工作以前，张闻天就一直重视国际问题的研究。这当然不光是出于个人的爱好，更重要的还是由于革命的需要。列宁主义认为，了解世界形势和时代特征，是工人阶级政党制定战略方针的基础和认识本国特点的前提。长期担负重要领导职务的张闻天，为了制定或执行党的政策、对干部和群众进行形势教育，十分注意研究国际形势的发展变化。这也是国际共产主义运动的普遍现象和固有传统。而张闻天对研究国际问题又有他的有利条件和特别兴趣，所以也一直坚持了下来。

张闻天青年时代即曾先后去日本、美国、苏联学习和工作过，精通俄文和英文，对外国情况比较熟悉，又有高深的理论修养和渊博的国际知识。从他30年代参加中央领导工作期间所发表的一些文章中可以看出，他对国际问题不但经常关注，并且当时就已有相当研究。为了开展国际宣传，张闻天40年代初在延安创办了我党根据地有史以来第一个外文刊物《中国通讯》，用英、俄、法三种文字出版了6期。1944年整风结束后，他还专门做过一个时期的国际问题研究工作。当时他领导改组后的中央政治材料室，主编《参考资料》，对国内外大事进行系统研究。他撰写的一系列论述国际形势、太平洋战争、美国对华政策以及国民党情况的文章，对这些问题都在大量占有材料的基础上作出了精辟的分析。抗日战争胜利后，在东北的四年地方工作中，他仍然密切注视着国际形势的发展变化，作起报告来总是要谈一下国际问题，对干部进行形势教育。最能说明问题的是，从收集到的他生前的部分笔记本中，还发现1946年任合江省委书记，从事繁忙的剿匪、土改等地方工作时，都没有间断摘写国际问题大事记。

当然，平时的关心和重视，终究不同于专门的研究。而张闻天专门从事国际问题研究，还是在1950年初调到外交战线上来以后。当时新中国才成立，百业待举，旧中国国际问题研究的基础又非常薄弱，没有专门的机构，人才和资料都很缺乏。在这种情况下，革命工作的需要和本身具有的条件，使张闻天成了新中国国际问题研究的一位重要开拓者。因为一方面，他本来对国际问题就有较深造诣，调做外交工作后更有必要和可能抓这方面的研究；另一方面，他所处的地位和担负的工作，也便于倡导和推动外交战线以至全国的国际问题研究。

张闻天首先是从自己的研究和逐步推动外交系统的研究着手的。

在奉调出任我国驻联合国代表团团长后，张闻天即对人说："我们过去搞地方工作的那一套用不上了，今后要研究国际问题和外交政策，不然就没法完成新的任务。"到北京不久，他就亲自跑书店，上图书馆，搜集有关书籍和资料，开始了认真的研究。同时他还把代表团的同志组织起来学习外交业务和研究国际问题，根据各人的情况分配任务，并和部内有关单位及一些大学建立联系，进行合作。在代表团待命的一年多时间里，团内的研究工作便有了一定的开展，不少同志写出了一些论文和小册子。

1951 年 4 月，张闻天调任驻苏联大使。他一上任，就立即成立了我国驻外使馆的第一个研究室，配备的干部也较多，使之成为使馆内最大的单位。他反复强调研究工作的重要，说研究驻在国情况和国际关系是驻外使馆的一项根本任务，是做好一切工作的基础。他亲自领导研究室的工作，出题目、改文章、参加讨论，进行具体指导。很快，驻苏使馆的调研工作就开展起来了，并开始向国内报送研究成果。当朝鲜战争正在激烈进行之际，使馆研究室送回的第一篇调研报告就是《关于朝鲜停战和谈问题》，受到了中央和外交部的重视和表扬。

1951 年下半年，张闻天受周恩来总理兼外长的委托，去我驻东欧各国使馆视察工作。他每到一地，总是首先抓使馆的研究工作，贯彻"研究驻在国情况和国际关系是驻外大使和使馆的一项根本任务”的思想和方针，同使馆领导同志谈研究工作的重要性和方法措施。巡视回来后，他写了一份关于加强驻外使馆调研工作的报告，得到了周恩来总理和外交部的赞同，被批转各馆参照执行。从此，各驻外使馆的研究工作逐步有了开展，研究机构也陆续建立起来。张闻天关于使馆调研工作的方针和制度，一直得到贯彻执行，至今仍在遵守。这对提高外交工作水平和培养外交干部，起了巨大的作用。

1954年底，张闻天奉调回国担任外交部第一副部长。到部后他还是强调研究工作，首先作了一个加强调查研究、提高业务水平的报告，提出部里建立一个综合研究机构，各有关司也应设置自己的研究组，把整个外交工作建立在调查研究的基础上。在周恩来总理的支持下，外交部不久就成立了研究室，各司也相继成立了综合组。张闻天还为外交部的调研工作制定了一系列的制度和措施，如规定调研成果的处理，创办一些内部刊物和通报，加强对调研工作的统一领导和部内同使馆的联系，增进同部外研究单位的协作，等等。整个外交战线的研究机构和科研队伍很快建立了起来，研究工作有了蓬勃的开展。

张闻天并不以此为满足。他还要以外交战线为起点，推动全国的国际问题研究。他认为，过去在这方面的基础太差，要开展新中国的国际问题研究，得从无到有，先建立几个有关的机构，即一个研究所，一个出版社，一个学校，一个图书馆。现在看来，这些似乎没有什么了不起，但在当时的条件下却实在是一个宏伟的计划。为了实现这一计划，张闻天奔走呼号，费了不少心血。从制定方案到具体落实，调干部、选地址，他都亲自抓。例如为了筹建国际关系研究所（后改名国际问题研究所），他几次去勘察所址，直接找刘少奇和当时的中组部长安子文要求调孟用潜来担任所长，亲自点名选调一些研究人员，连订购外文书报也过问。经过一年的筹备，研究所就正式成立了。他又进行直接的业务指导，拟定研究课题，参加学术讨论，还倡导创办了《国际问题研究》和《国际问题译丛》两个刊物。这是当时国内惟一的，也是中国历史上第一个专门研究国际问题的机构。直到60年代，全国才普建了一批有关国际关系和外国问题的研究所。

在筹办研究所的同时，张闻天还抓了建立外交学院和专业出版社的工作。他提出以人民大学的外交系为基础，创立一个专门培养外交、外文和国际问题研究干部的学校，在得到周恩来总理的支持后就立即付诸实施。在他的主持下，外交部领导多次开会讨论外交学院的问题。从选校址、建校舍，到干部配备、课程设置、教员聘任，以及外国专家的邀请，他都无不为之操劳。学校成立后，先由他直接领导，两年后才由曾涌泉副部长分工管理，但他仍然经常过问。

张闻天关于建立一个国际问题专业出版社的愿望，经过一番努力后也得到实现。根据当时中宣部国际宣传处处长姚溱的建议，将人民出版社负责编辑国际问题书刊的部分独立出来成立世界知识出版社。对这个出版社，他管得很细。例如为了建议该社所出刊物增设一个栏目，以加强国际问题的宣传和教育，他就专门给党中央写了报告。他多次号召外交战线上的同志写稿支持出版社。他提议编辑出版的《世界知识年鉴》（初名《世界知识手册》），主要就是由外交部各地区业务司的同志参加编写的。除刊物外，张闻天非常重视图书的出版。当时我国的国际问题研究还处于起步阶段，成果不多，论著很少，他就提出先多翻译出版一些外国有关世界经济和国际关系的图书，而且经常亲自推荐一些外文书籍请出版社组织人员翻译。

对开展全国国际问题研究具有重大影响的三个新生事物——国际问题研究所、外交学院、世界知识出版社，在两年多的时间里陆续诞生了。只有建立国际问题专业图书馆的计划，由于各种原因一时没能实现，主要是短期内无法收集到大量藏书和资料。但是张闻天并没有放弃这个计划，他通过了解全国各地有关国际问题的藏书以及清朝和民国外交档案存放的情况，还亲自查看了外交系统的图书资料，最后决定集中力量先把研究所的图书馆办好，使它逐步起到全国性的国际问题图书资料中心的作用。

在抓组织建设的同时，张闻天非常重视学术研究的开展。他除自己亲自动手进行深入研究外，还倡导和组织外交系统以及全国的国际问题研究。他主张不但要研究当前国际形势的发展变化，而且要对国际关系进行系统的理论研究，并强调研究历史的重要。他认为，应根据各单位和各人的具体情况，确定不同的研究重点，既有一定的分工，又有必要的合作和协调。例如外事部门以研究当前形势和对外政策为主，大专院校和专门研究机构则以系统的理论研究为主。单是 1958 年，他就组织了两个重大课题的理论研究。一是主持关于战争与和平问题的研究，并指定几个同志专门研究马列的有关论述，他自己也反复阅读马列的原著，后来还编辑出版了《列宁论战争与和平》的小册子，写了一批论文。另一个是组织关于国际法基本理论的研讨。他邀请外交部的专家顾问周鲠生等和北京各大专院校法学系的国际法的教授教师等几十人，在三个月内开了四次会，对西方和苏联的国际法理论进行了广泛的探讨，就总结我国的实践、建立新中国自己的国际法体系提出了各种设想，还研究了国际法的教学和编写教科书的问题。

在整个 50 年代，张闻天为开辟新中国的国际问题研究进行了大量工作，他自己对国际问题的研究也有了更深的造诣和浓厚的兴趣。在 1959 年庐山会议上遭到错误的批判和处理后，他还多次对人说：以后做点国际问题的研究工作吧，中央也需要有人在这方面看些材料的，并且正式向中央提出了请求。只是由于刘少奇等同志为了使他避开“里通外国”之嫌，才建议他放弃这个打算，并派他去了经济研究所。

历史的原因和张闻天一贯的谦虚作风，使张闻天作为新中国国际问题研究的开拓者鲜为人知，但他在这方面的业绩却是不朽的。

新中国国际问题研究的楷模

张闻天对研究工作的态度，他的治学精神和研究方法，都是值得我国国际问题研究者认真学习的。

张闻天认为，要搞好国际问题研究，至少应具备以下几个条件：有马克思主义基本理论的武装，有广泛的基础知识，有一定的文字水平和表达能力。而要做到这些，惟一的办法就是坚持刻苦的学习，因此他把学习定为研究工作者的首要任务。他自己在这些方面本来都是有深厚基础的，但在从事外交工作和专门进行国际问题研究工作之后，又自觉地从零开始，如饥似渴地重读马列的有关论述和各种书刊资料，包括许多基本知识性的书如世界史、外交史、国际法、世界经济地理等，还加紧复习他原已掌握的几种外语，特别注意提高听力。他有一个每天必须听广播和阅读报刊的习惯，似乎一天不看报就无法生活，把读书看报当成了最大的乐趣。和人谈话，也是论学问、议正事，很少涉及生活琐事。对于他读得很熟的马列著作，在研究工作中也还是经常翻阅。从他解放后读过的马列著作中，人们可以看到不少地方所注明的阅读日期和第几遍阅读。为了开拓视野、积累知识，他读的书极为广泛，在任驻苏大使期间，连苏联的中小学课本也买来读。张闻天读书有两个一直坚持的习惯：一个是随时在书上划杠杠、作记号，写眉批和旁注，以表示重要，或者还有疑问，或者有新的发现和心得；一个是写读书笔记，有些是摘录原著再加上他的简短评语，有的则是写下自己的看法和见解，或者借题发挥，简直就是一篇文章的草稿。由于好读书，所以也好藏书、好买书，喜欢跑书店。他生活简朴，不讲究吃穿，也无烟酒等嗜好，所以工资有相当一部分用到了购书和订阅报刊上。他从苏联回国前曾陆续托各种代表团带回了几十箱书。杨尚昆也为张闻天代收过书，他曾在《怀念张闻天》中写道：我“当时就想，闻天同志当了五年外交官，还是致力于研究学问的啊!”

张闻天非常重视积累资料，总是强调，“只有在大量掌握材料的基础上才能进行研究”。为了取得第一手的资料，他喜欢看原著、看外文书刊。他读报非常认真，而且自己剪贴，自己摘录。他的记忆力虽然很好，但他并不光是依靠记忆，而是采取了几乎是逢事必记的办法。他常说，只靠脑子记是不行的，看过的东西或想到的事情，当时印象很深，以为忘不了，但时间一长就不保险了，不是想不起来，就是容易弄错。他认为比较保险的办法还是记在本子上，经常翻一翻，不但可以加强记忆，还可温故而知新。所以他不光读书看报记笔记，就连平时的一些事情，如自己一时想起什么问题、和人谈到有值得注意的内容、参加会议听大家的发言等等，都或简或详地记下来，更不用说一直不曾间断地记工作日记了。他的资料工作做得非常扎实，帮别人改文章时也会常常修改一些所用材料上的差错。在研究国际问题的过程中，张闻天留下了大量的笔记、卡片和剪报。

对于研究国际问题，张闻天态度严谨，无论是发言还是写文章，都极为慎重和认真，每一个论点或提法，都要根据充分的材料，经过反复考虑。特别是写文章，总要多次修改，连遣词造句也都再三推敲。例如 1955 年起草一个关于同南斯拉夫建交问题的文件，就曾五易其稿，每次都是亲自动手重写。他每次作报告，甚至参加一些小型讨论会的发言，都要事先写好详细的提纲，还反复修改，重要报告就干脆写成稿子。在他周围工作的同志都有一个感觉，就是他的文章、报告和发言，只有发表后才算定稿，因为发表前他总是要不断地进行修改。张闻天最反对研究问题时的轻率武断和写文章的粗制滥造。他认为，拿不成熟的文章去发表，是一种缺乏责任心的表现。

张闻天研究国际问题，也如同他从事别的研究工作一样，完全是出于革命事业的需要，为外交工作服务，为中央制定方针政策提供依据。他的研究目的十分明确，所选课题总是有的放矢，和现实斗争息息相关，不钻“故纸堆”，不搞“无病呻吟”。1950年，他曾组织一部分同志研究并撰写美国侵华史，紧密配合当时的政治需要。1951 年上半年又亲自研究朝鲜停战和谈问题，指定专人写出研究报告送中央参考。朝鲜停战后，他立即组织人研究亚太地区形势的发展和大国的政策，特别是印度支那问题。在国际问题研究中，张闻天很重视对形势的跟踪，以便为当前发生的问题及时提出相应的对策，或者预测可能发生的问题。当然，这不是说他只注意动态研究，相反地，他总是强调要把时事动向的研究和系统的理论性的研究结合起来。他认为，国际问题研究不但要为日常的外交工作服务，还要论证中长期的战略方针，而且研究国际关系的各种理论问题，也是进行决策和业务建设、学科建设、培养干部的需要。1955 年回外交部工作后，张闻天在处理繁忙的日常事务之余，不仅一直密切注意着当前的动向，而且还有计划地系统研究了一些重大的理论问题和战略性的问题。那几年，他着重研究了当代的战争与和平问题、战后的民族独立运动和民族主义国家发展道路问题、社会主义建设问题、新中国的外交政策和外交风格问题，等等。1958 年和 1959 年一段时间，他又集中研究了国际法，以适应外交斗争、培养干部和教学的需要。

在国际问题的研究上，张闻天也表现出不图名不图利不喜欢出头露面的一贯作风。他认为，研究工作也同其他所有革命工作一样，不能热中于追求名利，达到个人什么目的。而且国际问题也是一门科学，同样来不得半点虚假，必须老老实实、埋头苦干，要有甘坐冷板凳的精神。他反对那种为了出名或得稿费，就粗制滥造、东拼西凑、炒冷饭，甚至剽窃的不正之风。他研究国际问题的成果极少公开发表，几乎全都采取内部报告的形式。这固然与他当时所处地位有关，但不图名利也是一个重要原因。就是内部发表的东西，除会议上的发言和讲话外，也都概不署名，必要时只用研究室或什么小组的名义。张闻天发表的文章，凡是有人代为起草的，虽然出自他的思想，并由他一再修改加工，所得稿酬也全交给起草和抄写的同志。据了解，新中国成立后实行稿酬制度以来，张闻天无论是发表新作还是重印旧著，个人都从未领取过稿费。但他积极主张改善知识分子的待遇，给予精神劳动产品以适当的报酬，还规定了所属单位的稿酬制度。对于在职干部向外投稿，一些人认为既然同样领了工资，稿费就不应再给个人。他却主张应给撰稿人一定报酬，说这也是按劳分配，有助于调动人们的积极性。

独立思考、坚持真理，是作为革命家和学者的张闻天最突出的特点，也是他从事研究工作的座右铭。他经常喜欢引用列宁这样一句话："为了能够分析和考察各个不同的情况，应该在肩膀上长着自己的脑袋。"他认为，研究国际问题，就是要在对大量材料进行分析综合的基础上得出自己的看法。这种看法不管和别人的意见相同还是不同，总是独立研究的结果。他最讨厌那种对问题没有自己的看法，而是模棱两可、人云亦云，见风使舵、奉承迎合的所谓研究。他常说，有些人善于揣摩领导意图，写出的调研成果只是为了投领导所好，这根本算不得研究，科学研究必须实事求是。研究国际问题如果只是重复现成的结论和领导上的看法，这种研究也就失去了存在的必要。他认为，不同意见的争论可以促进研究问题的深入，而不同方案的提出还可供领导上进行比较和选择。因此，对国际问题研究中的不同意见，不但应该允许，而且需要大力提倡。张闻天本人在 10 年的国际问题研究中，就经常向中央提出一些对国际形势和外交政策等方面的看法和意见，而且大多受到重视或被采纳。看到自己的研究成果取得应有的社会效果，他当然感到高兴。但即使不被采纳甚至受到批评，他也不生气、不灰心。进一步的研究如证明他的看法有错，他就改正；否则他会继续坚持他的看法，必要时再行提出。在科研上，他既不唯上，也不唯书。敢于根据形势的发展变化，打破经典作家某些过时的论断。例如，他在 50 年代就提出：列宁关于帝国主义战争不可避免的观点需要修改；斯大林认为民族独立运动已经成为世界无产阶级革命的一部分并不符合二次大战后的实际情况，等等。

张闻天研究国际问题特别强调一个“新”字，就是要开拓新视野，注意新问题，发现新动向，提出新见解。他认为，观察国际形势，必须透过现象看本质，在纷繁复杂的情况中捉住新的苗头。1951 年上半年，有几次关于朝鲜战争发展前途的讨论。当时争论中有三种不同意见：美国被赶出朝鲜；发展成第三次世界大战；战争在朝鲜半岛上长期拖下去。他经过全面的研究，分析了整个世界格局和交战双方情况，却得出了不同的看法，认为美国实在打不下去了，更不敢把战火扩大到中国，正在另寻出路；苏联则竭力避免介入；中朝也无力赶走美国，拖下去并不利；因此通过谈判达到停战会为各方所接受。于是就组织写了上面提到的那份调研报告。张闻天不但主张对当前动向的研究要重视新的苗头和发展趋势，对国际关系理论的研究他也反对墨守成规、重复别人。他认为，没有自己的独到见解，没有创新，就不成其为科学研究；没有新意的文章就最好不要发表。

对自己，学而不厌；对人家，诲人不倦。这是张闻天一生的又一突出优点。在研究国际问题上，他不但如上面讲过的，自己埋头书案，勤奋学习，而且也特别强调发挥集体的力量，重视集思广益。张闻天有深邃的理论修养，渊博的知识，对许多问题都进行过刻苦的钻研，形成了自己的独到见解。但他从不自满，不自以为是，而是虚心好学，不耻下问，善于听取和吸收大家的意见。他每研究一个问题，都要先找人酝酿，有了一个初步方案或写出草稿，就尽可能组织集体讨论，倾听各种反映和不同意见，再据此进行修改，成文后还要请一些同志审阅提意见。1955 年夏，他研究有关美国战略演变趋势的课题，在一个月的时间里，几乎每天都同下面的同志一起看材料，一起讨论，写成调研报告后，又普遍征求意见。另一方面，在研究工作中，张闻天非常重视培养干部，对下面的同志真正做到了"诲人不倦"。他并不是居高临下，以指导者的身份教训人，而是同大家一起学和进行具体帮助。例如在驻苏使馆时期，他组织大家学习国际关系，规定的必读书就和大家一起读，一起讨论。另外还指定一些人分题作准备，然后向大家作报告，他也亲自参加听讲，使人感到他是完全平等的一员。他就这样以自己的行动，激发大家学习的积极性。对于研究人员，他具体指导如何搜集和积累资料，如何根据工作需要和各人情况选定研究课题，以至如何写作等。同志们写出的调研报告，只要有时间，他都要仔细阅读，动手修改，或者提出意见退交本人加工。有些重要报告，他可以反复阅改多次。在他的言传身教和具体帮助下，不少原来完全外行的同志，也都学会了研究国际问题，甚至变成了骨干。至于间接受到他的影响和教益的人，那就更多了。

作为“我党历史上在理论宣传和干部教育工作中成绩卓著的主要领导人之一”，张闻天早已是桃李满天下。在10年外交工作中，他又提倡和推动国际问题研究，用宣传、组织、办学校、设机构等办法，为造就和提高新中国的国际问题研究队伍，作出了历史性的重大贡献。

新中国杰出的国际问题专家

张闻天一生研究学问，博大精深，成就是多方面的。其中对国际问题，他也进行了长期的专门研究。无论是世界经济和国际关系，还是对外政策和外交实践；无论是理论问题还是实际问题，他都有许多独到的见解。作为新中国一位最卓越的国际问题专家，张闻天是完全当之无愧的。

张闻天的国际问题和外交政策思想是系统的、全面的，涉及的问题极为广泛。由于研究不够和篇幅所限，这里不可能作出哪怕是粗略的大致的论述，而只能举例介绍几个较为突出的问题。

对于整个国际形势和世界格局，张闻天通过对历史和现状的研究，曾经得出一些重要的结论。例如他认为，第二次世界大战后国际关系发生了根本性的变化；新的世界战争有可能避免，和平共处成为国际上总的趋势；殖民主义体系必将彻底瓦解，民族主义国家（即后来所称第三世界）长期争取的目标应是独立、和平、发展；社会主义国家的主要任务不是支援世界革命，而是进行本国的经济建设；新中国的外交就是要争取一个和平的国际环境，以便集中力量把国内的事情办好等等。要知道，张闻天专门研究国际和外交问题只限于50年代，对问题的看法不能不打上那段历史时期的烙印。但是即使从30年后的现在看来，他的许多见解和重要结论仍然具有现实意义，闪耀着科学睿智的光辉。

在10年的国际问题研究中，张闻天特别重视战争与和平问题的研究。现在所能搜集到的论述这一问题的材料，包括许多内部报告和谈话，发表过和没发表过的文章，主要是1956—1959年这一时期的，当然也很不完全。例如在1956年2月21日一次谈话中，他就提出"世界战争不可避免的观点需要修改"。对战争与和平问题进行比较全面论述的，是同年7、8月写的一篇万余言的《论和平共处》的文章，原准备作为在中共第八次全国代表大会上的发言，后因故未讲。在这篇文章中，他指出，第二次世界大战后国际形势发生了根本性的变化，"在日内瓦会议和万隆会议以后，国际气氛又有了显著的改变"。在这种情况下，"各国之间一定要实行和平共处，这就是当前国际上的主要趋势，也是任何力量所阻挡不了的潮流"。他认为："和平共处的这种总的趋势，并不是一时的偶然现象，而是有它深刻的历史根源的。"这就是：社会主义力量空前强大和社会主义国家执行的和平政策，是维护世界和平和实现和平共处的重要保证；亚非拉民族独立运动和民族主义国家成了反对战争、争取和平的强大力量；西方许多国家，包括西欧和日本，也都不主张打仗；世界人民的和平运动和反战斗争，对战争势力是个极大的制约；美国统治集团中也有越来越多的人害怕打仗，要求同社会主义国家和平共处。1958年6月17日在外交部务虚会议上，他还进一步指出，美国主要的一面是防御，甚至有可能被迫退却等等。因此，"在我们这个时代里，国际间的和平共处，不仅是必要的，而且也是必然的。""新的世界战争有可能加以避免。"1957年11月2日在《人民日报》上发表的《为和平奋斗的四十年》一文中，张闻天公开重申了他的看法，说："战后12年来国际形势发生了根本变化”，“战争不再是不可避免的了”。“不同社会制度国家间的和平共处，就不仅是可能的，而且成为必然的了。”在肯定“世界总的趋势是和平与进步”（1957 年 5 月 22 日视察驻巴基斯坦使馆工作时的讲话）的同时，张闻天也强调要对帝国主义发动战争保持警惕，特别是“可能发生局部战争”。但他并不是模棱两可，而是明确和平的可能大于战争。1958 年 7 月 14 日他在布拉格召开的驻欧洲使节会议上就说过：“对战争与和平两种可能都应估计到，但不能看成半斤八两、一半对一半。二者的比例应该是三七开、二八开，最少也是四六开。总之，看起来争取 10 年的和平的可能性很大。如果 10 年打不起来，以后就更不容易打起来了。”

1956 年 3 月，张闻天为提供使节会议讨论，写了一篇《关于执行我国和平外交政策中的一些问题》，对和平共处五项原则作了全面深刻的论述。这是新中国外交史上一个极其重要的文献，该文现已收进 1985 年出版的《张闻天选集》中。张闻天指出，和平共处五项原则不但“是我国和平外交政策的基本原则”，而且“我们还要努力争取使五项原则成为国际关系的普遍准则”。他在国际关系史上第一个提出和平共处五项原则不仅适用于社会制度不同的国家，也适用于包括社会制度相同的一切国家。他说：“对任何国家，不论它是否参加军事集团，它的政治制度和社会制度如何，思想信仰怎样，都应该尽可能同它建立和发展友好合作关系。必须争取在五项原则的基础上同一切国家和平共处。”“对所有邻国，一律执行睦邻政策，主动地用谈判协商的方法，解决同它们之间的一切争端。”“不同的思想体系，不同的思想观点，决不能成为国家间不能和平共处的根据。”为了实现国家间的和平共处，张闻天还提出了一系列应该遵循的原则。例如：“承认一切国家和民族不论大小，都一律平等，坚决反对大国主义。”“坚持互不干涉内政的原则，反对别国干涉我国内政，但我们也不把自己的意志强加于人。”“要承认并在实际上尊重一切国家和民族有依照自己的意志、自己的思想，实行它们认为合适的社会制度、政治制度和生活方式的神圣权利。”“在处理国家间的实际问题时，必须坚持平等互利的原则。既要考虑到自己的利益，也要照顾到对方的利益。”“要同各国各种派别的各种人物，进行广泛的接触，特别是同统治集团中各派人物广交朋友。各国间的和平共处，就是要同各国统治集团中各派人物和平共处；各国间的友好合作，也是同这些人物的友好合作分不开的。”“要同不同思想体系的国家内不同思想观点的人物，寻找思想上的接触点和共同点，实行求同存异的方针。”“要坚持我们和平外交政策的原则性，但是在策略上必须根据当时和当地情况，力求灵活，争取主动。”“坚持执行和平外交政策，必须以我们的国内工作为基础，为加强和巩固我们的国力服务。”等等。

对于战争与和平，对于和平共处，在当时就是有争论的。后来，“和平”、“和平共处”干脆不能提了，张闻天的观点也受到长期的批判。现在历史已经作出了结论，不但证明了张闻天并没有错，而且显示了他在国际问题和外交政策研究上的远见卓识。

在50年代，张闻天还着重研究了世界范围的民族独立运动和民族主义国家问题，这方面的论述也比较多。在1956年3月的使节会议上，他就这个问题所作的报告中，用马克思主义的观点特别是阶级分析法，对民族主义国家的社会性质、政权性质、外交政策、发展趋势等，作了精辟的分析。在以后的多次会议上，对世界民族问题又有进一步的发挥和阐述。他认为：“包括亚非拉广大地区的民族独立运动的空前发展，这是二次大战后国际上一个重要特点。”“殖民主义体系的瓦解，是使帝国主义遭到削弱的另一个重大因素。”对战后民族解放运动和民族独立国家的研究，当然不能离开经典作家有关民族问题的一些论断。在这里，又一次表现出张闻天并不是某些人所说的教条主义者，而是不唯书不唯上，坚持实事求是，具有崇高的科学精神和理论勇气的学者。他明确指出，过去我们根据斯大林关于十月革命后民族问题已经成为世界无产阶级革命的一部分的理论，认为殖民地半殖民地国家的资产阶级一般再不能领导民族独立运动了，而只能由无产阶级领导；独立后也不能建立资产阶级专政，走资本主义道路，而只有经过新民主主义走向社会主义。我们中国的情况确实如此。但就战后整个世界的民族问题来说，对百来个殖民地半殖民地来说，这一论断却并不适用，绝大多数争取民族独立的斗争是资产阶级领导的，独立后也是走的资本主义道路。战后的形势表明，民族主义还有强大的生命力，并且属于人类进步事业。民族主义国家面临的主要任务是独立、和平、发展而不是人民民主革命和向社会主义转变。1956 年 3 月 31 日他在使节会议的报告中说："走民族独立、和平中立和发展经济的道路，已经成为亚非各国的普遍要求，成为亚非当前形势发展的总趋势。""我们应该十分珍惜同这些国家的友好关系"，"支持它们争取独立、和平、发展的斗争，不应当企图把它们拉到社会主义阵营中来"。"在一个相当长的时期内，民族资产阶级还有它的重要作用。"因此，"必须支持这些国家的民族资产阶级及其代表人物"。正是出于对马克思主义基本原理的坚持和对战后历史条件的透彻分析，张闻天不同意把中国革命看成一切殖民地半殖民地的样板，不同意支援已经取得民族独立的国家继续武装斗争和进行人民民主革命。他在上引收入《选集》的文件中强调："革命决不能输出。革命与否，如何革命，都是各国人民自己的事情。每一个国家革命的经验，对别国只有参考价值，机械搬用是完全错误的。"张闻天的这些观点和对当时形势的估计，此后还多次讲到，并有所发挥，特别是1957年上半年视察驻南亚和东南亚各使馆工作时谈得最多。例如5月22日在驻巴基斯坦使馆的讲话中就提到，“民族独立运动还在发展”，“世界总的趋势是和平、进步”。6月16日在驻印尼使馆的讲话中分析印尼的形势时说，“人民民主革命并不是今天的任务。共产党参政也为时尚早”。强调“我们决不输出革命，不能干涉人家的内政”。

张闻天根据对我国国情的了解和整个国际形势的研究，在如何执行外交政策和如何进行对外活动上，也有一整套的想法和措施。这里只简单介绍一点他一贯强调的一切从实际出发和勤俭办外交的思想。他认为，中国还很穷，要集中力量把经济搞上去，处理对外关系必须时刻记住这点。还在1953年4月回国述职时，他就曾向毛泽东主席建议，以后每年的“五一”和国庆，不必都邀请许多外宾，进行大规模的庆祝，特别是两次阅兵花费太多，可以考虑减少以至取消。毛泽东表示同意，并要他和贺龙一起拟定方案。后因迅即赴任，使他没能参与其事。回外交部工作后，他曾多次研究改进和简化礼宾规格问题，参照国际惯例和各国做法，提出具体建议。他主持起草了《关于交际活动中的一些问题》的报告，于1965年6月2日送请周恩来总理和邓小平、习仲勋副总理审批。他主张在对外活动和交往中应站稳立场，坚持原则，不受资产阶级的影响；不亢不卑，朴素大方，表现出新中国的风格。他最反对搞形式主义、弄虚作假、讲排场、摆阔气，斥之为大少爷作风。他认为，我们应当支持亚非国家的民族独立运动和各国人民的进步事业，需要广交朋友和扩大我国的影响，因此实行对外援助是必要的，但主要的还是靠我们正确的外交政策和积极开展对外活动，特别是要把国内的事情办好。我们的国力有限，在对外援助上不能也不应同发达国家比赛，而应从实际出发，量力而行，讲求实效，切不可“打肿脸充胖子”，防止花了钱还不落好。为了贯彻“勤俭办外交”的方针，张闻天一直奔走呼号。他的主张和建议，有一些得到了实现，但有些不但没有做到，还受到了批评，后来更成了“右倾机会主义”的一项“罪状”。现在看来，无须再作说明，在这些问题上的是非已经是很清楚的了。

由于过去的历史条件，张闻天的国际问题研究和外交政策思想是不大为较多人所了解的。上面列举的也不一定能起到窥一斑见全豹的作用。但是毋庸置疑，张闻天这方面的研究成果和思想确是我国国际问题研究界和外交界的宝贵财富，值得很好地挖掘和研究。那种宁可舍却自家的金银财宝，也要外来的破铜烂铁(决非轻视借鉴外国)的态度是要不得的。

张闻天研究国际问题和从事外交工作已经过去30年了。他含冤辞世也有10多年了。搜集他的资料，研究他的思想，应当看作是有关学术界的一项紧迫任务。这不仅是为了对他本人的纪念，更重要的是为了进一步深入开展对国际问题和外交政策，以至党史和外交史的研究。

（《张闻天研究文集》第一集，中共党史资料出版社1990年版）

《模糊的荧屏》不模糊

——纪念李一氓同志诞辰90周年

著名的老共产党人、原中共中央顾问委员会常委李一氓同志，离开我们已经两年多了。今年2月6日是他的90周年诞辰。人民出版社也于最近出版了他临终前才完稿的回忆录《模糊的荧屏》。一氓同志光辉的一生，人们是比较了解的。这里只就有关回忆录的某些情况作点介绍，作为对这位令人景仰的老共产党人的纪念。

李一氓同志把他的回忆录定名为《模糊的荧屏》，表现了他一贯的谦虚作风和求实精神，说明他不愿意肯定自己的叙述就完全准确，对一些事件的议论就一定恰当。他在《自序》中说，“首先时间、地点这两者我现在记录下来的，就很难说是准确的；有许多稍为涉及一点议论，也很难说是有道理的。”“时过境迁，现在所能检查出来的东西，不过是一面模糊的荧屏而已。”但是实际上，他的回忆录并不模糊，不仅表现出精神上的光明磊落，而且许多事件的叙述也都做到了实事求是。这部回忆录的一个最大特点就在于它的真实。惟其真实，所以可信。一氓同志认为，写回忆录应当是有什么写什么，记得的重要事情要写，不记得的事情就不能事后去编。他回忆到的一些交谈也只是追叙个大意，很少把追述几十年前的谈话打上引号。他的叙述，虽然行云流水、古今上下、涉笔成趣，但内容却十分严谨，对于历史事实没有丝毫的随意增减，更不以个人好恶加以改变。而且由于他有超常的记忆力、清醒的头脑和老练的文笔，又极为认真地查找和核对资料，所以写得相当具体生动，令人读后会感到《模糊的荧屏》并不模糊。

李一氓回忆录的另一重要特点是严于解剖自己和不居功、不诿过的谦虚品德。他一再申明，他“在整个革命的历程中，是很平庸的，说不上什么成就，也没有什么贡献”。“因此在写作过程中，我时刻都注意到，作为一个诚实的共产党人，应该老老实实的，做了什么工作就写什么工作，犯过什么错误就写什么错误。”他说，个人的回忆录“总不能写成一本自己夸耀自己的功劳簿”。他还颇为诙谐地说，他在写回忆录的时候，仍然遵循着“文化大革命”中“专案组”要他写自传(“供词”)时规定的3个条件，即不准“丑表功”，不准“攀领导”，不准“安钉子”。他在回忆录中，从不炫耀自己，既不表功，也不掩过，对成就不渲染，对错误不辩解。甚至有些并非错误的事，他也要严肃检讨做得不够的地方。例如，抗战初起，他作为毛泽东的特使，持毛的亲笔信，去四川做刘湘的工作。不期到四川时刘湘已去武汉，他只得回延安复命。对此，回忆录中检讨说，“现在想来，我回四川的工作，不一定限制在刘湘这个范围，应该同时进行刘文辉、田颂尧各处的统战工作……”认为是失去了一些机会，感到惋惜。特别是对皖南事变中的一时脱离部队，更是浓墨重写，多次检讨。事情的经过是，当时任中共东南局书记、新四军政委性质的副军长项英和政治部主任袁国平，要大家脱离部队，分散突围。李一氓虽不赞成，却未劝阻，后来自己也找了几个军队干部和地方干部，学他们的样子，离开了部队。但结果并未跑出包围圈，走了不到10个钟头，就又返回军部。也许有人会认为，这既是上级的决定，又是要突围出去打游击继续干革命，而且很快又回到部队，似乎算不得什么错误。但是一氓同志却一再说，这“总是一件这一生都感到遗憾的错误”，每次提起都感到沉痛。另一方面，对于工作成绩，对于许多做得很出色早已得到人们称许的事，回忆录中却往往轻描淡写，顶多也是平铺直叙，做到了朴实无华。甚至有些较重要的史实，如30年代初在上海同鲁迅的接触，南昌起义时同周恩来一起介绍郭沫若入党，长征以及遵义会议期间同邓小平和其他一些老同志的交往，红军到陕北后一度任毛泽东的秘书等等，李一氓多是一笔带过，或略而不提。从这部别具一格的回忆录中，人们也可感受到这位老共产党人的谦虚精神、高尚品德和博大胸怀。

读《模糊的荧屏》，还可以学到不少中国现代史特别是中共党史的知识，因为作者的经历是和中国革命息息相关的。他1925年加入中国共产党，随即投笔从戎，参加北伐，任国民革命军总政治部宣传科长、秘书。在南昌起义中任参谋团秘书长。大革命失败后奉派去上海做地下保卫工作和文化工作。1932年到中央苏区，任国家保卫局部长，参加了二万五千里长征。红军到达陕北后，做了几年地方工作，担任过陕甘宁省委和陕西省委宣传部长。抗日战争爆发后，受命协助叶挺组建新四军，任新四军秘书长和东南分局秘书长。皖南事变后转赴苏北，先后任淮海和苏北区党委副书记兼行署主任。抗战胜利后相继任苏北区党委书记、华中分局宣传部长、苏皖边区政府主席。1947年去东北，出任旅大区党委副书记和财委书记，直到新中国成立后才转入外交战线。从这些经历和任职中可以看出，李一氓回忆录反映了这段重要历史的一个侧面，是研究现代史和党史的一本很好的参考书。特别是《皖南》一章，是他费力较大和篇幅较长的部分。由于他不仅担任中央军委新四军分会秘书长，而且还受命做叶挺和项英之间的“缓冲人”，所以对新四军前期的情况最为熟悉，是叶挺、项英、袁国平很早去世后一位皖南事变最重要的见证人。可是长期以来，他很少谈皖南事变，还申明不愿卷入某些有关的争议。这次写回忆录，在叙述个人经历的同时也谈到事变的经过，对项英问题，对叶项关系，都提出了自己的看法。他的回忆和评论，应该说是客观的，也是公允的，揭示了不少内幕，澄清了一些争议，使这本书成为研究皖南事变和项英问题的一份难得的重要史料。

《模糊的荧屏》只写了作者的前半生，到 1949 年为止。但是也有例外，这就是第十章《过眼云烟》。可并非写他后半生的经历和工作，而就他的业余爱好——收藏和鉴赏古书文物的情况特别是最后处理作一交代。时间主要在新中国成立后。人们知道，李一氓不仅是一位资历很深的老革命家和知识渊博、研究著述涉猎甚广的学者，而且也是当代著名的收藏家。由于他鉴赏水平高，兴趣范围广，因而收藏极为丰富，其中有许多难得的精品。他特别喜欢词，所以词书收藏最多，堪称当代第一。有位词学专家说，李一氓为词学集中了这么多的文献资料，是对学术界的一大贡献。他省吃俭用收购到的大量古书文物，并不视为私有，更反对秘不示人的坏风气，而是“乐宜偕众，书不藏家”，用于社会，公诸同好，捐献国家。例如他所藏词书，在编《全明词》、《全清词》时，就派上了用场。文物出版社出版的《郑板桥判牍手迹》中，就有他提供的 60 件。他还计划以其所藏编印 10 多本明清木刻山水画，可惜只出了《西湖十景》和《避暑山庄图》两本就中断了。对于有人来查阅或借用他的藏书，总是有求必应。有时得知某人研究某个问题，还主动设法与之联系，提供所藏资料。特别值得称道的是他化私为公的精神，即他所说“余藏书画，均缴公库”。解放初他买到一幅元朝陆行直的《碧梧苍石图》，认为此人作画流传下来只此一幅，就当即捐给了故宫博物院。他不但向大的图书馆和博物馆捐献，也还直接送给原作者出生的省、市、县。“文化大革命”后，他又将所藏大部交了公，单是捐给北京图书馆的珍本和善本书即达 1500 多册，捐给故宫博物院的文物字画有 300 余件。到了生命的最后几年，他决定将 2000 余册词书和所余全部珍贵的书画文物，一古脑送给四川，从此结束了他收藏家的生活。李一氓之所以用《过眼云烟》命篇，是借宋朝周密《云烟过眼录》之意。但是不仅两人对“过眼”之物所持态度根本不同，而且周密所记，很少流传下来，而他的收藏和把收藏全部捐献给国家，却为民族文化保存了一份宝贵的财富。这是值得人们怀念和感谢的。

一氓同志的回忆录是来之不易的。他原先并没有写回忆录的打算。1982 年，一氓同志响应党中央号召，主动退出中联部领导岗位。虽然又接任了国务院古籍整理出版规划小组组长之职，但终究摆脱了繁忙的行政事务，能有较多的时间用于看书和写点文章。鉴于当时不少人在写回忆录，他的一些朋友和学生觉得，像他那样既有金戈铁马、又有笔走龙蛇的丰富经历，不记录下来实在太可惜，所以都力劝他也写一部回忆录。起初他并不积极，后经再三考虑，还是接受了大家的意见，从 1983 年他已 80 高龄时起开始动手了。但是一旦写起来，却遇到了一些想像不到的困难。他虽然具有至老不衰的惊人记忆力，但终究事隔多年，单凭个人记忆不可能记得那么确切和清楚。而他保存的许多珍贵资料包括长征日记等，经过皖南事变和“文化大革命”两次浩劫，已丧失殆尽。因此还得查找资料、翻阅档案。他又连一个写作上的助手也没有，一切都得自己操持进行。由于还有古籍整理、外事活动等其他工作，也不能集中时间写作。最大的问题还在于身体越来越不行了。先是老年白内障妨碍看书写字，后来心脏病又频繁发作，每年都要住一两个月医院。头两年进展比较顺利，抽空写出了全书的一半共五章。但是1985年后就再不能亲自执笔了，于是找来一位同志帮他笔录，然后再由他增删和修改。1990年暑假，全书写完，他的病情也日趋严重，住进了医院。在病榻上他还要挣扎着对全书再过目一遍，进行最后校订。可惜只看了八章，剩下最后两章再也支持不住了。不久就离开人世。所以这部回忆录就成了一氓同志花费巨大心血最后留给人们的一份宝贵遗产。作为书法家，他生前曾为不少人的书写过题签，但轮到他自己的回忆录却没有来得及写，只是留下书名，在他逝世后由乔石同志题写了。

作为一氓同志的一个晚辈和学生，在40年的交往中，我从他那里学到了不少东西。他在写回忆录中所体现的精神，也使我受到极大教育。由于一氓同志的虚怀若谷和平等待人，对于我这样一个在年龄、资历、学问和职务上极为悬殊的后生，也能够以诚相见，以至无所不谈，在写回忆录时又给予极大信任。除起初的酝酿外，后来他每写出一部分就先拿给我看，说是让我修改和提意见，全部写完又交我通读了两遍。这就是他在《序》中提到我的原因。其实，我哪里能谈得上“审阅”，回忆录中涉及的许多方面我并不懂，本来是没有资格来谈这部回忆录的。但既然先读过几遍，所以总觉得应该写点介绍文字。因为我相信，读了李一氓回忆录《模糊的荧屏》，是一定会得到教益和有所收获的。

（1993年2月8日《人民日报》）

也谈点自学的体会

先得声明一下，我虽然一直在自学，但却未能成才，更算不得名家。这里谈的只是个人自学的点滴情况和体会，供青年朋友参考。

我上学较晚，14 岁才从小学毕业，初中念了一年多，就被革命浪潮卷到了延安。以当时那么点子文化，进抗大学习，困难可想而知，因此不得不抓紧课外自学。抗大毕业后留校当政治助教，为了辅导文化普遍比我高的同学们的理论学习，只有拼命读书，硬是十七八岁啃起了《资本论》。读的书不一定都懂，但逐渐养成了自学习惯，增强了求知欲，扩大了求知面。所以后来上延安外语学院，在又要学俄文，又要参加整风和生产的情况下，仍能挤时间坚持自学理论和文化。这就为后来的工作和学习打下了一点基础。

抗战胜利后，到东北从事地方工作和对敌斗争，不管生活多么紧张，每天都要读书看报，甚至在行军路上也拿着书看。而且由于工作需要，又开始学着写东西，除总结报告外，还时而为报刊写点通讯报道。后来调到省里做宣传工作，这就不但自己要经常写文章，给干部上大课，还必须审阅别人的稿件和各种文艺节目。这对我简直是赶鸭子上架，只能边干边学，甚或现买现卖。不过在繁忙的工作中坚持学习和写点东西，也能体会到很大的乐趣。因为这可以开拓思想境界，丰富生活内容，有助于充实和提高自己，所以并不觉得是什么苦事。

建国后随张闻天同志从地方到北京，改行做外交工作，不久即去驻苏联大使馆任研究室主任。此后就一直从事国际问题的研究，直到现在。但是研究国际问题，不仅专业性强，而且要求知识面广，因此总是感到知识太少，跟不上形势。这就成了一种很大的压力，逼着你非抓紧自学不可。加之习惯成自然，不读书似乎就无法生活，每天看报也简直和吃饭一样重要。所以几十年来，无论处境如何，学习都始终没断。

根据个人的体会，自学需要注意以下几点。

第一，要有强烈的求知欲，有一股子“敏而好学”的劲头。这倒不是为了什么名利，而是出自革命的理想和事业心。我从小生活在革命的队伍中，受革命的熏陶，总想着把工作搞好，做出点成绩，而不愿庸庸碌碌虚度一生。因此就立志自学，尽量多读点书，多积累点知识，以提高自己的理论文化水平。重要的马列著作和其他社会科学书籍以至中外文学名著，只要能找到书和挤出时间，就一定要读。而且在学习上还有点好面子，不甘落后。如果周围同志读过的书和知道的事，自己没有读过或不知道，无法与人交谈，就会感到特别难堪，非补上不可。例如在延安时人们说，不看《红楼梦》就难以了解中国社会。于是我也设法借到这部书，在劳动间隙阅读，连抬粪也拿着，路好走就看一段，路难走就默诵。先后读了好些遍，以至书中回目和大部分诗词至今仍能背下来。所以，只要有求知的欲望和志趣，无论环境如何，都是有可能进行学习的。这也就是巴尔扎克所说的：“志趣比一切人为的阻力都强。”“文革”期间，我在外交部干校住了整 9

年，头两年劳动紧张，管制也严，后来就较为宽松了。我便利用这个机会，重读了《资本论》等大量马列原著和《鲁迅全集》等书，也看了许多其他书籍，还研究了点问题，写了些东西。如果当时认为前途未卜，读书无用，有空就玩扑克、闲谈天，以至发牢骚、生闷气，那不但浪费了时间，还消磨了意志，事后必然追悔莫及。

第二，要有广泛的兴趣。青年时期是一个人打基础、长知识的时期，应该争分夺秒，发奋学习。而要打好基础，就须获取和积累广泛的知识，所谓“博学之”。即便后来从事一定专业，也需要博学，太狭窄了专业也搞不好。为此，在学习上一开始就应该注意培养广泛的兴趣。达尔文讲到他在学校养成的习惯和性格时曾说：“对我后来发生影响的，就是我有强烈而多样的兴趣，沉溺于自己感兴趣的东西，喜欢了解任何复杂的问题和事物。”怎样才能使自己具有广泛的兴趣？根据我的经验，一方面会在学习中自然产生，一方面也靠主观上有意识的培养。因为各种知识或学问都是相互联系相互渗透着的，学这门必然涉及到那门，兴趣也就随之扩大了。我小时读了一本列宁论马克思的书，内容不大懂，但知道了世上还有哲学、经济学等原来没听说的学问，于是就找来这类通俗读物看，看得越多，兴趣也就越来越广。许多学问并不是一开始就自然发生兴趣，而是要着意培养。我读经济学书籍和看世界经济资料，很长时间仍感到枯燥，数目字也记不住，但是并未因此却步，还是大量地阅读和笔记，后来就不大感到枯燥了，反而对于记一些经济数字特别有兴趣。读外国书和同外国人接触，常会遇到引用希腊神话、《圣经》等上的典故，于是找来一读，也并不费太多的时间。兴趣越广，读的劲头就越大，知识面也就越宽。这不但有助于提高业务能力，还有助于开拓思想境界。也就是高尔基说的：“人的知识愈广，人的本身也愈臻完善。”当然一切事物都有个限度。以现在人类知识之多和积累之快，一个人要什么都知道是根本不可能的。而且如果学无重点，什么都看，还会影响专业。我在一个时期，由于看东西太杂，曾被张闻天同志在生活会上批评为“摆杂货摊”。所以，学习既要博，更要专；广泛的兴趣应该服从和服务于自己的专业。

第三，要有“挤”和“钻”的精神。所谓“挤”，就是在生活中挤出学习时间。所谓“钻”，就是读书要钻进去，弄懂。对自学有了决心和兴趣，还要有时间。而时间是颇具弹性的，只要对工作和生活安排好并能见缝插针，挤出学习时间并不难。我的办法是，整块的时间读理论、学术类“硬”性的书，零散的和不能专心的时间读轻松的“软”性书。例如在东北工作时有一阵打游击，白天住下来，没敌情，就读《西洋哲学史》、《美国十大家族》之类的书；平常行军途中则看点名人传记或小说，一天也可看一个中篇。在利用零散时间上，我笃信古人的“马上、厕上、枕上”之说。坐段公共汽车或上趟厕所可以背一首短诗或记几个单词。晚上入睡前背段古文或长诗，兼作催眠；背不下来，第二天查一下，反而记得更牢。长途旅行属整块时间，可以看厚本书。一次出差月余，就利用路上、晚上，读完了 12 本《纲鉴易知录》。但也有缺点，不讲卫生就是一项。吃饭看书不利消化，乘车看书有伤眼睛。我没注意这些，幸好还不曾酿成什么大毛病。至于说到“钻”，主要就是不怕困难。我开始读马列著作，真是如堕五里雾中，但还是硬着头皮念，不懂就多看几遍，向人请教，往本子上抄，不断琢磨，等觉得明白了点，读的劲头也更大了。又如开始念古文诗词，更是不知所云。我的办法是先背下来再说，加上看点注释，就逐渐懂了些，而且看多了，触类旁通，再看别的也自然容易看懂了。但是说老实话，有些背得很熟的诗词，至今仍然只觉得好，却说不出道理来，可见还没真懂。

另外，也有些失败的事例。在延安时学哲学，感到自然科学的基础太差，学习无法深入，于是就托人搞到一批数理化课本进行自修。结果苦斗了半年多，就是钻不进去，终于放弃了。后来只满足于了解一点科技常识，至今留下了一片空白，成为终生憾事。现在的青年，学习条件好了，当然不会重蹈我的覆辙。

第四，要养成习惯，持之以恒。有的人也知道学习的重要，很想学点东西，可就是坐不住，读不下去，特别是见了大部头书就头疼，不敢问津，虽有学习的理想和计划，却终于落空。所以养成读书学习的习惯非常重要。要有点甘于寂寞和坐冷板凳的精神。我是出于抗日救亡而参加革命的，从小养成了关心时事和看报的习惯。抗战时期，看报不容易，就每天晚饭后到《解放日报》社门前去借看人家正在分发的报纸，几乎是风雨无阻。此后几十年，无论环境如何变化，读报从未间断，如果有所耽误，事后一定补上。如前所述，读书一开始是硬着头皮上的，后来养成习惯，就成了生活的必需，再困难也放不下。1959 年，我被打成右倾机会主义和反党分子，下放安徽劳动改造，和农民实行“三同”，每天粮食定量只有三两，饿的走不动路，但有空时仍坚持读书看报。不但读苏联的《政治经济学教科书》等政治理论书籍，还看了一些唐诗宋词，甚至把《聊斋志异》看了几十遍。由于学习成了习惯，也就容易坚持下来。有了习惯，还要有点计划，而不是抓到什么看什么，或者完全被兴趣支配，净看些轻松的东西。我的所谓计划，可分两种。一是根据工作需要和今后打算，一定时期尽量系统地多读某方面的书。例如开始从事国际问题研究，就着重看世界史和国际关系史方面的书；过后一个时期，又专门读了一批世界经济方面的书，如此等等。另一种是，同一时期读的书要有计划地作点调节，如在主要读世界史类的书时，也抽空读些世界文学名著。我现有的一点知识，就是这样逐渐积累起来的。为锻炼和增强记忆力，我还养成了一种旧私塾式的背书习惯，就是重要材料反复多看，直到记熟，也有意识地背诵一些喜欢的文章和诗词。当然，记忆力的强弱也是同知识的多少成比例的，知道的东西越多就越容易记住。

第五，要善于适应环境。在一个学习空气很浓的环境里，容易养成好学的习惯。在周围的人都不大喜欢学习的环境里，要坚持自学就得有点毅力。在抗大学习时，周围同学都如饥似渴地学习革命理论，平时所谈多是学习问题，受大家的影响，我的学习劲头也十足。可是后来到地方工作，情况就不同了。例如在土改工作队里，一则知识分子很少；二则大家都忙于土改斗争，时间特别紧。我认为越是这样越应该抓学习，不但自己坚持读书看报，还把大家组织起来学习，提高他们的理论文化水平。平日都要学文化（有些是识字）、集体读报或文件，一般为两小时；工作间隙和休整时，我就给他们上课，讲《社会发展史》、时事和政策等。这对于搞好工作和培养干部都有好处。不少同志后来都做了一定的领导工作，提起当时的学习空气还怀念不已。堪称自学成才典范的李时珍，在向他父亲表示学医决心时说："身为逆流船，心比铁石坚。"我佩服他的精神，在近20年的逆境里，没做多少工作，错误也不算少，但在许可的条件下还是坚持了读书学习。另外，我觉得和人来往也是个环境问题，对个人自学有很大影响。《礼记》上说："独学而无友，则孤陋寡闻。"我喜欢同一些好学的人交往，大家在一起谈论学问，古今中外，海阔天空，不但感到精神愉快，而且可以互相启发，增加知识，促进学习。在这种交往中学到的东西，往往比读书更容易懂，记得牢。例如我写文章写了好几年，有些标点符号还不大会用，特别是对句点放在引号内还是引号外总拿不准。经向一位同志请教，虽然解释很简单，但却豁然开朗，记得很牢。我在不同时期来往的人中，也有些不爱读书，接触中谈的多是穿衣吃饭、柴米油盐等生活琐事，甚至东家长、西家短之类的闲言碎语，听多了不免感到腻烦。我同这些人也交朋友，但不随波逐流，而是尽可能地谈点学习，在事业上互相勉励。他们对此也并不见怪。

第六，要联系实际，学用结合。这是尽人皆知的马克思主义常识。甚至连封建社会的朱熹都说："为学之实，贵在践履。"不过我在这里只是想谈有关的两点：一是读书要通过消化加以吸收；二是学习要和研究写作结合。我的体会是，读书不但要钻进去，弄懂，更重要的还在于能把读过的东西贯穿一起，形成自己的知识系统，有自己的观点和看法。这样，学习才算开了窍。这首先要联系个人的实际和工作的实际。我从地方工作转入国际问题研究，在一段时间里没有注意个人情况和工作需要，学习目的不够明确，又缺乏计划，而且什么都想看，结果成了"摆杂货摊"。以学习国际问题为例，如果只是每天读书看报，材料积累不少，一些问题的细节也都了解，可就是互相联系不起来，那仍然只是一堆杂乱无章、零碎片断的情节或素材，不能形成系统的知识，更遑论自己的看法。因此，谈联系实际，就要强调"多思"、独立思考。对于读书看报，不能只满足于懂得和记住，而要结合实际和自己原有的知识，进行分析比较、多方思考，然后才能消化吸收，纳入自己的知识系统，印证自己对问题的看法。这本身就是个研究过程，就是学习和研究的结合。另外，我主张多练习写作，认为这也是学用结合的一种方法。我年轻时，文化不高，因系初生之犊，反而胆子较大，20多岁就常给报刊写点通讯报道或调查材料之类的东西。这不但推动自己更抓紧学习，也提高了对问题的认识和分析能力，所以觉得很有好处。后来做宣传工作，更要写大块一点的文章，有时甚至还得写连载十数天的"讲座"或编写小册子。这就不能不对有关问题进行较系统的学习和了解，思想也随之更开阔了点。至于长期从事国际问题研究，那么写报告和文章就已经属于日常工作了。我有这样一点感受：一项工作或一个问题，做过或研究过之后，如果把了解的情况或搜集的材料加以整理，写成文章，就会使思想提高一步，认识更深刻更系统，观点更明确突出；如果不写，就可能考虑不多，形不成个系统看法，因而道理说不清，印象很淡漠。而且经常写东西，还有助于增强逻辑思维，使自己观察和分析问题更有条理。写作和阅读可以互相促进，对自学大有好处。至于是否发表，倒可不必过分计较。

上面谈到的几点体会，既不完全，也没什么特别。关键的问题还在于个人认识到学习的重要，下定决心，坚持下去。在学习的过程中，各人都可以不断总结出好的经验，采取适合于自己的办法。别人的经验也要参考，特别是应当以革命导师作为榜样。我经常向我们单位新来的青年同志们建议，希望大家多读几遍像《回忆马克思恩格斯》这类书，看看他们是怎样学习、怎样工作和怎样生活的，这对自己会很有启发。另外，一些事业上有显赫成就和历史上著名的人物，他们的学习精神和学习方法，也都值得我们借鉴，读一点他们的传记和介绍他们事迹的书，也是很有帮助的。不过归根结底，自学，还得靠自己去实践；至于成就大小，主要取决于自己的努力。

（《名家谈自学》，兰州大学出版社 1988 年 10 月版）

作者著作目录

专 著 与 主 编

《群众路线讲座》，东北新华书店辽东分店 1949 年 9 月版。

《人民代表会讲座》，东北新华书店辽东分店 1949 年 12 月版。

《共产党员手册》，东北新华书店辽东分店 1950 年 5 月版。

《驳侵略者口中的“中美友谊史实”》，东北人民出版社 1951 年 2 月版。

《论和平与发展时代》，世界知识出版社 2000 年 5 月版。

（主编过的刊物）

《每周通报》（编写，内部，后改名《外交通报》），外交部，1955—1959 年。

《外事研究》（内部，不定期），外交部研究室，1955—？

《外事动态》（半月刊，内部），外交部办公厅，1955—1959 年。

《业务通讯》（不定期），外交部办公厅，1956—1959 年。

《日本问题》（双月刊），中国社会科学院日本研究所，1985—1989 年。

（主编的书籍和丛书）

《苏联问题讨论》（与人合编），中国社会科学出版社 1980 年 6 月版。

《战后日本丛书》（共九册），航空工业出版社 1988 年 9 月版。

《当代世界政治经济基本问题》（与宦乡合编），世界知识出版社

1989年4月版。

《市场经济与国际市场知识丛书》（共七册），北京工业大学出版社1994年1月版。

研究报告和发表论文

《关于朝鲜停战的和谈问题》，研究报告，1951年6月。

《评英国的所谓亚洲洛迦诺计划》，研究报告，1954年7月。

《苏联对外贸易的新变化》，研究报告，1954年。

《苏联宣传中避免突出个人》，研究报告，1954年11月。

《关于美国外交策略的新变化》，《外事研究》1955年第1期。

《有关当前民族独立运动的几个问题》，《国际问题研究》1959年第3期。

《战后日本经济发展速度问题》，研究报告，1977年10月。

《走下坡路的资本主义世界经济》，《世界知识》试刊第2期，1978年9月。

《谈谈当前的国际形势》，《世界知识》1979年第3期。

《关于中日关系答日本记者问》〔日〕《每日新闻》1982年3月27日。

《日本经济的当前形势和今后展望》，《国际问题研究》1982年第3期。

《对日本修改教科书问题的一些看法》，研究报告，1982年。

《国际形势的回顾与展望》，《世界知识》1983年第1期。

《对当前国际形势的几点看法》，《世界经济调研》1983年8月27日。

《国际形势与台湾之将来》，《台湾之将来》，中国友谊出版公司1983年版。

《我国和平外交政策的成就》，《人民日报》1984年9月14日。

《论80年代的日本经济形势》，中美（中国社科院和布鲁金斯学会）学术讨论会论文，《日本问题》1985年第1期。

《伟大的胜利　深刻的教训——纪念反法西斯战争胜利40周年》，《经济日报》1985年5月9日。

《张闻天同志与研究工作》，《回忆张闻天》，湖南人民出版社1985年版。

**《伟大的转折　深刻的教

训——纪念战胜日本帝国主义40周年》，《日本问题》1985年第3期。

《建设有中国特色的社会主义》，在美国亚洲学会第38届年会上的讲演，1986年3月。

《关于参加“台湾未来十年”讨论会和会外接触情况的报告》，1986年4月15日。

《台湾、大陆关系之未来》，《人民日报》（海外版）1986年5月5日。

《正确对待历史》，《济南惨案》（代序），中国政法大学出版社1986年6月版。

《世界经济发展的三大趋势》，《中国青年报》1986年12月26日。

《谈谈中日经济关系问题》，《日本问题》1987年第1期。

《谈技术文明与现代化》，《日本问题》1987年第1期。

《正确对待历史　发展中日友好》，《人民日报》1987年7月6日。

《世界经济正处于转折时期》，《人民日报》1987年9月25日。

《正确认识我们所处的时代》，《世界知识》1988年第3期。

《日本调整亚洲经济战略的动向值得注意》，研究报告，1988年3月9日。

《新形势下的日本和中日关系》，1988年6月29日的一次报告，《形势报告》1988年第6期。

《当前世界形势处于重大转折时期》，《世界知识》1988年第18期。

《对当前国际形势的看法和调整对外政策的建议》，研究报告，1988年7月25日。

《亚太地区安全和日本》，《第53届普格瓦什会议文集》（英文），1988年10月。

《关于同南朝鲜发展经济贸易关系的一些意见》，研究报告，1988年11月14日。

《关于战略大三角的淡化问题》，研究报告，1988年11月14日。

《关于参加第17届威廉斯堡会议的报告》，1988年12月5日。

《走向正常化的中苏关系》，〔日〕《朝日新闻周刊》1989年2月7日。

《我们所处的时代》，《当代世界政治经济基本问题》，世界知识出版社1989年4月版。

**《当前国际形势和我国对外关

系》，研究报告，1989年12月18日。

《新形势下开展对中东工作的意见》，研究报告，1990年2月22日。

《如何看待当前国际形势的变化》，研究报告，1990年3月12日。

《张闻天与新中国的国际问题研究》，《张闻天研究文集》第一集，中共党史资料出版社1990年6月版。

《90年代世界经济发展趋势》，《人民日报》1991年2月7日。

《过渡时期的国际形势》，《国际贸易论坛》1991年第6期。

《世界格局与世界经济》，《国际商报》（英文）1991年第46期。

《苏联八月事变对世界格局和国际关系的影响》，《理论动态》1991年11月5日。

《当前国际关系中的主要矛盾》，研究报告，1991年12月14日。

《经济全球化和区域集团化趋势》，研究报告，1991年12月20日。

《利用日美矛盾，调整对日政策》，研究报告，1991年12月25日。

《国际形势与国际关系理论》，《世界经济与政治》1991年第11期、1992年第1期。

《为什么说国际形势对我有利》，《理论动态》1992年。

《过渡时期国际形势的若干问题》，《国际展望》1992年第2—4期、《1992年国际形势年鉴》。

《处于转折中的国际形势》，中国人民外交学会《外交季刊》（英文）1992年6月。

《亚太地区经济发展与合作的新阶段》，《亚太经济》1992年第5期。

《中国日本研究的三次高潮》，《光明日报》1992年9月5日。

《正确认识我国当前的国际环境》，《国际贸易论坛》1992年第3期。

《冷战后的国际形势》，《人民日报》1992年12月16日。

《冷战后的日本对外战略》，《外国问题研究》1993年第2期。

《冷战后的东亚形势》，《环球企业家》1993年第3期。

《关于国际关系中主要矛盾的通信》，《世界经济与政治》1993年第5期。

《冷战后亚太地区的大国关

系——关于中日美新三角》，《理论动态》1993年7月10日。

《亚洲的崛起》，《世界知识》1994年第1期。

《中国对外经济关系发展的新阶段》，香港《建设与投资》1994年第2—3月号。

《南北差距的新变化》，《世界知识》1994年第8、9期。

《以积极态度迎接经济全球化的新高潮》，香港《世界经济》1994年10月号。

《关于亚太经济形势与安全问题》，《当代国际问题研究》1994年第3期。

《时代问题和亚洲的作用》，〔俄〕《远东问题》1994年第5期。

《关于亚洲经济形势》，《中国党政干部论坛》1994年第9期。

《中国今后五年的对外政策走向》，中美知名人士第7次会晤论文，1994年10月。

《21世纪初中国国际环境的若干思考》，《战略与管理》1995年第3期。

《21世纪的亚太与中国》，中国人民外交学会《外交季刊》（英文）1995年5月。

《世界经济的发展高潮和格局变化》，《发展论坛》1995年第6期。

《适应时代潮流　坚持和平发展》，《光明日报》1995年8月15日。

《联合国的改革与日本》，《日本学刊》1995年第5期。

《当前的国际安全形势》，《现代国际关系》1995年第11期。

《南北关系的新变化及其发展趋势》，《人民日报》1995年8月5日。

《我在辽东同张闻天同志的接触》，《张闻天在辽东》，中央党史出版社1995年版。

《世界经济发展的新高潮和新格局》，中国人民外交学会《外交季刊》（英文）1995年12月。

《谈"抓住时机，发展自己"》，《国际贸易论坛》1996年第2期。

《日本面临第三次历史性转折》，《21世纪中国与日本》，1996年10月版。

《世纪之交的亚洲安全形势》，《太平洋学报》1996年第4期。

《国内外经济发展中应引起注意的若干现象和问题》，《国际贸易论坛》1997年第1期。

《我们能同日本友好下去吗?》，

《环球时报》1997年5月11日。

《〈现代日本政治〉序言》，《现代日本政治》，经济日报出版社1997年7月版。

《地区经济一体化与中国》，《现代国际关系》1997年第4期。

《大国关系的调整与多极化发展》，《光明日报》1997年11月29日。

《一年来南北关系的变化和发展》，《人民日报》1997年12月28日。

《有关东亚金融危机的几个问题》，《解放日报》1998年2月9、10日和3月12、13日。

《中日关系中的美国因素》，香港《中国评论》1998年第2期。

《是多极化还是“一超多强”?》，《世界知识》1998年第17期。

《有关经济全球化的十个问题》，《太平洋学报》1998年第3期。

《迎接中日关系发展的新阶段》，香港《中国评论》1998年9月号。

《〈跨世纪我国现代化建设的国际环境〉序》，《跨世纪我国现代化建设的国际环境》，中央党校出版社1998年9月版。

《两大世界主题和邓小平理论的时代背景》，《当代世界与社会主义》1999年第2期。

《国际问题研究中的几个观念问题》，《理论前沿》1999年第3期。

《马克思主义的几个发展阶段和邓小平理论的历史地位》，《太平洋学报》1999年第2期。

《不可动摇对国际形势的根本判断》，香港《中国评论》1999年7月号。

《构筑中日关系的第三个千年》，《日本学刊》1999年第4期。

《研究日本，发展中日友好关系》，《日本学刊》2000年第1期。

《科索沃战争及其影响给我们的启示》，《21世纪初的世界经济与政治》，清华大学国际问题研究所，2000年5月。

《世界早已进入和平与发展时代》，《世界经济与政治》2000年第3期。

《历史要真实——谈遵义会议确立的党中央领导》（纪念张闻天同志百年诞辰），2000年3月。

《“遵义会议决议”到底是怎样起草的》，《炎黄春秋》2000年第9期。

**《遵义会议为什么没有提政治

路线问题》，2000 年 6 月。

《谈张闻天遵义会议后的职务》，《随笔》2001 年第 1 期。

《从"战争与革命"到"和平与发展"》，《国际展望》2000 年第 17 期。

其　他

《双城县永乐村调查》，《东北农村调查》，东北书店 1947 年 3 月版。

《重印〈台湾府志三种〉序》，中华书局 1985 年 5 月版。

《杰出的学者　深厚的友谊》，《人民日报》1987 年 2 月 21 日。

《有泽广巳先生与中国》，《人民中国》1987 年第 8 期。

《也谈点自学的体会》，《名家谈自学》，兰州大学出版社 1988 年版。

《宦乡在最后的日子里》，《文汇报》1989 年 4 月 2 日。

《〈模糊的荧屏〉不模糊——纪念李一氓同志诞辰 90 周年》，《人民日报》1993 年 2 月 8 日。

《在俄罗斯科学院远东研究所授予名誉博士学位仪式上的讲话——我的研究工作简况和几个学术观点》，1994 年 6 月 10 日。

《驳所谓张闻天"反总理"——澄清外交部 1958 年务虚会的一些情况》，《百年潮》1999 年第 8 期。

作者年表

1922年10月18日　出生于陕西省临潼县一李姓农民家庭。原名李彦贤，去延安后改为何方，曾用笔名贺放等。

1930—1937年　先后上农村私塾、县城小学、西安初中。从小学起即参加救亡运动。

1938年　暑期到安吴青训班学习一个月，并参加民先队和西青救。后编队从西安徒步去延安，行至泾阳被国民党扣押20余天，转押至西安三青团筹备处后几人相约翻墙逃到八路军办事处。随即和刘澜波等乘车到延安，编入抗大四大队五队学习。

1939年4月　加入中国共产党。抗大总校上前方后转入三分校政治队学习，年底毕业。

1940年　留校任政治助教。

1941年3月　调入新成立的俄文队学习。

1941年5月　张闻天找去谈反对教条主义、改造学校教育问题。

1942—1944年　转入5月成立的军委俄文学校（后改名延安外国语学院），并以主要时间参加整风学习和生产劳动。

1945年9月2日　离延安随队去东北，到承德被分配到热河省政府当翻译，不到一月，又随炮兵团去沈阳。在东北局报到时遇张闻天夫妇，即随他们去哈尔滨，分配到中苏友协工作。

1946年年初　要求到双城县做群众工作，曾任区委书记、县委委员、双城学院主任、县教育科长、兆麟中学教导主任等。

1947 年 参加南下工作团赴吉林省东丰县搞土改。

1948 年 调任辽宁省辽阳县委宣传部长、路西工委书记，搞土改和对敌斗争。

1949 年 5 月 任辽南省青年代表团团长，到北平参加第一次全国青年代表大会。会后分配到辽东省任省委青年工作委员会副书记，不久又改任省委宣传部宣传科长。

1950 年 1 月 随张闻天奉调中国驻联合国代表团，任二秘、资料组长，研究国际问题。

1951 年 4 月 随张闻天去驻苏联大使馆，任研究室主任。

1954 年 参加中国出席日内瓦会议的代表团，参与起草会议发言等一些内部工作。

1955 年 2 月 调回外交部，先任专员，后任办公厅副主任，研究国际问题，起草和修改部分外交部文件电报，主编《外事动态》、《外交通报》、《外事研究》、《业务研究》等内部刊物，兼任党组秘书和张闻天部分政治秘书工作。

1957 年 2—7 月 随张闻天视察我驻印、巴、缅、印尼等国使馆工作。

1958 年 2 月 随周恩来总理访问朝鲜。

1958 年 7—8 月 参加布拉格使节会议和随张闻天视察我驻苏联、东欧各国及瑞典使馆工作。

1959—1960 年 庐山会议后在外交部被定为张闻天反党宗派重要成员和右倾机会主义分子进行批斗，并报经中央监委批准给予撤职、降级和留党察看处分，下放安徽农村劳动改造。

1961—1963 年 回外交部办公厅任综合组组长，主编一些内部刊物和起草部领导讲话稿等。

1964—1965 年 派赴河北昌黎参加农村“四清”。

1966 年 被外交部交河北省分配任果树研究所所长，尚未到任即开始“文化大革命”，调回部实行群众专政、批斗和劳动。

1969—1978 年 下放江西上高“五七干校”劳动改造整 9 年。

1978 年 回到北京听候处理，其间曾到《世界知识》帮助工作半年。

1979 年 落实政策完全平反，恢复党籍和原薪待遇。旋即离开外交部到中央国际问题写作小组工作，并先后去美国和日本进行学术交流。

1980—1988年 任中国社会科学院日本研究所所长。1983年评为研究员。

1988—1995年 任中国国际问题研究中心副总干事。为第七、八届全国政协委员。

1990年 被评为有特殊贡献者，1991年起领取政府特殊津贴。

1991—2000年 出任中苏(后为中俄)友协副会长。

1993年 被授予俄罗斯科学院远东研究所名誉博士学位。

1999年 离休；从事中共党史研究。